河北师范大学国际文化交流学院学术著作出版基金资助出版

中国古代奏议文研究

——以秦汉魏晋南北朝为中心

仇海平◆著

中国社会科学出版社

图书在版编目(CIP)数据

中国古代奏议文研究:以秦汉魏晋南北朝为中心/仇海平著.
—北京:中国社会科学出版社,2017.9
ISBN 978-7-5203-0082-7

Ⅰ.①中… Ⅱ.①仇… Ⅲ.①奏议—研究—中国—古代
Ⅳ.①K206.5

中国版本图书馆 CIP 数据核字(2017)第 060574 号

出 版 人　赵剑英
选题策划　郭晓鸿
责任编辑　武兴芳
责任校对　刘　娟
责任印制　戴　宽

出　　版　中国社会科学出版社
社　　址　北京鼓楼西大街甲 158 号
邮　　编　100720
网　　址　http://www.csspw.cn
发 行 部　010-84083685
门 市 部　010-84029450
经　　销　新华书店及其他书店

印刷装订　北京君升印刷有限公司
版　　次　2017 年 9 月第 1 版
印　　次　2017 年 9 月第 1 次印刷

开　　本　710×1000　1/16
印　　张　13.5
插　　页　2
字　　数　205 千字
定　　价　49.00 元

目 录

序

詹福瑞

我们常常强调学术研究要有问题意识。有无问题意识，既是衡量一位学者学术水平高下的重要标准，也是考量一部研究著作有无学术含量的首要因素。

海平的博士论文《秦汉魏晋南北朝奏议文研究》，即是针对奏议文研究领域亟待解决的诸多问题而作。正如他所指出，目前，奏议文之概念尚未明确界定；奏议文文体研究有待深入；奏议文缺乏整体性系统研究；研究思路多处于静止状态。读博三年期间，海平对这些问题进行了深入的探讨，并提交三十多万字的学位论文。论文分为上、中、下三篇。上篇为“名实考辨”；中篇为“文体辨析”；下篇为“文风变迁”。其中下篇部分已充实修定为《秦汉魏晋南北朝奏议文史》，于两年前由中国社会科学出版社出版。此次上、中两篇又将付梓，我自然是乐见两书相成而为合璧之美。

正如其博士论文上、中、下三篇题目所示，原来的三部分各有侧重又互为补充。下篇，也即《秦汉魏晋南北朝奏议文史》一书，主要紧扣中国古代文学的发展历程，从文风嬗变的角度，全面梳理唐前相关文献，第一次系统而又深入地研究了秦汉魏晋南北朝奏议文演进历程，此书的出版，弥补了学术界在这个领域研究的不足。

与其相比，本书的学术视野更为宏阔，它以秦汉魏晋南北朝奏议文为中心，扩展研究范围，将先秦至清代的奏议文全部纳入研究视野，对中国的奏议文做了通代的系统的研究。这样贯通性的考察方式，有利于避免断代或局部研究的不足，更加全面地梳理奏议文历史发展流变，把握其整体风貌。

其次，多维的研究视角与动态的研究思路是本书又一亮点。作者从文体发生学的角度，全面梳理中国古代奏议文的渊源、生成与发展，指出奏议文是中国古代政治制度与礼乐制度的产物，这就抓住了奏议文作为“经国之枢机”的核心要素。进而立足于历代文献，深入探讨奏议文的内涵与外延，认为其内在属性是“君臣名分”，外在特征是“进御性”。由此揭示出奏议文联结的重要两端，一是君主，二是臣僚。二者处于中国封建社会最高统治阶层，是当时政坛与文坛的主导者，他们的决策直接关涉国家大政、社会走向与文化生态等诸多方面。如此从政治制度与文化制度的层面研究奏议文，有利于发掘影响奏议文生成与嬗变的多元要素。这就将奏议文的研究置于政治史、思想史、社会史、文化史、文学史、士大夫心态史等多维空间来进行，避免了就文体而论文体形成的研究空间相对封闭的缺点，从而形成一种开放的研究视野与辐射型研究结构。同时，本书确定了奏议文各个发展阶段的时间断限，梳理出奏议文从先秦时期之孕育、秦代之确立、到汉魏六朝之立类、再到隋唐以降之立名的历史进程，动态地展示出奏议文在几千年发展史中不同历史阶段的不同风貌。较之于静态研究，这更接近于奏议文的历史原生态。

再次，本书深入到奏议文文体的内部，对其文类概念、研究范围与文体特点做出了明确界定，同时还对奏议文与相关文体的联系与区别、奏议类主要名目做出了细致辨析，这就厘清了奏议文研究中的许多似是而非的问题，既开掘了奏议文研究的深度，同时也为相关文体比如制诏的研究，打下了坚实的基础。

总之，海平的两部著作，在立足于文献整理的基础上，采取宏观与微观相结合方法，对中国古代奏议文体进行了全方位、多学科的立体考察，针对奏议文研究领域的亟待解决的诸多问题，给出了自己的答案。现在看来，他的研究卓有成效，两书不仅有文献考索之功，更具建立理论体系、填补研究空白之力，行文也简洁清雅，可以说是兼具义理、考据、辞章之美。

2016 年 8 月 4 日

绪 论

奏议文研究历史与现状

奏议文是中国古代公牍文中最为重要的文体之一，很早就引起古人关注。奏议文研究史可谓源远流长。

奏议文研究最早可溯及汉代。《汉书·艺文志》虽未独辟奏议为一类，但所列书目有涉及奏议者：一是《春秋》类所列秦时大臣奏事及刻石名山文二十篇，一是《礼》类所列武帝时《封禅议对》十九篇，一是分散在《尚书》类、《礼》类、《春秋》类、《论语》类以及《孝经》类中的“石渠议奏”总计一百五十五篇。可见，奏议文已入《汉书·艺文志》关注视野。东汉蔡邕《独断》详述汉代典章制度，罗列当时诏令类、奏议类主要名目，将汉代群臣上书分为“章”“奏”“表”“驳议”四类，并且指出每一类之写作格式、文体功用以及运作方式，初步构建了中国古代奏议类文体研究体系。

魏晋六朝时期，奏议类文体辨析渐趋深入。曹丕《典论·论文》是中国文学批评史上较早的一篇专论，文中论及文体四科，首列“奏议”，并指出其特点为“奏议宜雅”①。陆机《文赋》论及文体有十，其中有“奏平彻以闲雅”②。李充《翰林论》全书已亡，仅就辑佚而言，涉及奏议类者

① （南朝梁）萧统编，（唐）李善注：《文选》卷五十二《典论·论文》，中华书局 1977 年版，第 720 页。

② （南朝梁）萧统编，（唐）李善注：《文选》卷十七《文赋》，中华书局 1977 年版，第 239 页。

就有“表”“驳”“议”等，且特别指出：“表宜以远大为本，不以华藻为先。”“驳不以华藻为先。”“在朝辨政而议奏出，宜以远大为本。”[①] 任昉《文章缘起》推原文体，论及奏议类相关文体有“表”“让表”“对贤良策”“上疏”“启”“谢恩”“奏”“驳”“议”“弹文”“封事”“上章”等。刘勰《文心雕龙》体大而虑周，论及奏议类文体有《章表》《奏启》《议对》三篇，原始以表末，释名以章义，选文以定篇，敷理以举统，为后世奏议类文体研究构建了坚实的理论基础。

中国古代奏议研究理论不仅散见于历代文学批评著作，而且大量渗透于历代文章选本的文学观念中。《文选》所收文章涉及奏议类有“表”“启”“弹事”等，体现着编选者对于奏议类文体的辨析意识与评价标准。此后，《文苑英华》《唐文粹》《宋文鉴》《宋文苑》《元文类》《明文衡》等文集均录奏议文，且以类收文。明代文体辨析细致入微，对于奏议类文体辨析亦如此。吴讷《文章辨体》涉及奏议类文体有“制策”“表”“论谏”“奏疏”“议”“弹文”等，徐师曾《文体明辨》则罗列“章”“表”“奏疏”“策”“议”等，贺复徵《文章辨体汇选》对于奏议类文体辨析更为细密。明代涌现的这三部文章选本对于奏议类文体考镜源流，细致辨析，但在分类方面不免烦琐，治丝而棼。

至清代，奏议类文体作为独立的文体门类，终于有了确定的名称。姚鼐《古文辞类纂》选文十三类，设立“奏议类”，列于第三位。在此书序目部分，姚氏对于“奏议”作了较为明确的阐释：

> 奏议类者，盖唐、虞、三代圣贤陈说其君之辞，《尚书》具之矣。周衰，列国臣子为国谋者，谊忠而辞美，皆本谟、诰之遗，学者多诵之。其载《春秋》内、外传者不录，录自战国以下。汉以来有表、奏、疏、议、上书、封事之异名，其实一类。惟对策虽亦臣下告君之辞，而其体少别，故置之下编。两苏应制举时所进时务策，又以附对

① （清）严可均校辑：《全上古三代秦汉三国六朝文》《全晋文》卷五十三《翰林论》，中华书局 1958 年版，第 1767 页。

策之后。[1]

继姚鼐《古文辞类纂》后，曾国藩《经史百家杂钞》、王先谦《续古文辞类纂》、黎庶昌《续古文辞类纂》，对于奏议文均有收录，有鉴别。清代吴曾祺《涵分楼古今文钞》之“奏议类”列子目二十八种，且与相关文类逐一对比考察，对于奏议类文体做集大成式的辨析与梳理。此外，清人王兆芳《文章释》对于奏议类文体之源流、特点等亦有详细考辨。清代，奏议文体研究取得重要收获。

纵观中国古代奏议文体研究，古人所论已涉及奏议之起源、门类、文体特点、文体功用、写作格式、运作方式以及历代名家名作等，从总体上初步具有系统化、规模化的特点。但是，古代奏议研究理论又是片断的、零碎的，分散在不同的著作与选本中，彼此之间存在着分歧与差异，缺乏整理与甄鉴，有待今天的研究者去梳理、整合与建构。

20 世纪，中国古代文学研究经历了近现代时期的过渡与转型，在许多领域取得了长足的进展。仅就文体研究而言，诗、词、曲、小说、戏剧、赋、骈文等文体研究均有丰硕成果。21 世纪初，学界涌现出一批总结 20 世纪中国古代文学研究成果的专著。然而，翻阅这些研究综述，却很难见到中国古代奏议文研究成果。例如，黄霖先生主编的《20 世纪中国古代文学研究史》系列丛书之《散文卷》[2]，虽有“古代散文史的分体研究”一节，却只是提到山水游记、传记文学、小品文、杂文、八股文等研究成果，并未提及奏议文研究状况；傅璇琮先生主编的《二十世纪中国人文学科学术研究史》丛书“文学专辑”中有《中国古代散文研究》分卷，该书只是在第三章“魏晋南北朝诸体散文研究”设“章表体散文研究”一节，篇幅仅 4 页，谈到的也不过是几部文学史、散文史对于诸葛亮《出师表》、李密《陈情表》之类奏议名篇的简单分析。[3] 可见，学界对于奏议文关注

① （清）姚鼐纂：《古文辞类纂》《序目》，中华书局四部备要本，第 2 页。

② 参见黄霖主编，宁俊红著《20 世纪中国古代文学研究史：散文卷》，东方出版中心 2006 年版。

③ 参见傅璇琮主编，陈飞分卷主编《中国古代散文研究》，福建人民出版社 2005 年版，第 200—203 页。

极少，奏议文研究成果极为匮乏。

就笔者检索、翻阅的材料来看，20世纪以来中国古代奏议文文学研究成果主要涉及以下几个方面：

1. 奏议文之文学归属。

20世纪，学界曾围绕“什么是文学”“什么是散文”等问题展开热烈讨论。奏议文作为中国古代文章之大宗，自然也卷入这一论争。奏议文是否属于文学，是否属于散文，否定者有之，肯定者亦有之。

陈柱《中国散文史》① 是20世纪以来中国第一部完整的散文史，该书以散文发展的内部规律（骈散变化）和社会发展的外部规律（朝代沿革）两条线索相融合，叙述了中国古代散文的发展历程，在学术领域具有划时代的意义。该书的“散文”概念较为宽泛，奏议文亦包含其中。作者在“经世家之散文”等章节中分析了有关奏议文的写作状况。

新中国成立初期的文学研究中，“形象性”一度成为区别“文学”与“非文学”的主要标尺。有些论者以此为据，将奏议文排除在文学研究范围之外。例如，50年代末，北京大学中文系编著的《中国文学史》绪论部分云：

> 文学的基本特征是借助语言艺术而构成形象。……至于没有形象性的学术论著以及一般的奏议碑诔之类的应用文字，更不能称为文学了。②

80年代以后，随着学界研究理念的更新与研究视野的拓展，许多学者从实际出发，将包括奏议文在内的诸多古代文体视为中国古代文学的研究对象。例如，韩兆琦、吕伯涛先生《汉代散文史稿》指出：“散文这个概念，本来有广义和狭义之分，在文学与非文学的界限还不够明确、文史哲尚未完全分家的汉代，散文的范畴应该划得稍宽一些。所以，从章表奏

① 参见陈柱《中国散文史》，商务印书馆1937年版。

② 北京大学中文系文学专门化1955级集体编著：《中国文学史》，人民文学出版社1959年版，《绪论》，第3页。

疏、碑铭史传、书信杂记直至某些哲学著作，只要有一定的文学性或在散文发展史上发生过某种影响，我们都列入了讨论的范畴。”①

郭预衡先生所著三卷本《中国散文史》是迄今为止规模最为宏大的一部中国散文史著作。1986 年，作者编写此书上册时就在《序言》中提出：“不从‘文学概论’的定义而从汉语文章的实际出发，写出中国散文的传统。”“从汉语文章的实际出发，这部散文史的文体范围，也就不限于那些抒情写景的所谓‘文学散文’，而是要将政论、史论、传记、墓志以及各体论说杂文统统包罗在内。”② 在郭先生的这部著作中，奏议文成为中国散文史不可或缺的组成部分。

1984 年 6 月，褚斌杰先生的论著《中国古代文体概论》出版，标志着中国古代文体研究进入新时代。1990 年 10 月，此书出版增订本，又作了较大增补修订。该书第十一、十二章对中国古代文章进行分类研究，主要分析了论说文、杂记文、序跋文、赠序文、书牍文、箴铭文、哀祭文、传状文、碑志文、公牍文等十类古代文章，另外还谈到笔记文、语录体、八股文、连珠文等。在公牍文部分，作者分析论说了中国古代奏议类主要文体的特点与代表作品。1988 年 3 月，在《文学遗产》杂志编辑部召开的中国古代散文研究座谈会上，褚斌杰先生提出：“我们对散文的民族特色认识不够。中国古代散文从一开始就和纯文学不一样，具有很强的学术性和实用性，直到晚清都是这样，只有游记和晚明小品有些纯文学的味道，其他像序跋、书信、祭文、公牍等等都是应用文，不属于纯文学范围。但你如果排斥这些学术性、应用性的散文，那么中国散文史就一下子单薄多了。所以我们需要从民族特色上考虑，完全接受西方的概念，解决不了中国的实际问题。”“我们对古代散文的美学特征和艺术技巧探索不够。……研究古代散文，应该有一套从古代接受下来的概念，用它才能讲得清，而不能用一般的什么形象性、生动性等等。”③

吴承学先生《文体形态：有意味的形式》一文指出：“20 世纪以来，我

① 韩兆琦、吕伯涛：《汉代散文史稿》，山西人民出版社 1986 年版，《绪论》，第 11 页。
② 郭预衡：《中国散文史》（上册），上海古籍出版社 1986 年版，《序言》，第 1 页。
③ 思鲁整理：《关于中国古代散文研究问题》（座谈纪要），《文学遗产》1988 年第 4 期。

们的文学史研究主要是受到西方学术的影响，而在古代文体形态的研究对象和范围方面，往往未能从实际出发，对中国古代原来非常重要的一些文体形态相当忽视。因为从现在的眼光看，古代许多重要的文体形态是‘非文学’的文体形态，但是在中国古代实用文体形态与文学文体形态是浑成一体的。”[①] 吴承学先生的文体研究涉及许多原来非常重要而被忽视的中国古代文体。例如，在《唐代判文》一文中，他指出：“判文是兼应用性与文学性于一身的特殊文体”，“判辞研究具有特殊的文化与文学意义”。[②]

中国古代文学观念是一个“杂文学”“大文学”的观念，越来越多的学者逐渐接受这一观念，将包括奏议文在内的诸多应用文体划归中国古代文学研究范围之中，从广阔的视野关注、研究中国古代文学。

2. 奏议文之文献整理。

中国古代社会非常重视奏议文的编辑整理，历史上编纂的奏议文集数量颇丰。然而，历代奏议文集有的失传于后世，有的被藏之秘府、束之高阁，不见天日。整理古代奏议文，使之为研究者方便使用、为普通读者熟悉了解，亦有重要意义。

20 世纪 80 年代以来，奏议文献整理取得一定成果。1993 年 11 月，刘振娅先生几经周折、历时数年编著的《历代奏议选》出版。[③] 这是一部有注释、有题解、有评点的奏议精选本，虽然篇幅有限，却填补了这一领域的一项空白。在编著此书的基础上，刘先生撰写论文《论历代奏议体散文的文学成就》，文中特别指出：“笔者排除历代奏议中那些不具文学性的全属公文性质的篇章，选择那些洋溢着文学色彩的作品，称之为奏议体散文（也包括骈体写的奏议之文），来探讨它们的文学成就。”[④] “奏议体散文”这一概念的提出，显然希望以洋溢着文学色彩的奏议名篇为奏议文争得文学中的一席之位，并以此引起学界对于这一长期被忽视的重要文体的关注。这一概念虽可商榷，这一做法可谓用心良苦。刘振娅先生在此文中谈

① 吴承学：《文体形态：有意味的形式》，《学术研究》2001 年第 4 期。

② 吴承学：《中国古代文体形态研究》，中山大学出版社 2002 年版，第 156 页。

③ 参见刘振娅选注《历代奏议选》，广西人民出版社 1993 年版。

④ 刘振娅：《论历代奏议体散文的文学成就》，《广西社会科学》1995 年第 4 期。

到的“奏议体散文”的文学成就包括“浓郁的抒情色彩”“生动感人的形象”“富有文采的语言”“构思精巧、表现手法和语气变化灵活适当”等，在奏议文学研究方面实有倡导之功。

1994年12月，丁守和先生等主编的四卷本《中国历代奏议大典》出版。[①]该书依据中国古代王朝嬗递与历史演进的轨迹，自先秦至清代，分为七卷，收入名臣、名人2200位，选录奏议3800余篇，被称为史学界之盛事。该书内容之丰富、规模之浩大，可与明代黄淮、杨士奇所编《历代名臣奏议》比肩。特别值得提及的是，丁守和先生还为此书撰写了长篇导论，文中谈及“奏议的产生与发展”“奏议的功用”“奏议的基本思想”“奏议的哲理”“奏议的文风”“奏议者的态度和后果”“研究奏议的意义”等诸多问题。

除此之外，国内还出现了一些中国古代奏议文普及本。[②]

3. 奏议文之文体研究。

20世纪80年代以来，学界奏议文文体研究主要涉及文体辨析、断代研究以及个案研究等方面。

奏议类文体辨析主要有两种情况：一是在古代文体研究中对于奏议类文体有所涉及，一是以单篇论文的形式辨析奏议类文体。80年代以来，中国古代文体研究渐趋深入，涌现出的一批研究专著或多或少对于奏议类文体有所辨析，主要涉及奏议文之起源、名目、特点、体式等。[③]与此同时，部分研究者把目光特别投向奏议类文体，以单篇论文的形式展开辨析论说。[④] 不过，此类论文数量较少，而且佳作难得。

奏议文断代研究的对象主要集中于汉代。王启才《汉代奏议的文化意

① 参见丁守和等主编《中国历代奏议大典》，哈尔滨出版社1994年版。

② 例如冀东村夫主编《中国历代奏章选》，山西人民出版社1995年版；周俊旗、汪冰著译《历代名臣奏议选译》，中国青年出版社1998年版；等等。

③ 例如褚斌杰《中国古代文体概论》，北京大学出版社1984年版；陈必祥《古代散文文体概论》，河南人民出版社1986年版；吴承学《中国古代文体形态研究》，中山大学出版社2002年版；郭英德《中国古代文体学论稿》，北京大学出版社2005年版；等等。

④ 例如跃进《〈独断〉与秦汉文体研究》，《文学遗产》2002年第5期；陈飞《唐代试策的形式体制——以制举策文为例》，《文学遗产》2006年第6期；王启才《奏议渊源略论》，《文学遗产》2006年第6期；吴承学、刘湘兰《奏议类文体》，《古典文学知识》2008年第4期；许结《说“渊懿”——以西汉董、匡、刘三家奏议文为例》，《文学遗产》2008年第5期；吴承学《策问与对策》，《新国学》1999年创刊号。

蕴与美学阐释》是复旦大学2004年博士学位论文，作者从文体学、档案学、文学、文化学、美学等角度，就汉代奏议的名称、源流、文体特点与功能、流传与编纂情况、文化意蕴、文学价值与美学特点等问题进行探讨，是一项比较全面的汉代奏议研究成果。此外，相关学位论文、期刊论文多数也选择汉代作为奏议研究的切入点。中国古代奏议源自先秦，确立于秦汉，终止于晚清时期，具有漫长的发展历程。奏议文断代研究可以有许多选择，然而，目前相关的研究成果集中于汉代，此外涉及三国、唐代、明代、清代等，但各段仍有较为广阔的开掘空间。

奏议文断代研究分布不平衡，个案研究亦如此。历代奏议文名家名作层出不穷，然而，目前奏议文作家作品研究主要集中于贾谊、曹植、陆贽、苏轼等少数作家以及《出师表》《陈情表》之类少数名篇，而且大多数研究只是停留在文学特色、修辞手段等方面，缺乏深入开掘。

综上，笔者认为，奏议文作为中国古代重要的文体形态，目前的研究是远远不够的。其不足之处主要有：

1. 奏议文之概念尚未明确界定。

何为“奏议文”？“奏议文”的内涵与外延如何界定？对于诸如此类的基本问题，学界似乎尚未认真思考、深入辨析。在使用“奏议”这一术语时，研究者往往存在一种认识上的泛化与思维上的惯性，或将其视为门类庞杂根本无法明确界定的模糊性文类概念，或将其视为人所周知的无须进一步诠释的常识性文类范畴。实际上，许多奏议研究者对于“奏议”这一概念的理解并不相同。例如：

> 公文，一般可分为上行公文与下行公文两大类，上行公文主要是指臣下给帝王的上书；下行公文主要是指帝王给臣民的旨令。在古代这两类文章名目繁多，如臣下给帝王的上书，就因时代或所陈述的内容不同，而分为章、奏、表、议、疏、启、劄子、弹事等不同的体类和名称。……后世一般把前者归为“奏议”类，总称之为奏议文。[①]

① 褚斌杰：《中国古代文体概论》，北京大学出版社1990年版，第450页。

奏疏是古代朝廷臣下向帝王言事陈情之文的通称。亦称奏对、奏启、奏状、奏札、奏折、奏策等。①

奏议，在各个朝代的名称很多。或曰奏对、奏言、奏说、奏条、奏疏、奏陈、奏章、奏本、奏折，或曰进谏、谏言、谏诤、奏谏、奏参（弹劾），亦曰上奏、上陈、上书、上疏、上表、条陈、封事、札子、手片及状、箴，乃至封驳，等等。实际上都是臣下就朝政大事（包括许多具体和实际问题）及用人决事刑罚等等，用口头或书面向君主、皇帝所陈述的意见、建议或方案，所提出的批评、谏诤谏言，所反映的情况或所作的报告等。有些则是应诏对策，或奉诏陈事，也就是按照帝王所出之题目或所提之问题和要求，进行回答或对策，陈述意见或建议。②

臣僚奏议类，即奏章。中央和地方政权机关向皇帝上奏的公文，这是封建国家最主要的上行公文。其形式多种多样，有奏、章、表、状、疏、笺、议、题本、揭帖、露布、上书等。③

所谓奏议，是中国古代臣民向君主进呈的上行公文的统称，可分为奏言（口头）和奏章（书面形式）两种形式。④

仅就以上所列可以看到，不同论者存在不同看法。从名称来看，“奏议”之外，又有使用“奏疏”“奏章”等不同名目。关于“奏议”的界定，分歧尤多：“奏议”的撰文者，有包括“民众”与否的不同理解；“奏议”的行文对象，有“君主”“皇帝”甚至“诸侯”等不同理解；“奏议”的范围，有包括“奏言”与否的不同理解，有包括“箴”“笺”等特殊文

① 谢楚发：《散文》，人民文学出版社 1994 年版，第 196 页。
② 丁守和等主编：《中国历代奏议大典》，哈尔滨出版社 1994 年版，《导论》，第 1 页。
③ 李士龙：《中国古代的公文制度》，《行政论坛》1996 年第 3 期。
④ 王启才：《汉代奏议的文化意蕴与美学阐释》，博士学位论文，复旦大学，2004 年。

体与否的不同理解；等等。

研究对象不明确，研究范围不一致，使奏议文研究从根本上存在障碍。诚然，中国古代文体在边缘上存在交叉是不争的事实，但诗歌、小说、戏曲都有自己相对独立的明确的研究范围，而散文没有，奏议文也没有，必然为奏议文的研究带来困难。

2. 奏议文之文体研究有待深入。

在目前已有的奏议文研究成果中，部分论作确有见地。例如吴承学先生《策问与对策》[①] 一文关于对策之基本形态、风格特性、创作心理、文化特征等问题的分析鞭辟入里，廖伯源先生的论著《秦汉史论丛》[②] 所收论文《秦汉朝廷之论议制度》与《汉“封事”杂考》分别对于秦汉时期的朝廷论议和汉代封事作细致考辨，可谓开卷有益。

但总的情况是，目前的奏议研究多为泛泛的常识介绍，论者往往径直取材于《独断》《文心雕龙》《古文辞类纂》等古人观点，不加分析地罗列一番，在许多具体问题上都缺乏深入细致的辨析。

例如：奏议文之起源。许多论者都提到“文出五经”说，但大多只是提到“宗经”观念，并未予以细究。实际上，古人对于奏议起源有不同看法：刘勰《文心雕龙·宗经》认为章、奏“则《书》发其源”[③]，颜之推《颜氏家训·文章》则认为奏“生于《春秋》”[④]，四库馆臣则认为刘勰《文心雕龙》“以各体分配诸经，指为源流所自，其说已涉于臆创”[⑤]。如何理解这些看法？《尚书》《春秋》究竟在哪些方面影响着奏议文的生成？“五经”之外，《左传》《国语》《战国策》对于奏议文的形成又有哪些具体影响？这些问题尚未深入思考。

又如：奏议文之确立。关于这一问题，目前学界尚无明确的观点。刘

① 参见吴承学《策问与对策》，《新国学》1999 年创刊号。

② 参见廖伯源《秦汉史论丛》，中华书局 2008 年版。

③（南朝梁）刘勰著，詹锳义证：《文心雕龙义证》卷一《宗经》，上海古籍出版社 1989 年版，第 78 页。

④ 王利器撰：《颜氏家训集解》卷四《文章》，中华书局 1993 年版，第 237 页。

⑤（清）纪昀等撰：《钦定四库全书总目》卷一百九十二《六艺流别》，中华书局 1997 年版，第 2686 页。

勰《文心雕龙》云："降及七国，未变古式，言事于王，皆称上书。秦初定制，改书曰奏。"[①] 许多论者据此认为奏议文在秦代之前已生成，秦代只是把战国时期臣子提交君主的"上书"改称为"奏"，作为朝臣向皇帝进言文书之名称。[②] 然而，实际情况并非如此。首先，史书对于所谓秦代"文体改称"并无记载。其次，司马迁《史记》秦代史部分涉及臣子的进言文书时，仍称为"上书"或"书"，皆非称作"奏"。再者，汉代以后，"奏"作为文体名称逐渐开始使用，而"上书"这一文体名称非但没有被取代、消逝，反而继续沿用，在史书中频频出现。萧统《文选》特别设立"上书"类，所收文章 7 篇，除李斯《上秦始皇书》外，其余皆作于汉代以后。徐师曾《文体明辨序说》"上书"条云："降及七国，未变古式，言事于王，皆称上书。秦汉而下，虽代有更革，而古制犹存，故往往见于诸集之中。萧统《文选》欲其别于臣下之书也，故自为一类，而以'上书'称之。"[③] 由此可见，秦代并未将"上书"这一文体名称改为"奏"，作为奏议文之总名。刘勰所谓"秦初定制，改书曰奏""秦汉之辅，上书称奏"应另有深意。

再如：上书与奏议之关系。在上文罗列的"奏议"概念界定中，大部分论者认为"上书"与"奏议"是一回事，或者奏议类文体包含"上书"在内。其实这一问题并不简单。《文心雕龙》未列"上书"，而《文选》却将"上书"单独立类；明代《文章辨体》不列"上书"，《文体明辨》却又将其标举出来，与"奏疏"并列，此中缘由似未详论。只有明辨二者关系，"奏议"这一概念的外延才能明确，其发展脉络才能清晰。

3. 缺乏整体性系统研究。

目前学界奏议文研究集中于断代研究与个案研究。相对而言，汉代

---

① （南朝梁）刘勰著，詹锳义证：《文心雕龙义证》卷五《章表》，上海古籍出版社 1989 年版，第 822 页。

② 例如褚斌杰先生《中国古代文体概论》："秦统一天下后，把臣子的上书改称为'奏'。'奏'，大约是取《尚书》中'敷奏以言'的意思。于是后世也沿袭使用，作为臣子向帝王上书进言的通名。"（褚斌杰：《中国古代文体概论》，北京大学出版社 1990 年版，第 452 页。）

③ （明）吴讷、（明）徐师曾：《文章辨体序说，文体明辨序说》，人民文学出版社 1962 年版，第 121 页。

奏议研究成果比较全面和系统：在文体辨析方面，不少论者对于汉代奏议类文体作了较为细致的考辨分析，例如前文所列跃进、吴承学、廖伯源等学者的相关研究成果；在汉代奏议文的文化意蕴与美学风范研究方面，上文提到王启才博士的论文已较为成熟；在汉代奏议文运作方面，汪桂海、卜宪群、刘后滨等学者的相关论著有较多涉及[①]。但是，除了汉代奏议之外，其他历史时段的奏议研究似乎颇受冷落，未有如此系统、全面的研究成果。

不仅如此，奏议文研究从总体上还有待深入，还有许多深层问题有待思考。例如：奏议与政治制度、职官制度之关系，奏议与君臣之道、礼乐文化之关系，奏议与士人品格、士人心态之关系，等等。目前，还没有论者能够充分意识到中国古代奏议文所蕴含的思想精神与文化内涵，超越个体研究、局部研究、断代研究，站在奏议文历史发展的宏观视角，充分探讨奏议与政治、思想、学术、文化之关系，对奏议文的思想文化价值、人文精神、美学风范进行全面、系统的考察与阐释。

4. 研究思路多处于静止状态。

目前学界奏议文研究思路尚未全面打开，总体上仍处于一种静止状态。许多论者往往就文体论文体，就作品谈作品，缺乏彼此的观照以及开放的、动态的研究思路。

钱志熙先生在《论中国古代的文体学传统——兼论古代文学文体研究的对象与方法》《再论古代文学文体学的内涵与方法》等文章中指出："所谓文体，完全是建立在文章的体与用这一对关系中的，而中国古代文体学的最基本的思想，也就是对文章的体用的辩证关系的深刻认识。""古人研究文体的最重要的一个特点，就是将体制与具体的创作联系起来，而不是空洞、抽象地谈体的问题。古代的一些重要的文体学论著，都是结合具体的作品选本来展开的。""现代的体裁研究，所采用的比较多的是静止的考

① 参见汪桂海《汉代官文书制度》，广西教育出版社 1999 年版；卜宪群《秦汉官僚制度》，社会科学文献出版社 2002 年版；刘后滨《从蔡邕〈独断〉看汉代公文形态与政治体制的变迁》，《广东社会科学》2002 年第 4 期；刘后滨《从奏案到奏抄——汉唐间奏事文书形态的演进与行政审批制度的变迁》，《北京理工大学学报》2002 年第 2 期。

察的方法，从方法的性质来看，较多的是属于文献学的、语言学的方法。与之相比，古代的文体研究，是立足于文学本体的。”① “‘文体’的准确内涵，即刘勰所说的‘设文之体’。……但是，‘设文之体有常’，与‘变文之数无方’是相对而又相成的。” “在今天学术界重提文体学研究的意义，除了加强文体分类研究之外，更重要的是强调文体作为文学之重要因素在整个的文学创作过程中的作用。比如作家如何能动地使用文体、文学因素与其他因素如题材因素、作家个体的感情因素等之间的关系。也可以说，我们的古代文学文体学研究，是以‘设文之体有常’为依据，指向‘变文之数无方’，是一种开放的、动态的研究方法。” “文体研究的最具胜境的地方，不在简单的分类、静止的描述，而在于探索文体发展中‘常’与‘变’的关系。”②

钱志熙先生谈到的中国古代文体研究对象与研究方法对于目前的奏议研究是有启发的。我们看到，一些论者在奏议文体研究方面，往往只是静态地区分门类，引用古书作理论上的简单阐释，而忽视对于作品的鉴别与对照；或者简单归纳奏议类文体的特点，注重抽象的理论表述，而忽视它们在各个不同历史时期的消长与嬗变。研究奏议类文体，要对中国古代奏议文体理论进行梳理、整合、构建，更要以一种开放的、动态的眼光，从全局的角度去探索奏议文在各个历史时代的演变轨迹，从而对于中国古代这一重要的文体形态做出较为科学的诠释。

综上所述，笔者认为，目前奏议文研究尚处于起步阶段，成果较少，且多失之笼统，综合创新不足，有待全面拓展以及深度开掘。

2007 年至 2010 年，笔者有幸师从詹福瑞先生攻读中国古代文学专业博士学位，选取奏议文作为研究课题，完成了论文《秦汉魏晋南北朝奏议文研究》，中国社会科学出版社 2014 年出版拙著《秦汉魏晋南北朝奏议文史》。此次出版的《中国古代奏议文研究——以秦汉魏晋南北朝为中心》在之前基础上考察中国古代奏议文之渊源、生成与发展，对其文类概念、

---

① 钱志熙：《论中国古代的文体学传统——兼论古代文学文体研究的对象与方法》，《北京大学学报》2004 年第 5 期。

② 钱志熙：《再论古代文学文体学的内涵与方法》，《中山大学学报》2005 年第 3 期。

研究范围与文体特点做出明确界定，并以秦汉魏晋南北朝为中心，对奏议文与相关文体以及奏议类主要名目做文体辨析。

本书主要内容与主要观点如下：

第一部分：名实考辨。

本书第一章、第二章和第三章旨在梳理中国古代奏议文之渊源、生成与发展的历史，考察奏议文之文类观念生成与文类名称确定的过程，对于中国古代奏议文的文类概念、研究范围和文体特点做出明确界定。

先秦时期，随着国家的诞生和官制的建立，奏事、议政成为朝堂之上王臣辅政的基本方式。从口头性的奏言到文字性的上书，奏议文在先秦时代的政治文化环境中得以孕育。秦帝国建立，建皇帝之号，立百官之职，君臣之位得以确立，建立了较为完备的奏议制度，奏议文从战国时期君臣同书的状态中分离出来，正式得以生成。[①]

汉魏六朝时期，奏议制度在秦制的基础上进一步完善，与此相联系，汉魏六朝奏议文写作在数量、类型、质量方面都有长足的进展，相应地引发了中国古代奏议文集的编纂与奏议文体的研究，奏议文类观念因而在这一时期得以形成。

隋唐以后，中国古代官僚政治制度进入新的历史发展阶段，奏议制度相应地也有新的调整、变化。奏议文在这一历史进程中发挥着重要的政治功能，写作数量飞速增长，文章形态不断变化。宋代以后，奏议文集编纂进入繁盛时期，出现一系列重要的奏议总集、别集。明清时期，奏议文体研究得以深入化、系统化，收获一系列重要的研究成果。姚鼐《古文辞类纂》出，“奏议”之名，终得以立。

奏议之名，经历了由行为方式向文本方式、由单纯至复杂、由罗列文章形态至归并文体名类的衍化过程。奏议文孕育于先秦时代，生成于秦代，汉代以后迅速发展，一路汪洋恣肆，直至清代帝国终结而退出历

---

① 奏议文之渊源与确立是奏议文史之逻辑起点，拙著《秦汉魏晋南北朝奏议文史》（中国社会科学出版社 2014 年版）第一章、第二章对此已做详论，然而，此论题亦是奏议名实考辨之研究基础，亦无法回避，因而本书第一章只得稍作修改、重复旧论，所幸此部分篇幅不及全书十一，恳请读者理解、海涵。

史舞台。

奏议文是中国古代社会秦汉至明清时期，中央臣僚以及中央派出的地方长官在行使其参政权、议政权时向君主进呈的陈请或论议文书。奏议文是中国古代官僚政治制度、礼乐文化之产物，其内在属性是“君臣名分”，外在特征是“进御性”。

第二部分：文体辨析。

本书第四章和第五章以秦汉魏晋南北朝为中心，一是将奏议文与制诏、上书、连珠等相关文体进行比较，进一步体察奏议文的文体功能与文体特点；一是对于隋唐之前出现的奏议类主要名目，即“章”“表”“奏”“议”“疏”“启”“对策”“封事”等加以辨析，考察其文体格式、文体功用、文体特点及发展变化的情形。

制诏与奏议是中国古代公牍文中最重要的两类文体，二者相对而称，行文方向互逆，但彼此密切关联。制诏与奏议同根同源，同时确立，具有相同的文体功能。制诏以奏议为决策依据，奏议以转化制诏为价值实现。

上书与奏议是源与流之关系，是类与科或科与目之关系。上书始于先秦时代，泛指致之尊长之文书。秦帝国建立，臣僚上书遂为奏议，与吏民上书并行。二者因撰写者不同，遂有不同的文体功能，因而在文章写作与文书运行等方面亦多不同。

从文体功能考察，连珠与奏议有密切关联。连珠滥觞于先秦时代，与奏议文同源。自扬雄《连珠》出，连珠遂作为旁枝一度与奏议文并行不悖。魏晋以后，连珠发生变格，与奏议文疏离却又推动奏议文之骈偶化，并在此过程中完成了自己的历史使命。

奏议文是中国古代文章之大宗，名目繁多，且彼此交错纠结。隋唐之前，奏议类名目已较为复杂：从内容来看，有“谢恩”“弹文”“变事”“便宜”“谠言”等；从体式来看，有“章”“表”“奏”“议”“疏”“启”“对策”等；从密级来看，有“封事”“露布”等。“章表奏议”是汉代确立的臣僚奏议的主要文体形式，此外，还有“疏”“对策”“封事”等。在实际运用中，“章”逐渐式微，“表”则逐渐寖广，始终处于动态式发展变化中。魏晋六朝时期，“启”一度盛行，隋唐以后则不再用于臣僚奏议文。奏议类文体随奏议制度而确立，原本在文体功能、文体格式等方面有明确规定，但在实际运用过程中，各类文体相互影响，相互渗透，彼此之间的界限逐渐模糊，文体功能亦随之发生变化，以至于千头万绪，盘根错节。

奏议文属于中国古代公牍文范畴，具有政治性、实用性、工具性。奏议文名目繁多，文体形式随着时代的发展而变迁。

以上是本书主要内容及观点。鉴于笔者学力所限，本书对奏议文的研究尚处于起步阶段，还有许多不足之处，恳请各位专家、学者予以批评指正。

第一章

秦代：奏议文之确立

奏议，或称奏疏、章奏、奏书等。在中国古代社会，臣僚辅佐君主参政议政的方式主要有二：一是主动提出奏请，一是参与朝廷论议。“奏议”一词，与臣僚之参政方式正相吻合。在中国古代臣僚上呈君主之奏请、论议类文章文体研究、文集编纂、书目著录中，“奏议”一词作为此类文章总名的用法较为多见，且更具影响。因而，笔者选择使用“奏议”一词，作为此类文章之名称。

奏议，有口述与书面两种形式。口头上奏，是为奏言，肇始不迟于商、周；书面呈文，是为奏书，定型不早于秦、汉。前者收入史书等典籍，或经润色，有书面文章的意味，可视为广义的奏议文的一部分，本书一般不予论及。本书所讨论的奏议文指后者。

奏议文有广、狭二义：广义的奏议文泛指一切上告君主之文书，包括臣僚奏书、吏民上书、使者上书、囚徒上书等；狭义的奏议文仅指臣僚奏书。本书所论奏议文指后者。

笔者认为，奏议文是中国古代社会秦汉至明清时期，中央臣僚以及中央派出的地方长官在行使其参政权、议政权时向君主进呈的陈请或论议文书。

中国古代奏议文何时确立？关于这一问题，目前学界尚无明确的观点。一般认为，奏议源自先秦时代，奏议文在秦代之前已生成。例如褚斌杰先生《中国古代文体概论》云："如果从最早的文献考察，早在商、周时代，已有奏议性的文字留传下来。如《尚书》'商书'中的《伊训》，……《尚书》'周书'中的《无逸》，……从性质上讲，它们无疑是我国最早的奏议文字，只是当时还没有什么专称。""从历史文献上看，奏议文字至战国时代则始称为'书'。如《战国策》中保存有《苏代遗燕昭王书》《乐毅报燕惠王书》；《史记》中保存有李斯《谏逐客书》（此书写在秦王朝统一全国以前）等。李斯的《谏逐客书》是一篇名文，……为后世奏议文树立了榜样。"① 丁守和先生《中国历代奏议大典·导论》云："奏议起于何时，尚未有具体的考证。"② 他主编的这套四卷本《中国历代奏议大典》言、文并收，选文范围宽泛，先秦卷占全书篇幅八分之一以上。笔者认为，先秦时代只是奏议文的孕育期，奏议文的正式确立是在秦代。

郭英德先生《由行为方式向文本方式的变迁——中国古代文体分类生成方式片论之一》云："中国古代文体的生成大都基于与特定场合相关的'言说'这种行为方式，这一点从早期文体名称的确定多为动词性词语便不难看出。人们在特定的交际场合中，为了达到某种社会功能而采取了特定的言说行为，这种特定的言说行为派生出相应的言辞样式，于是人们就用这种言说行为（动词）指称相应的言辞样式（名词），久而久之，便约定俗成地生成了特定的文体。"③ 郭先生此论对于考察中国古代文体的生成有着普遍适用的意义，然而，文体的生成又有着各自不尽相同的轨迹，还需具体而切实的考察。中国古代奏议文的生成大抵也经历了这样一个转化过程，即从行为方式之"奏"与"议"向文本方式之"奏议"转化，然而，这一转化过程却并非约定俗成，而是有着至关重要的枢纽，这就是奏议制度的建立与君臣名位的确立。本章讨论的问题是：奏议制度的建立与奏议文的生成，君臣名位的确立与奏议文的确立。

① 褚斌杰：《中国古代文体概论》，北京大学出版社 1990 年版，第 451 页。
② 丁守和等主编：《中国历代奏议大典》，哈尔滨出版社 1994 年版，《导论》，第 1 页。
③ 郭英德：《中国古代文体学论稿》，北京大学出版社 2005 年版，第 29 页。

第一节　奏议制度的建立与奏议文的生成

先秦时期，随着国家的诞生和官制的建立，奏事、议政成为朝堂之上王臣辅政的基本方式。从口头性的奏言到文字性的上书，奏议文在先秦时代的政治文化环境中得以孕育。秦统一天下，正君臣之位，立典仪，明法度，定律令，中国古代帝国官僚政治制度就此发轫。秦代在先秦时期政治文化的基础上建立了较为规范的奏议制度，君臣聚集王庭决事，百官奏请，群臣议政，皇帝决断。中国古代奏议文正是随着秦代奏议制度的建立而生成。

一　奏事制度之建立

先秦时代，国家出现，官制初立，进言献策成为王臣辅政的基本手段，求言纳谏也成为君主执政的必要策略。《尚书》之《尧典》《皋陶谟》追记了虞夏时期王国初立、设官分职的情形，也记述了作为股肱耳目之臣下向君主进献昌言之情状。殷商的政治区域有内服、外服之分，内服设有一系列官吏，形成比较完备的官制体系。历代商王均有重臣辅弼，伊尹辅佐商汤已成为中国古代君臣遇合之典范。西周的官制在商代的基础上发展起来，机构庞杂，名目繁多，从《周礼》的记述来看已相当完备。《尚书》之“周书”部分保存了西周时期君臣议政的诸多事例，亦可体察此阶段王臣奏事制度的发展。夏、商与西周时期，王臣参政议政多以口头形式直接将自己的意见或建议上告君主，或是在王权许可的范围内主动进言，或是在君主征询的情形下应对献策，见之于史册，多为奏言，尤其是“对问”的形式，《尚书》便记载了先秦时期君臣之间大量的议政言辞。

春秋战国时期，王室衰微，诸侯争霸，时局动荡，变革迭起。随着活动空间的日益拓展以及社会交往的日益频仍，书信逐渐成为列国政治、外交场合经常使用的交流工具，《左传》《国语》《战国策》对此皆有记载。士阶层崛起，游学、养士之风盛行，形成一个处士横议的时代。直面君主、对扬王庭之外，“上书”便成为策士游说人主的主要方式。《战国策》记录了这一时期策士奔走四方纵横捭阖的献书行为。但是，尽管这一时期文书频繁使用于列国外交与策士游说方面，在列国之内，奏言仍是王臣辅政的主要方式。《战国策》《战国纵横家书》所收录的文书主要是策士游说君主以求官求禄之“献书”以及列国用于连横合纵彼此联络之“国书”，至于触龙说赵太后、邹忌讽齐王纳谏之类王臣献策基本上还是采用奏言形式①。《战国策·齐一》记载齐威王下令云：“群臣吏民，能面刺寡人之过者，受上赏；上书谏寡人者，受中赏；能谤议于市朝，闻寡人之耳者，受下赏。”② 显然，“面刺”比“上书”更受君王重视。只有在某些特殊情形之下，或不能够面见君主，或不方便面见君主，王臣才会采用上书的方式进言献策。

先秦时期，随着职官制度的建立与发展，王命之下达逐渐程序化，文书之传递与保存逐步规范化。《尚书·尧典下》记载了远古时期“纳言”一职的设立，舜命龙作纳言，“夙夜出纳朕命”。郑玄云：“纳言，如今尚书，管王喉舌也。”③《三国志·魏书·王肃传》载王肃上疏云：“是以唐、虞之设官分职，申命公卿，各以其事，然后惟龙为纳言，犹今尚书也，以出内帝命而已。”④ 夏朝时期，遒人是王之近臣，主要负责下达王命，同时也兼有征询意见、下情上达之职责。太史作为史官，掌管记事和典册。殷商时期，史官负责文书之事，官制进一步细化，还出现了专门负责管理档案的守藏史。西周时期，周王朝内服官有卿事寮与太史寮之分，太史寮包括史、卜、祝等官，史官又有太史、内史、外史、御史等。⑤ 据《周礼》，太史掌历法、记事，代表天子接受邦国、官府、都鄙之汇报文书；内史掌书王命，宣读四方奏事文书，接纳百官谋议转达天子；外史掌书外令，下达文书；御史又称柱下史，负责管理文书档案。⑥ 此外，大仆、小臣、御

---

① 参见（汉）刘向集录《战国策》卷二十一《赵四·赵太后新用事》，上海古籍出版社1985年版，第768页；卷八《齐一·邹忌脩八尺有余》，第324页。

② （汉）刘向集录：《战国策》卷八《齐一·邹忌脩八尺有余》，上海古籍出版社1985年版，第326页。

③ （清）孙星衍撰：《尚书今古文注疏》卷一《尧典下》，中华书局2004年版，第71页。

④ （西晋）陈寿撰：《三国志》卷十三《魏书·王肃传》，中华书局1959年版，第415页。

⑤ 参见王天有《中国古代官制》，商务印书馆1997年版，第8—17页。

⑥ 参见（汉）郑玄注，（唐）贾公彦疏《周礼注疏》，上海古籍出版社1990年版，第400页“大史”，第406页“内史”，第407页“外史”，第412页“御史”。

仆以及朝大夫具体负责文书传递：大仆“掌诸侯之复逆”，小臣“掌三公及孤卿之复逆”，御仆“掌群吏之逆，及庶民之复”，朝大夫每日上朝，负责上交公卿大夫的文书以及传达王命至公卿大夫。[①]

春秋时期，诸侯官制比照天子，列国太史掌记事之外，君主身边秘书性质的官员也设立起来。文书的传递有了明确的运作程序，亦有相关执掌者。《周礼·夏官·大仆》：“大仆：掌正王之服位，出入王之大命。掌诸侯之复逆。”[②] 君命下达，诸侯上书，皆由大仆传递。但文书传递并非专职，大仆兼有与此完全不相关的职责。《周礼·夏官·大仆》云，大仆有诸多职责，特别是“王出入，则自左驭而前驱”[③]。据此，大仆还有为天子驾车的职责。可见，春秋时期文书传递虽有相关执掌者，但尚未有严格的设官分职。“仆人”并非明确的职官，只是王公属下供差遣办事的下级吏员而已。

战国时期，文书的传递已有专门执掌者，接受献书与接受贡物、接待宾客由不同的官员执掌。据《战国策》记载，列国执掌接受献物与接待宾客的是“谒者”一职。例如，《楚四》所载有献不死之药于荆王者，谒者操以入[④]；《齐一》所载靖郭君将修筑薛地城墙，客多以谏，于是靖郭君下令谒者不予劝谏者通报[⑤]；等等。战国时期，列国负责文书传递的是“御史”一职。秦国、齐国、赵国、韩国等诸侯国均设立“御史”。《史记·廉颇蔺相如列传》云：“秦御史前书曰‘某年月日，秦王与赵王会饮，令赵王鼓瑟’。”“相如顾召赵御史书曰‘某年月日，秦王为赵王击缻’。”[⑥]《战国策·赵二》载录张仪为秦连横说赵王书，曰：“弊邑秦王使臣敢献书于

① 参见（汉）郑玄注，（唐）贾公彦疏《周礼注疏》，上海古籍出版社1990年版，第474页“大仆”，第476页“小臣”，第477页“御仆”，第587页“朝大夫”。

② （汉）郑玄注，（唐）贾公彦疏：《周礼注疏》卷三十一《夏官·大仆》，上海古籍出版社1990年版，第474页。

③ 同上书，第475页。

④ 参见（汉）刘向集录《战国策》卷十七《楚四·有献不死之药于荆王者》，上海古籍出版社1985年版，第564页。

⑤ 参见（汉）刘向集录《战国策》卷八《齐一·靖郭君将城薛》，上海古籍出版社1985年版，第304页。

⑥ （汉）司马迁撰：《史记》卷八十一《廉颇蔺相如列传》，中华书局1959年版，第2442页。

大王御史。"[①] 《战国策·韩一》载有张仪为秦连横献韩王书，篇尾云："是故秦王使使臣献书大王御史，须以决事。"[②] 由此可知，"御史"一职在战国时期除执掌记事之外，亦负责接纳文书以上呈君主。此时，王庭奏事逐渐成为一种程序化的运作方式。秦汉初期，"御史大夫"一职便从"御史"演变而来，执掌文书传递是御史大夫的主要职责之一，直至尚书接管此项职责。

公元前221年，秦帝国建立。与先秦时代相比较，秦帝国奏事制度更为规范、完备。秦代臣僚奏事频繁，政务无论大小，均由皇帝裁夺。嬴政在位期间，独揽大权，勤于政务，日理万机。《史记·秦始皇本纪》云："天下之事无小大皆决于上，上至以衡石量书，日夜有呈，不中呈不得休息。"[③] 同篇所载《会稽刻石》赞曰："皇帝并宇，兼听万事，远近毕清。运理群物，考验事实，各载其名。贵贱并通，善否陈前，靡有隐情。"[④] 可见秦王朝君主专制、中央集权发展之程度。嬴政时期，臣僚奏事主要在王庭之上，但因政务繁忙，又不拘所在，始皇随时听事、决事。《史记》本传云，嬴政晚年接受卢生建议，微其行。此后，听事以及群臣受决事，悉于咸阳宫。嬴政崩于沙丘，赵高与胡亥密不发丧。其间，"百官奏事如故，宦者辄从辒凉车中可其奏事。"[⑤] 可见始皇生前听事颇为频繁，不曾有所间断。秦国奏事、决事，主要通过文书完成。《睡虎地秦墓竹简·秦律十八种·内史杂》云："有事请也，必以书，毋口请，毋羁请。"[⑥] 嬴政"衡石量书"，亦可见奏请文书之多。云梦睡虎地出土的秦律还反映出秦国对于文书管理的细密化程度。例如，《秦律十八种·行书》有对于公文传发时限的具体规定，"行命书及书署急者，辄行之；不急者，日毕，勿敢留。留者以律论之"[⑦]；

① （汉）刘向集录：《战国策》卷十九《赵二·张仪为秦连横说赵王》，上海古籍出版社1985年版，第649页。

② （汉）刘向集录：《战国策》卷二十六《韩一·张仪为秦连横说韩王》，上海古籍出版社1985年版，第934页。

③ （汉）司马迁撰：《史记》卷六《秦始皇本纪》，中华书局1959年版，第258页。

④ 同上书，第262页。

⑤ 同上书，第264页。

⑥ 睡虎地秦墓竹简整理小组编：《睡虎地秦墓竹简》，文物出版社1978年版，第105页。

⑦ 同上书，第103页。

有对于文书签收的具体规定，“行传书、受书，必书其起及到日月夙暮，以辄相报也。书有亡者，亟告官。”[①]《秦律十八种·司空》还有对于文书书写材料、封缄的细致要求：“令县及都官取柳及木柔可用书者，方之以书；无方者乃用版。其县山之多并者，以并缠书；无并者以蒲、蔺以枱萷之。各以其获时多积之。”[②]

二　朝议制度之建立

古代的朝议制度源于初民时期的议事会制度。上古时期，原始氏族通过议事会的方式商讨内部诸多大事，部落联盟也是通过议事会来决定一切重要事务。这种议事会由氏族酋长或部落联盟首领主持，有着广泛的参与基础，体现着民主、平等、集思广益的色彩。《尚书》之《尧典上》追记了“尧咨四岳”的情形，《皋陶谟上》则记述了皋陶与禹讨论治国之道。《说文解字》：“谟，议谋也。”[③] 这些记载反映的就是上古时期议事会商讨重要事务的情形。商代是一个方国林立的时代，商王国与诸方国基本上还是国与国之间的关系，商朝只是一个以商王国为主体的松散联盟。商王的外部权力有限，与诸方国的议事有着原始时期议事会的性质。商王主要是在王国内部行使王权。《尚书·盘庚》记述了关于迁都之争，开篇云：“盘庚迁于殷，民不适有居。率吁众慼出矢言，曰：……”[④] 盘庚呼众近臣听取迁都意见，即有朝议之意味。

西周时期，惟王建国，封疆建土，体国经野，设官分职。周王虽称为“天子”，实际上只是天下之共主。周天子与诸侯名义上是君臣关系，但诸侯具有很大的独立性。基于封建制，周王比商王的外部权力颇有扩大，但这种政体仍具有原始时期部落联盟的意味。周天子通过定期盟会的方式君临天下并行使其指挥权，而这种盟会实则带有很大程度的协商的色彩，颇见得原始时期议事会制度之遗迹。真正意义上的朝议不是在周天子与诸侯

① 睡虎地秦墓竹简整理小组编：《睡虎地秦墓竹简》，文物出版社 1978 年版，第 104 页。
② 同上书，第 83 页。
③ （汉）许慎撰，（宋）徐铉校定：《说文解字》，中华书局 1963 年版，第 52 页。
④ （清）孙星衍撰：《尚书今古文注疏》卷六《盘庚》，中华书局 2004 年版，第 222 页。

的盟会上肇始的，而是在千里王畿之内周天子与其近臣议事的“三朝”之上实现的。据《周礼》郑注，周天子与诸侯皆有三朝，外朝一，内朝二，即外朝、治朝和燕朝。周天子王宫五门，由外而内依次为皋门、库门、雉门、应门、路门。以此五门为限，分为三朝：皋门之内、库门之外为外朝，库门之内为内朝；内朝有二，路门之外为治朝，路门之内为燕朝。①《国语·鲁语下》记载公父文伯之母所论内、外朝之言，曰：“天子及诸侯合民事于外朝，合神事于内朝；自卿以下，合官职于外朝，合家事于内朝；寝门之内，妇人治其业焉。上下同之。”②《周礼·秋官·朝士》介绍了“外朝之法”，外朝不仅有公卿大夫之位，还有州长众庶之位。外朝多处理量刑决狱与庶民上访之事，一般由王臣主持朝议，天子不出席。③《周礼·夏官·司士》介绍了“治朝之法”，天子、三公、卿、大夫等各有其位。治朝是天子与群臣例行朝会之所，群臣在此大议诸多政务。④据《周礼·夏官·大仆》，天子在治朝朝见群臣，之后退回燕朝处理政务。燕朝亦有朝会，大约是天子与近臣商议重大事务。⑤“三朝”皆有朝议，最终结果由天子裁夺。影响决策的因素很多，既有王臣意见，又有庶民心声。例如《周礼·天官·宰夫》云：“叙群吏之治以待宾客之令，诸臣之复，万民之逆。”⑥宰夫负责安排群吏职事，以转呈朝聘宾客向朝廷提出的陈诉与请求、群臣的奏事以及民众的上书。《周礼·秋官·小司寇》云：“以三刺断庶民狱讼之中：一曰询群臣，二曰询群吏，三曰询万民。”⑦征询三方面

① 参见（汉）郑玄注，（唐）贾公彦疏《周礼注疏》，上海古籍出版社1990年版，第253页“槀人”，第469页“司士”，第522页“小司寇”，第25页“太宰”，第474页“大仆”郑注。

② 《国语》卷五《鲁语下》，上海古籍出版社1988年版，第204页。

③ 参见（汉）郑玄注，（唐）贾公彦疏《周礼注疏》卷三十五《秋官·朝士》，上海古籍出版社1990年版，第532页。

④ 参见（汉）郑玄注，（唐）贾公彦疏《周礼注疏》卷三十一《夏官·司士》，上海古籍出版社1990年版，第469页。

⑤ 参见（汉）郑玄注，（唐）贾公彦疏《周礼注疏》卷三十一《夏官·大仆》，上海古籍出版社1990年版，第474页。

⑥ （汉）郑玄注，（唐）贾公彦疏：《周礼注疏》卷三《天官·宰夫》，上海古籍出版社1990年版，第46页。

⑦ （汉）郑玄注，（唐）贾公彦疏：《周礼注疏》卷三十五《秋官·小司寇》，上海古籍出版社1990年版，第524页。

意见审理判决平民狱讼：一是征询群臣意见，二是征询群吏意见，三是征询民众意见。

据史书所载，春秋战国时期，列国朝议之内容涉及政治、军事、外交等方面，以商讨联盟或征伐为主，形式方面间或使用文书，但仍以口头发表意见为主，不乏唇枪舌剑、面争王庭之场景。例如《战国策·秦一》记载司马错与张仪争论于秦惠王前，司马错欲伐蜀，张仪主张伐韩，二人各执己见，相互辩难，秦惠王在听取双方意见后予以裁夺。[①] 又如《战国策·秦二》云，张仪游说楚王，以奉献六百里土地为交换条件，请楚国断绝与齐国之通好。楚王大悦，将张仪此言宣布于朝廷，群臣皆赞同并朝贺，只有陈轸反对，提出异议。楚王不听，终成大患。[②] 这段有名的“六百里土地”公案也涉及战国时期的朝议制度。从史料所载来看，战国时期列国朝议一般都由国君主持，形式比较简单、朴素，规模不大，主要限于近臣谋议。大规模的朝议偶尔见于史册。例如《战国策·秦五》云：“四国为一，将以攻秦。秦王召群臣宾客六十人而问焉。”[③] 秦国此次朝议显然属于群臣大议，参与人数较多，成分也相对复杂，特别是有宾客即智囊人物的参与。这样的朝议活动在秦国以外的列国并不多见，为此后秦帝国朝议制度之完善打下了基础。

秦帝国建立，嬴政独揽大权，同时又能注意听取不同意见。秦代朝议亦频繁，且规范化。正史所载秦代朝议 7 次，依据议题来源不同，可分为两类。第一类为议题来自皇帝旨令之朝议，共 5 次，包括秦始皇二十六年（前 221）议帝号[④]、秦始皇二十八年（前 219）议刻金石[⑤]、秦始皇二十八年（前 219）议封禅[⑥]、秦二世胡亥元年（前 209）议尊始皇庙[⑦]、秦二

① 参见（汉）刘向集录《战国策》卷三《秦一·司马错与张仪争论于秦惠王前》，上海古籍出版社 1985 年版，第 115 页。

② 参见（汉）刘向集录《战国策》卷四《秦二·齐助楚攻秦》，上海古籍出版社 1985 年版，第 133 页。

③ （汉）刘向集录：《战国策》卷七《秦五·四国为一将以攻秦》，上海古籍出版社 1985 年版，第 293 页。

④ 参见（汉）司马迁撰《史记》卷六《秦始皇本纪》，中华书局 1959 年版，第 235 页。

⑤ 同上书，第 242 页。

⑥ 参见（汉）司马迁撰《史记》卷六《秦始皇本纪》，中华书局 1959 年版，第 242 页；卷二十八《封禅书》，第 1366 页。

⑦ 参见（汉）司马迁撰《史记》卷六《秦始皇本纪》，中华书局 1959 年版，第 266 页。

世胡亥元年（前209）议陈胜起山东事[①]。第二类朝议之议题来自臣子奏请，正史记载主要有两次，包括秦始皇二十六年（前221）议封建[②]和秦始皇三十四年（前213）再议封建及议烧诗书百家语[③]。可见，朝议在秦代已形成完备的制度。首先，秦代朝议有固定的时间与场所。嬴政听事、群臣受决事，“悉于咸阳宫”；嬴政死后，秘不发丧，“百官奏事如故”。可见，嬴政时期朝议之制度化。除朝堂上的定期例会之外，还有临时性的因故召集朝议的情况，临时性、突发性的朝议成为定期朝议之必要补充。其次，秦代朝议有固定的参与者。关于国家大政的讨论，一般交由群臣大议，包括丞相、御史大夫、廷尉、卿、五大夫等在内的朝廷各部门主要长官均参与论议。如果涉及礼乐之事，博士儒生等智囊集团则成为主要参与者。秦代列侯、伦侯的存在是世卿世禄制度的历史遗留，这些封侯者也有资格参与朝议。复次，秦代朝议具有固有的程序。无论议题来自皇帝还是朝臣，无论定期例会还是临时召集，秦代的朝议一般都经过五个环节，即提出议题——下发群臣——群臣论议——意见上报——皇帝批复。最后，秦代朝议有明确的责任人。除特殊情况外，秦代朝议之议题均下发丞相，责其组织群臣论议，并将论议结果领衔上报皇帝。在奏议文之责任人排序上，列侯、伦侯可能列于首位，但这不过是对历史遗留下来的贵族元老名义上的尊崇。奏议文领衔者，或者说第一责任人，是丞相。

此外，秦代朝议还有两个鲜明的特点：

第一，君主专制性。在秦帝国，只有皇帝才能授意组织朝议，臣子没有私自组织朝议的权力；群臣朝议的意见最终上报皇帝裁决，臣子没有决断的权力。这些做法体现了古代帝国的君主专制性质，在汉代以后的朝议制度中一以贯之。与后世相比，秦代朝议之君主专制尤甚，主要源自秦始皇为人之个性。《史记·秦始皇本纪》记载，侯生与卢生相与谋曰：“始皇为人，天性刚戾自用，起诸侯，并天下，意得欲从，以为自古莫及己。专

① 参见（汉）司马迁撰《史记》卷九十九《叔孙通列传》，中华书局1959年版，第2720页。
② 参见（汉）司马迁撰《史记》卷六《秦始皇本纪》，中华书局1959年版，第238页。
③ 同上书，第254页。

任狱吏，狱吏得亲幸。博士虽七十人，特备员弗用。丞相诸大臣皆受成事，倚辨于上。上乐以刑杀为威，天下畏罪持禄，莫敢尽忠。上不闻过而日骄，下慑伏谩欺以取容。秦法，不得兼方，不验，辄死。然候星气者至三百人，皆良士，畏忌讳谀，不敢端言其过。天下之事无小大皆决于上，上至以衡石量书，日夜有呈，不中呈不得休息。贪于权势至如此。"① 在朝议方面，秦始皇乾纲独断，较多地提出议题并亲自组织朝议，这与后代皇帝经常授意重臣主持朝议、自己并不亲临议堂的做法是不同的。此外，秦始皇见识过人，秦二世一意孤行，秦代群臣朝议结果通常不会影响和改变君主意见，皇帝只是认可符合自己意愿的意见，并不在乎支持者人数的多寡，亦不在乎意见的合理与否。此种情形与后世皇帝决策时常常受到群臣意见影响、有时甚至碍于多数人意见而放弃自己的主张的做法也是不同的。

第二，博士议政权。"博士"原是春秋以来对于学者的一种称谓，战国末期逐渐成为一些诸侯国设立的官名。秦汉相承，"博士"是中央官制中特殊的职位。《汉书·百官公卿表》云："博士，秦官，掌通古今。"②"博士"一职具有学术顾问性质，既掌图书典籍，又参与议政。秦代史料所载的7次朝议，有4次明确提到有博士参与论议，还有1次提到参与者为鲁诸儒生，博士也应包含在内。其中，丞相王绾上奏议帝号之朝议结果时，特别提到"臣等谨与博士议曰"，说明博士意见似乎是非常重要且必须咨询的；始皇三十四年再议封建，是由博士淳于越提出议题而引发的朝议；至于始皇议刻金石、议封建，秦二世议陈胜起山东事，则是专门召集博士进行论议。由此可见，秦代博士广泛参与议政，在历代朝议中是一个特别突出的政治现象。然而，据以上史料来看，博士的意见非但不被尊重，甚至因此深受其害。博士参与议帝号，主张采用"泰皇"，嬴政对于这一提案不以为然，而是以己意改之，采用"皇帝"作为帝号；齐鲁博士儒生议封禅，始皇认为所议"各乖异，难施用"，由此罢黜儒生；博士淳于越奏请废郡县，议封建，不仅不予采纳，还导致了焚毁诗书之难；二世

① （汉）司马迁撰：《史记》卷六《秦始皇本纪》，中华书局1959年版，第258页。
② （汉）班固撰：《汉书》卷十九上《百官公卿表上》，中华书局1962年版，第726页。

召博士议陈胜起山东事，直言不讳者罹难，唯有曲意逢迎才能免祸自保。以上诸例中，只有鲁诸儒生参与议刻金石一事，论议结果未被皇帝否决，但是这一提议来自始皇本人，其实并不需要论议，只不过需要掌通古今的博士赞美迎合，以此彰显皇帝的英明正确罢了。由此可见，秦代博士议政权实属微妙。战国时期，处士横议，学者、游士面刺君主已成为时代风习。嬴政即位，不便立即扫荡这一时代遗风，因而暂且容纳博士参政议政。但是，秦帝国法令出一，以吏为师。博士虽掌通古今，只能充当顾问参考。嬴政并不真正尊重和信赖博士，对于他们的意见和建议并不看好，甚至不感兴趣。秦帝国博士官的设置只是一个摆设，正如《史记·秦始皇本纪》所载侯生、卢生云："博士虽七十人，特备员弗用。"[①] 博士不仅不能真正影响秦代政治的决策，甚至还受到了罢黜、清算以及制裁。

先秦时期，随着官制建设的日益完善，奏事、朝议制度初建并得以发展。相对秦汉以后的情形而言，此阶段的奏议制度形式比较简单、朴素。王臣向君主禀报事务、议论国政，皆以奏言为主，文书的使用较为少见。"奏"在先秦文献中用作动词，是一个具有礼仪规范的惯用语，尚未从行为方式转化为相应的文体名称。"议"本身是一个非常泛化的概念，很容易从动词转化为相应的名词。例如，《战国策·韩一》："二人（赵卓、韩晁）各进议于王以事。申子微视王之所说以言于王，王大说之。"[②] "议"在这里已经从动作行为转化为相应的名词。此外，一般意义上的论议文已经在诸子散文中诞生，《荀子》《韩非子》皆不乏其例。例如《韩非子·存韩》："臣视非之言，文其淫说，靡辩才甚。臣恐陛下淫非之辩而听其盗心，因不详察事情。今以臣愚议：……"[③] 此篇即可视为比较标准的论议文了。

从文体发生学来看，奏议文源于社会发展的需要，是随着国家的诞生、官制的建立以及奏议制度的形成而产生的。先秦时期，王臣奏议主要采取奏

① （汉）司马迁撰：《史记》卷六《秦始皇本纪》，中华书局 1959 年版，第 258 页。

② （汉）刘向集录：《战国策》卷二十六《韩一·魏之围邯郸》，上海古籍出版社 1985 年版，第 928 页。

③ （清）王先慎撰：《韩非子集解》卷一《存韩》，中华书局 1998 年版，第 17 页。

言形式，文字性的奏书比较少见。先秦时期的政治文化环境对于奏议文的产生有直接的影响，经书中的治政观念，史书、子书中的君臣言谈记录与所收文书，对于奏议文的文体理念与写作方式皆有影响。先秦时代是奏议文的孕育时期，先秦时期的“奏言”与“上书”是奏议文得以孕育的母体。

先秦时代是奏议文的孕育时期，并非奏议文的诞生时代。首先，奏言、谏言之类属于口头性言辞，尽管许多言辞长篇大论、不乏文采，经过了记载者的加工整理，但终究不能算是书面意义的文章形式，不能划归奏议文之属。其次，先秦时期的上书也不等于奏议文。春秋战国时期，上书君主者，主要是游士、使者，皆无君臣名分。况且，上古三代之时，“书”作为一种交流工具普遍用于君主臣民之间，并无尊卑之别。《文心雕龙·书记》云：“战国以前，君臣同书。”黄叔琳《文心雕龙辑注》：“如乐毅报燕王，燕王谢乐间，上下无别，同称书也。”① 这一时期不仅上行文、下行文之间的界限并不严格，甚至文件名称也是“因事命篇，本无成法”②。因此，先秦时代的上书，亦不能算作真正的奏议文。

嬴政一统天下，开启历史新纪元。秦帝国在先秦初建的奏议制度基础上建立了较为完备的奏事与朝议制度，奏议经常化、程序化、书面化。秦代奏议制度建立，奏议文随之生成。奏议文确立于秦代，是历史的积累，也是文明的蜕变，其关键在于秦代君臣名位之确立。

第二节　君臣名位的确立与奏议文的确立

公元前221年，齐国亡灭，秦并海内，嬴政即帝位。秦帝国的建立，标志着中华民族历史上一个崭新时代的到来，对于此后的中国历史产生了深刻而又持久的影响。战国时期，随着各国变法运动的开展，中央集权君主专制制度普遍建立，官僚政治制度开始形成。吴宗国先生认为，不妨把

① （南朝梁）刘勰撰，（清）黄叔琳注，（清）纪昀评：《文心雕龙辑注》卷五《书记》，中华书局1957年版，第263页。

② （清）章学诚著，叶瑛校注：《文史通义校注》卷一《书教上》，中华书局1985年版，第30页。

战国时代视为官僚政治制度真正的产生时期，而秦汉是官僚政治制度全面展开的时期，官僚政治的各个要素都发展到了相当的高度。阎步克先生认为，秦汉王朝是帝国时代的开端，具有开创奠基的意义，无论历代制度发生什么变化，秦汉政治制度都范定了其最基本的特征、倾向以及变迁的范围和幅度，而秦汉帝国的最基本特征，是君主专制、中央集权和官僚制度。① 历史的进程有继承、延展，也有蜕变。秦代帝国的官僚政治制度正是在战国时期逐步形成的官僚政治制度的基础上发展、完善，为此后历代王朝政治制度范定了发展方向。秦制的确立意味着历史积累的一次决定性的蜕变，促使这一蜕变完成的就是秦代君臣名位的确立。

上古时期，氏族首领与成员之间是平等的关系，部落联盟之间同样地位平等，并无尊卑之别。随着国家建立，社会成员之间逐渐有了分别，分化为统治者与被统治者。初民时代的神话中有“三皇五帝”的传说，《尚书》中有“帝”“后”“王”等称谓。《尔雅·释诂》：“林、烝、天、帝、皇、王、后、辟、公、侯，君也。”② 可见，“皇”“帝”“王”“后”等称呼，原本都是表示统治者身份的称号，彼此之间并没有明显的高低尊卑之别。殷商时期，方国林立。商王国最高统治者被称为“王”。王，最初形象为斧钺形，指军事酋长的权杖，是军事统率权的象征。③ 商王国凭借军事力量征服诸方国，确立了自己的领袖地位。但是，商王国与诸方国仍是国与国之间的关系，各方国依靠自己的力量存在，只是以商王国为主体构成一个松散的联盟，并不构成君臣关系。王国维认为：“自殷以前，天子诸侯君臣之分未定也。”④

周王朝最高统治者称“王”，又称为“天子”。天子，即天之子，代表上天统治人间。《礼记·曲礼下》：“君天下曰天子。”⑤《诗经·小雅·北

---

① 参见吴宗国主编《中国古代官僚政治制度研究》，北京大学出版社 2004 年版，第 2、19 页。

② 胡奇光、方环海撰：《尔雅译注》，上海古籍出版社 2004 年版，第 2 页。

③ 参见林沄《说“王”》，《考古》1965 年第 6 期。

④ （清）王国维：《观堂集林》卷十《殷周制度论》，中华书局 1959 年版，第 466 页。

⑤ （汉）郑玄注，（唐）孔颖达等正义：《礼记正义》卷四《曲礼下》，上海古籍出版社 1990 年版，第 77 页。

山》："溥天之下，莫非王土；率土之滨，莫非王臣。"[①] 周人克殷，封邦建国。除王畿外，周天子将土地、民众以及相应的统治权力分封给臣属，再由臣属层层分封下去，形成天子、诸侯、卿大夫、士等系列等级，以世袭的方式享受相应的特权与相应的收益，形成世卿世禄制度。无论是在周天子的王庭之上，还是在封建的列国之中，世卿世禄的贵族是其政治的基础，享有世袭的传统权力。这种政治体制被称为贵族政治。《礼记·经解》云："故朝觐之礼，所以明君臣之义也。"[②] 通过宗法礼制，周王朝确立了天子与诸侯的君臣关系，周天子由"诸侯之长"变成"诸侯之君"。不过，周王虽为"天子"，实际上也只是天下之共主。一方面，各诸侯具有很大的独立性，这种政体仍不脱原始时期部落联盟的遗迹；另一方面，这种政治制度是基于宗法血缘关系而建立的分权制，君臣名分不免为血亲浸染。童书业先生云："'臣'之云者，本为奴隶之名，盖在'家庭奴隶制'之下，子弟亦即父兄之仆隶，故子弟亦谓之'臣'。'宗法封建制'本以'宗法'分封子弟，故'臣'之名遂有臣属之意，转为臣僚之称矣。盖天子与诸侯，诸侯与大夫，大夫与士之间，既为君臣之关系，亦为父兄子弟之关系。"[③] 这种带有宗法血缘色彩的君臣关系无疑成为官僚政治制度诞生的障碍。

春秋时期，王室衰微，礼崩乐坏。周天子与诸侯之间的君臣关系名存实亡，诸侯在自己的王国之内与其下属反而构成了实际意义上的君臣关系。《仪礼·丧服》云："君至尊也。"郑注："天子诸侯及卿大夫有地者皆曰君。"贾疏："若鲁国季孙氏有费邑，叔孙氏有郈邑，孟孙氏有郕邑；晋国三家亦皆有韩赵魏之邑，是诸侯之卿大夫有地者皆曰君，以其有地则有臣故也。"[④] 春秋时代，卿大夫家内盛行家臣制，衍生出君臣关系。杨宽先生云："当时家臣是由宗主任免的，但是君臣关系的确立，也还有一套制

① （清）阮元校刻：《十三经注疏》《毛诗正义》卷十三，中华书局1980年版，第463页。

② （汉）郑玄注，（唐）孔颖达等正义：《礼记正义》卷五十《经解》，上海古籍出版社1990年版，第845页。

③ 童书业：《春秋左传研究》，中华书局2006年版，第114页。

④ （汉）郑玄注，（唐）贾公彦疏：《仪礼注疏》卷二十九《丧服》，上海古籍出版社1990年版，第345页。

度。君臣关系的确立，自上而下，必须经过‘策命’礼，由主上授给命书，表示授予官职、任务和权力；同时由下而上，必须经过‘委质’礼，由臣下委贽而退，表示对主上的臣服、忠心和义务的承担。所谓‘委质为臣，无有二心，委质而策死，古之法也’（《国语·晋语九》）。”① 从春秋末年起，卿大夫家臣中出现了官僚性质的家臣。这种家臣不再拥有封地，而是以粮食为俸禄。到战国时代，这种官僚性质的家臣制逐渐发展成为官僚制度。

《左传·文公七年》：“同官为寮（僚）。”② 官僚，即官吏群体的泛称。春秋以前，官僚业已存在，主要是指地位低微的官吏。他们是贵族阶层的依附体，一般没有资格参与国家政务，只是为贵族政权处理具体事务，充当走卒而已。春秋时期私学兴起，士阶层活跃起来，学而优则仕，成为卿大夫座上客，与其结成实质上的君臣关系。因此，“士”成为官僚之重要来源，成为官僚制度发展的重要条件。战国时期，诸侯内政与外交事务频繁，官僚队伍随之扩展。以变法运动为契机，凭借军功、举荐、游说等方式，官僚得以选拔，充实到诸侯政权体制之中。西周春秋时期以世卿世禄为标志的封建贵族政治逐渐衰落，新型的官僚政治制度得以确立。官僚政治与此前的贵族政治有着诸多不同的内涵，其区别的基点在于君臣关系的改变。贵族政治下的君臣关系是王与家臣的关系，是以血缘宗法和世袭制为基础的，带有分权色彩；官僚政治下的君臣关系是君主与官吏的关系，官吏的选拔主要不是凭借血统和身份，而是依靠自身的才能与贡献，官为君设，替君治民，是一种集权制。换言之，官僚制度正是在王权向皇权转化过程中形成的，是顺应中央集权和君主专制的需要而产生和发展起来的。

秦国通过商鞅变法，以军功爵消解世袭制，以郡县制取代封建制，贵族政治得到较为彻底的废除，官僚政治制度得以建立并迅速推进，为秦帝国的建立奠定了基石与砥柱。然而，从秦王国到秦帝国的转变，还需要有

① 杨宽：《先秦史十讲》，复旦大学出版社 2006 年版，第 217 页。

② （西晋）杜预注，（唐）孔颖达等正义：《春秋左传正义》卷十九上《文公七年》，上海古籍出版社 1990 年版，第 319 页。

一个至关重要的环节——“皇帝”名号的建立。《论语·子路》记载了孔子关于“正名”的思想与热情：“名不正，则言不顺；言不顺，则事不成；事不成，则礼乐不兴；礼乐不兴，则刑罚不中；刑罚不中，则民无所措手足。故君子名之必可言也，言之必可行也。君子于其言，无所苟而已矣。”[①] 儒家“必先正名”的思想在秦王嬴政统一天下之后得以积极贯彻。《史记·秦始皇本纪》云，秦初并天下，嬴政即令丞相、御史议帝号：“寡人以眇眇之身，兴兵诛暴乱，赖宗庙之灵，六王咸伏其辜，天下大定。今名号不更，无以称成功，传后世。其议帝号。”[②] 嬴政认为，自己功业之卓绝是历代君主不能相提并论的，因此，他必须高高凌驾于世人之上，他与天下人的名位关系必须重新确定。在群臣所上尊号“泰皇”的基础上，嬴政去“泰”，著“皇”，采上古“帝”位号，号曰“皇帝”，自称为“朕”，成为始皇帝。不仅如此，嬴政还废除谥法，取消“臣议君”之权力，自称“始皇帝”以代之。“皇帝”这一名号的建立，意味着秦帝国崭新的君臣名位的确立。皇权处于官僚制度的核心，嬴政更名号“皇帝”，树立其至尊地位，意味着自己成为秦帝国权力的唯一来源。与此相应，秦帝国的臣子名位亦明确化，即《史记·秦始皇本纪》所云“丞相诸大臣皆受成事，倚辨于上”[③]。君臣名位的确立，带来的是官僚体制的系统建构与官僚群体的各司其职。《汉书·百官公卿表》云：“自周衰，官失而百职乱，战国并争，各变异。秦兼天下，建皇帝之号，立百官之职。汉因循而不革，明简易，随时宜也。”[④] 《之罘刻石》云：“皇帝明德，经理宇内，视听不怠。作立大义，昭设备器，咸有章旗。职臣遵分，各知所行，事无嫌疑。”[⑤] 秦帝国确立的君臣名位与战国时代诸侯国建立的君臣关系最主要的不同在于，“皇帝”地位至尊，权力无上，与先秦时代的君主已不可同日而语。

秦帝国建立，嬴政自称“始皇帝”，唯我独尊，推行尊君抑臣的政治制度与礼仪规范。秦代朝仪制度史书缺载，汉承秦制，可从汉代礼仪制度

① （清）阮元校刻：《十三经注疏》《论语注疏》卷十三，中华书局1980年版，第2506页。
② （汉）司马迁撰：《史记》卷六《秦始皇本纪》，中华书局1959年版，第236页。
③ 同上书，第258页。
④ （汉）班固撰：《汉书》卷十九上《百官公卿表上》，中华书局1962年版，第722页。
⑤ （汉）司马迁撰：《史记》卷六《秦始皇本纪》，中华书局1959年版，第250页。

略窥一二。《史记·礼书》云："至秦有天下，悉内六国礼仪，采择其善，虽不合圣制，其尊君抑臣，朝廷济济，依古以来。至于高祖，光有四海，叔孙通颇有所增益减损，大抵皆袭秦故。"①《史记·叔孙通列传》记载了汉代叔孙通为刘邦建立朝仪制度：

> 汉七年，长乐宫成，诸侯群臣皆朝十月。仪：先平明，谒者治礼，引以次入殿门，廷中陈车骑步卒卫宫，设兵张旗志。传言"趋"。殿下郎中侠陛，陛数百人。功臣列侯诸将军军吏以次陈西方，东乡；文官丞相以下陈东方，西乡。大行设九宾，胪句传。于是皇帝辇出房，百官执职传警，引诸侯王以下至吏六百石以次奉贺。自诸侯王以下莫不振恐肃敬。至礼毕，复置法酒。诸侍坐殿上皆伏抑首，以尊卑次起上寿。觞九行，谒者言"罢酒"。御史执法，举不如仪者辄引去。竟朝置酒，无敢欢哗失礼者。于是高帝曰："吾乃今日知为皇帝之贵也。"②

在叔孙通教习之下，刘邦作为至尊皇帝接受百官朝贺，自诸侯王以下莫不惶恐肃敬，无敢造次失礼。汉初朝仪制度大抵承袭秦制，可以此推想秦帝国礼仪制度尊君抑臣之特点。

随着秦帝国君臣名位的确立，官僚政治制度得以全面展开，而秦帝国官僚政治制度又是通过文书制度的运转得以实现的。文书制度建立、运行并渐趋完备，奏议文作为一种重要的古代文体即随之确立。

首先，君臣名位确立，上下尊卑关系带入文书，使得战国时期"君臣同书"成为历史。臣子奏议与君主诏令截然不同，尊君抑臣，在行文上有了明确的规范。

秦代规定，皇帝命为"制"，令为"诏"，此类文书遂有明确的文体名称。《史记·秦始皇本纪》引《正义》云："制诏三代无文，秦始有之。"③"称制"是皇权的象征，只有皇帝才拥有这一权力，他人擅自使用就是一种

① （汉）司马迁撰：《史记》卷二十三《礼书》，中华书局1959年版，第1159页。

② （汉）司马迁撰：《史记》卷九十九《叔孙通列传》，中华书局1959年版，第2723页。

③ （汉）司马迁撰：《史记》卷六《秦始皇本纪》，中华书局1959年版，第237页注一一。

大逆不道的僭越行为。例如《汉书·淮南厉王长传》云刘长“不用汉法，出入警跸，称制，自作法令，数上书不逊顺”[1]，《汉书·南粤王赵佗传》云赵佗“乃乘黄屋左纛，称制，与中国侔”[2]，皆为谴责之语。同样道理，吕后称制，便成为汉惠帝时实际之君主，因而《史记》将其列入《本纪》。

臣子奏议上呈君主，由皇帝决断、批复。因而，秦代规定，群臣上书，称“昧死”，以示谦卑，可见尊君抑臣之风。秦代还规定，臣子奏章中如遇“皇帝”等特殊文辞必须提行，成为奏议文书写规范。许同莘《公牍学史》云：“周时钟鼎文字，凡‘王曰’‘惟王某月’等辞句，不提行亦不空格。君臣一体，不以直书为嫌，此古义也。秦权拓本称皇帝制诏，二世诏称始皇帝亦然；惟琅琊刻石、二世诏书及李斯等奏文，‘始皇帝’‘成功盛德’‘制曰可’皆提行，此后世颂圣之体。自暴秦创为此制，而后世变本加厉，且以文字失检为大不敬矣。”[3]

其次，奏议成为中央臣僚与地方长官参政议政的职责与手段，只有臣子才拥有奏议之行文权力。奏议文不同于一般性吏民上书，遂与其他上行文分界。

据《周礼》，西周时天子有三朝，外朝有“众庶之位”[4]，说明当时庶民有参与朝议的权力和职责。《战国策·齐一》记载齐威王令云：“群臣吏民，能面刺寡人之过者，受上赏；上书谏寡人者，受中赏；能谤议于市朝，闻寡人之耳者，受下赏。”[5] 战国时期，诸侯似乎还设有外朝，亦设有庶民之位，至少庶民还有参政的机会。秦汉朝堂则不存在外朝，亦无民庶之位。庶民被逐于朝堂之外，没有参政议政的权力。因而，秦汉时期，庶民虽可上书言事，但并不成为一种职责。

秦帝国高级官员由皇帝直接任命，直接对皇帝负责，参政是其权力，

---

① （汉）班固撰：《汉书》卷四十四《淮南厉王长传》，中华书局 1962 年版，第 2136 页。

② （汉）班固撰：《汉书》卷九十五《南粤王赵佗传》，中华书局 1962 年版，第 3848 页。

③ 许同莘：《公牍学史》，档案出版社 1989 年版，第 27 页。

④ 参见（汉）郑玄注，（唐）贾公彦疏《周礼注疏》卷三十五《秋官·朝士》，上海古籍出版社 1990 年版，第 532 页。

⑤ （汉）刘向集录：《战国策》卷八《齐一·邹忌修八尺有余》，上海古籍出版社 1985 年版，第 326 页。

亦是其职责。秦帝国高级官员拥有奏议行文权力，包括在朝官员与中央直接任命与派出的地方官员。在朝官员是指“三公九卿”，主要是丞相、御史大夫、廷尉以及各部门长官，此外还有执掌监察的御史中丞以及负责谏议、备皇帝顾问的郎中令及其属官大夫、郎、谒者等。秦帝国地方分郡、县两级。京畿地区为特别行政区，设内史，地位高于列郡，相当于列卿。郡设守、尉、监，县按大小、人口设令或长。这些官员皆由中央直接任命，直属于中央，亦有参政的权力与职责。与在朝官员相比，地方长官限于地域条件，无法参与朝议，但他们可以通过奏请与汇报参与帝国政务。

至于中央与地方官员之僚属，主要由其自辟。这些自辟的吏员并非帝国真正意义上的臣僚，他们直接对其长官负责，实际上与其所属上司构成一种君臣关系。余英时先生云：“汉代去古代‘封建’之世不远，地方官（如郡守）和他所辟用的僚属之间本来就用一种君臣的名分。东汉以后更由于察举制的长期推行，门生与举主之间也同样有君臣之义。这些所谓‘门生故吏’便形成了门第的社会基础。这些士人在未直接受命于朝廷之前，只是地方长官或举主的臣下，而不是‘天子之臣’。即使以后进身于朝廷，依当时的道德观念，他们仍然要忠于‘故主’。因此一般士人之于皇帝最多只有一种间接的君臣观念，但并不必然有实质的君臣关系。”[①] 因而，中下级吏员上书君主，与庶民上书并无区别，其性质一致，途径亦相同。秦汉时期上书者身份不一，有臣子、吏民、使者、囚徒等，只有臣子上书才能视为奏议文。[②]

秦帝国建立，建皇帝之号，立百官之职，中央集权君主专制的官僚政治制度通过文书的运转全面得以展开，奏议文应运而生。奏议文的写作者是帝国臣子，包括在朝官员与中央直接任命与派出的地方长官；奏议文的行文对象是君主，由皇帝决断、批复；奏议文尊君抑臣，在行文风格、用语以及格式等方面均有明确规范。

《汉书·艺文志》之《春秋》类列有《奏事》二十篇，原注云：“秦

---

① 余英时：《士与中国文化》，上海人民出版社 1987 年版，第 404 页。

② 参见本书第四章第二节《上书与奏议》。

时大臣奏事，及刻石名山文也。”[1] 具体内容不详。据严可均《全秦文》，秦代奏议文有两类：一为“议”，一为“上书”。《全秦文》收“议”9篇，其中，李斯《议存韩》作于战国末期，不属于秦代文。其余8篇为秦代奏议文，包括王绾《议帝号》《议封建》，李斯《议废封建》《议烧诗书百家语》，淳于越《议封建》，诸儒生《议封禅》，群臣《议刻金石》[2]《议尊始皇庙》等。《全秦文》收录“上书”9篇，其中，李斯《上书韩王》《上书谏逐客》作于战国末，不属于秦代文。李斯《狱中上书》属于囚徒上书，公子高《上书请从死》属于皇室子弟上书，徐市《上书请求仙》属于庶民上书，皆非奏议文。余者4篇，分别为李斯《上书言治骊山陵》《上书对二世》《上书言赵高》，零陵令信《上始皇帝书》，属于秦代奏议文。作为秦代奏议文之代表人物，李斯三个不同时期的文章，有汇报，有奏请，有驳议，有弹劾，并且从文士上书到臣僚奏议，展示了古代奏议文从雏形到生成再到初步发展的轨迹。秦代奏议文类型简单，数量不多，且质木无文，但开启了中国古代奏议文历史发展的进程。

要言之，《礼记·曲礼上》云：“君臣、上下、父子、兄弟，非礼不定。”[3] 李斯《上书对二世》亦云：“此臣主之分定，上下之义明，则天下贤不肖莫敢不尽力竭任以徇其君矣。是故主独制于天下而无所制也。”[4] 秦代建皇帝之号，立百官之职，君臣之位得以确立，建立了较为完备的奏事与朝议制度，奏议文从战国时期君臣同书的状态中分离出来，正式得以确立，中国古代奏议文史就此发轫。

① （汉）班固撰：《汉书》卷三十《艺文志》，中华书局1962年版，第1714页。

② 《议刻金石》一文，严可均《全秦文》归于李斯名下。《史记·秦始皇本纪》云：“列侯武城侯王离、列侯通武侯王贲、伦侯建成侯赵亥、伦侯昌武侯成、伦侯武信侯冯毋择、丞相隗林、丞相王绾、卿李斯、卿王戊、五大夫赵婴、五大夫杨樛从，与议于海上。曰云云。”据此，应为群臣所议。[（汉）司马迁撰：《史记》卷六《秦始皇本纪》，中华书局1959年版，第246页。]

③ （汉）郑玄注，（唐）孔颖达等正义：《礼记正义》卷一《曲礼上》，上海古籍出版社1990年版，第15页。

④ （汉）司马迁撰：《史记》卷八十七《李斯列传》，中华书局1959年版，第2554页。

第二章

汉魏六朝：奏议文之立类

秦代建立的官僚政治制度为此后漫长的封建时代的政体奠定了稳固的根基，汉魏六朝时期的奏议制度在秦制的基础上进一步发展、完善。与此相联系，汉魏六朝奏议文写作在数量、类型、质量方面都有长足的进展，相应地引发了中国古代奏议类文集的编纂与奏议类文体的研究，奏议文因之立类。本章主要讨论的问题是：汉魏六朝奏议的发展与“奏议”一词的出现，文集编纂、文学批评与奏议文类观念的生成。

第一节　奏议之发展与“奏议”一词的出现

汉承秦制，中央集权君主专制的官僚政治制度进一步发展，奏议制度进一步完善。文书的运行成为汉帝国行政运转之枢机，奏议文随之而发展。《论衡·别通篇》云：“萧何入秦，收拾文书，汉所以能制九州者，文书之力也”，汉代遂“以文书御天下”。[①]

关于汉代的奏事制度，史料有散碎记载，前辈学者亦有相关论说。兹将大致情形概述如下：

汉代中央官员奏请文书的上呈有两种渠道：一是面交君主，一是委托

① 黄晖撰：《论衡校释》卷十三《别通篇》，中华书局1990年版，第591页。

转交。面交君主，或在朝堂集会时，或在君主闲暇时。汉代君主临朝情况不定，两汉初期颇为频繁，皇帝甚至每日临朝，随着政权稳固则日渐松懈。《汉书·宣帝纪》云，宣帝始亲政事，"五日一听事，自丞相以下各奉职奏事，以傅奏其言，考试功能。侍中尚书功劳当迁及有异善，厚加赏赐，至于子孙，终不改易。枢机周密，品式备具，上下相安，莫有苟且之意也。"① 皇帝五日一听事，在西汉中后期就算是比较频繁了。《后汉书·光武帝纪》云，光武帝"每旦视朝，日仄乃罢"。② 《后汉书·明帝纪》云，明帝"日晏坐朝，幽枉必达"。③ 可见，东汉初期，君主励精图治，勤于政务。但这种情况并不长久，东汉末，甚至五日一视朝也不能做到。《后汉书·陈蕃列传》记载陈蕃上疏桓帝曰："陛下深宜割塞近习豫政之源，引纳尚书朝省之事，公卿大官，五日壹朝，简练清高，斥黜佞邪。"④《三国志·魏书·王肃传》记载王肃上疏云："及汉之初，依拟前代，公卿皆亲以事升朝。故高祖躬追反走之周昌，武帝遥可奉奏之汲黯，宣帝使公卿五日一朝，成帝始置尚书五人。自是陵迟，朝礼遂阙。可复五日视朝之仪，使公卿尚书各以事进。废礼复兴，光宣圣绪，诚所谓名美而实厚者也。"⑤ 除朝堂集会时上呈奏请外，职位较高的重臣还可以燕（宴）见奏请，在君主闲暇时入禁中奏事。《汉书》之《周昌传》《霍光传》《朱博传》等均有记载。此类奏请应该比较特殊，或者紧急，或者机密，可能不是一般性的奏请或汇报。关于委托转交，除请托近臣、重臣代交上奏文书外，主要是通过有关机构将奏请文书上呈君主。两汉时期，涉及文书通奏的机构有公车、谒者台、御史台、尚书台等，不同时期、不同性质的奏请文书转交的途径也不尽相同。西汉初期，御史大夫负责章奏转呈，尚书发展起来后则代之。又据蔡邕《独断》，章者，"上书谢恩陈事，诣阙通者也"，由谢恩、陈事者诣阙，交公车上呈；奏者，"若罪法劾案，公府送御史台，公卿校尉送谒者台也"，公府上奏交御史台呈送，公卿校尉上奏则

① （汉）班固撰：《汉书》卷八《宣帝纪》，中华书局1962年版，第247页。
② （南朝宋）范晔撰：《后汉书》卷一下《光武帝纪下》，中华书局1965年版，第85页。
③ （南朝宋）范晔撰：《后汉书》卷二《明帝纪》，中华书局1965年版，第124页。
④ （南朝宋）范晔撰：《后汉书》卷六十六《陈蕃列传》，中华书局1965年版，第2165页。
⑤ （西晋）陈寿撰：《三国志》卷十三《魏书·王肃传》，中华书局1959年版，第415页。

交谒者台呈送；表者，“诣尚书通者也”，通过尚书部门通奏。[①] 汉代地方官员不得擅离职守，其奏请文书主要通过公车或邮传的方式上呈，此外，每年年底遣上计吏到京都汇报工作。

汉代有关部门在接到官员奏请文书后，予以登记、签署，并逐级上报。奏请文书如为封事者，直接呈交皇帝面前启封、审阅、批复；一般性文书则须经遴选，由御史、尚书等部门核查，所言不善者、内容虚浮者屏去不报，余者上呈等待批复。奏请文书的批复一般有以下几种情况：关于建设性提案，一般交由丞相或其他相关部门长官组织朝议，等候结果上报；关于奏请执行的文书，皇帝同意则制曰“可”，作为制诏交由相关机构付诸实施，不同意者则报曰“闻”，算作委婉拒绝，如有具体意见，则以书面形式批复下达；关于谢恩、颂德之类文书，一般签署“闻”即可。一般而言，皇帝对于朝臣奏请文书皆有批复。如遇朝臣坚持己见，反复诤谏，奏请文书也可滞留不下，意味着置之不理，或下令文书接收部门不予上奏，断其奏请。名义上，皇帝垄断所有文书的审批权，但天下文书甚繁，皇帝一人不可能全部包揽，近臣、重臣以及相关机构也可代理批复。汉初，丞相、御史大夫等官员有部分审批权。武帝以后，中朝官、尚书等也逐渐参与进来，审阅臣下奏请并给出批复意见，供皇帝参考。

关于两汉朝议，史书多有记载。两汉时期朝臣集会论议国家政务，在《史记》《汉书》《后汉书》中标识名称者，或称为“朝议”，或称为“廷议”，或称为“朝廷议”，或称为“集议”：

孝景时每朝议大事，条侯、魏其侯，诸列侯莫敢与亢礼。[②]

每朝议大事，条侯、魏其，列侯莫敢与亢礼。[③]

（永平）八年，显宗遣（郑）众持节使匈奴。……朝议复欲遣使

---

① （汉）蔡邕撰：《独断》，丛书集成初编本，中华书局 1985 年版，第 4 页。
② （汉）司马迁撰：《史记》卷一百七《魏其侯列传》，中华书局 1959 年版，第 2840 页。
③ （汉）班固撰：《汉书》卷五十二《窦婴传》，中华书局 1962 年版，第 2376 页。

报之，众上疏谏曰云云。①

初，朝议以州郡相党，人情比周，乃制婚姻之家及两州人士不得对相监临。②

时皇后父大将军窦武援立灵帝，初秉机政，朝议欲加封爵。③

灵帝熹平五年，诸夷反叛，执太守雍陟。遣御史中丞朱龟讨之，不能克。朝议以为郡在边外，蛮夷喜叛，劳师远役，不如弃之。④

论曰：……自西戎作逆，未有陵斥上国若斯其炽也。和熹以女君亲政，威不外接。朝议惮兵力之损，情存苟安。⑤

议郎蔡邕议曰："……夫专胜者未必克，挟疑者未必败，众所谓危，圣人不任，朝议有嫌，明主不行也。……"⑥

上乃从之（按：指贾捐之弃珠厓议）。遂下诏曰："珠厓虏杀吏民，背畔为逆，今廷议者或言可击，或言可守，或欲弃之，其指各殊。……"⑦

及（须卜）当出廷议，（严）尤固言匈奴可且以为后，先忧山东盗贼。⑧

① （南朝宋）范晔撰：《后汉书》卷三十六《郑众列传》，中华书局1965年版，第1224页。
② （南朝宋）范晔撰：《后汉书》卷六十下《蔡邕列传》，中华书局1965年版，第1990页。
③ （南朝宋）范晔撰：《后汉书》卷六十四《卢植列传》，中华书局1965年版，第2113页。
④ （南朝宋）范晔撰：《后汉书》卷八十六《西南夷列传》，中华书局1965年版，第2847页。
⑤ （南朝宋）范晔撰：《后汉书》卷八十七《西羌列传》，中华书局1965年版，第2900页。
⑥ （南朝宋）范晔撰：《后汉书》卷九十《鲜卑列传》，中华书局1965年版，第2990页。
⑦ （汉）班固撰：《汉书》卷六十四下《贾捐之传》，中华书局1962年版，第2835页。
⑧ （汉）班固撰：《汉书》卷九十九下《王莽传下》，中华书局1962年版，第4156页。

论曰：……而（张）佚廷议戚援，自居全德，意者以廉不足乎？①

顺帝即位，……以（桓）焉前廷议守正，封阳平侯，固让不受。②

时匈奴数犯塞，帝患之，乃召百僚廷议。③

（建武）二十七年，北单于遂遣使诣武威求和亲，天子召公卿廷议，不决。④

黯既辞行，过大行李息，曰："黯弃居郡，不得与朝廷议也。……"⑤

先是安平王续为张角贼所略，国家赎王得还，朝廷议复其国。⑥

（马）日磾深自恨，遂呕血而毙。及丧还，朝廷议欲加礼。⑦

（晁错）迁为御史大夫，请诸侯之罪过，削其地，收其枝郡。奏上，上令公卿列侯宗室集议，莫敢难，独窦婴争之，由此与错有郤。⑧

永初四年，羌胡反乱，残破并、凉，大将军邓骘以军役方费，事不相赡，欲弃凉州，并力北边，乃会公卿集议。⑨

① （南朝宋）范晔撰：《后汉书》卷三十七《桓荣列传》，中华书局1965年版，第1254页。
② 同上书，第1257页。
③ （南朝宋）范晔撰：《后汉书》卷八十二上《方术列传上》，中华书局1965年版，第2709页。
④ （南朝宋）范晔撰：《后汉书》卷八十九《南匈奴列传》，中华书局1965年版，第2945页。
⑤ （汉）司马迁撰：《史记》卷一百二十《汲郑列传》，中华书局1959年版，第3110页。
⑥ （南朝宋）范晔撰：《后汉书》卷六十三《李固列传》，中华书局1965年版，第2091页。
⑦ （南朝宋）范晔撰：《后汉书》卷七十《孔融列传》，中华书局1965年版，第2265页。
⑧ （汉）司马迁撰：《史记》卷一百一《晁错列传》，中华书局1959年版，第2747页。
⑨ （南朝宋）范晔撰：《后汉书》卷五十八《虞诩列传》，中华书局1965年版，第1866页。

（董卓）乃讽朝廷策免司空刘弘而自代之。因集议废立。[1]

《史记》《汉书》和《后汉书》中，“朝议”一词出现8次，“廷议”出现6次，“朝廷议”出现3次，“集议”出现3次。四者意义是否相同，或者不同，难以考实。今权且以“朝议”一词统称此类朝廷集会论议政务活动。

关于汉代的朝议制度，廖伯源先生有专文论之，所言甚详。廖先生将秦汉时期朝廷之论议分为皇帝亲临与否两大类，皇帝亲临之论议包括“定期朝会群臣之论议”与“临时召集某些官员会议”两种形式，皇帝不参与之论议包括“事下某些官员筹议”“使者听取吏民之言论”与“群臣大议”等三种形式。其中，事下某些官员筹议，除事下该讨论事项之专家与主管官员外，在西汉又有丞相议、丞相御史议，东汉有公府议、尚书议，至于公卿议与亲近臣议则两汉均有。廖先生还认为，各种形式之论议并非各自独立运作，常是交互作用，同一事件常先后经数种形式之论议。各种论议之先后并无一定之规，但视事情之需要及皇帝之旨意而行。[2]

两汉初期，朝会较为频繁，皇帝临朝组织朝议的情形较为多见；政权趋于稳固后，朝议多由皇帝授权有关朝臣或机构组织实施，之后将论议结果上报君主裁夺、批复。汉代的朝议制度在秦制基础上进一步规范和完善，对于汉代的政权建设起到了重要的推进作用。与秦代相比，汉代朝议内容广泛，形式多样，具有丰富性与包容性。但是，汉代朝议尽管在一定程度上增加了开放性与自由度，“擅议”仍然是被禁止的，还是要以符合皇帝的旨意作为被包容的底线。

从内容来看，并非所有的事务都能成为朝议的议题，擅议明令禁止的内容则以罪论处。例如，宗庙之事不得擅议。《汉书·郊祀志下》记载刘向语：“及汉宗庙之礼，不得擅议，皆祖宗之君与贤臣所共定。”[3]《旧唐书·礼仪志》记载太常博士独孤及献议中云：“汉制，擅议宗庙，以大不

① （南朝宋）范晔撰：《后汉书》卷七十二《董卓列传》，中华书局1965年版，第2324页。

② 参见廖伯源《秦汉史论丛》《秦汉朝廷之论议制度》，中华书局2008年版，第167页。

③ （汉）班固撰：《汉书》卷二十五下《郊祀志下》，中华书局1962年版，第1258页。

敬论。”[①] 宗庙之事干系重大，不仅涉及对先祖之尊崇，亦关联人心之凝聚，不能等闲论之。汉元帝以后，京师与郡国宗庙林立，祭祀耗资甚巨，国政甚至无力继续承担，因而，朝臣有毁庙之议，而这些论议也未敢逾越皇权许可的范围。《汉书·韦贤传》云：

> 初，高后时患臣下妄非议先帝宗庙寝园官，故定著令，敢有擅议者弃市。至元帝改制，蠲除此令。成帝时以无继嗣，河平元年复复太上皇寝庙园，世世奉祠。昭灵后、武哀王、昭哀后并食于太上寝庙如故，又复擅议宗庙之命。成帝崩，哀帝即位。丞相孔光、大司空何武奏言：“永光五年制书，高皇帝为汉太祖，孝文皇帝为太宗。建昭五年制书，孝武皇帝为世宗。损益之礼，不敢有与。臣愚以为迭毁之次，当以时定，非令所为擅议宗庙之意也。臣请与群臣杂议。”奏可。于是，光禄勋彭宣、詹事满昌、博士左咸等五十三人皆以为继祖宗以下，五庙而迭毁，后虽有贤君，犹不得与祖宗并列。子孙虽欲褒大显扬而立之，鬼神不飨也。[②]

汉元帝时期，贡禹有《奏请正定庙制》，韦玄成有《罢郡国庙议》《毁庙议》《毁庙迁主议》《复言罢文昭太后寝祠园》，许嘉有《毁庙议》，尹忠有《毁庙议》，等等[③]。这些奏议的前提正是“元帝改制，蠲除此令（擅议宗庙）”。哀帝时，孔光、何武等再度奏请议毁庙，也是在“迭毁之次，当以时定，非令所为擅议宗庙之意”的名义下提出的。

从实施来看，所有朝议必须是在皇帝授权下组织安排，朝臣擅自组织朝议也是违法行为。例如《汉书·杜周传》云：

> 延年本大将军霍光吏，首发大奸，有忠节，由是擢为太仆右曹给

---

① （后晋）刘昫等撰：《旧唐书》卷二十一《礼仪志一》，中华书局1975年版，第843页。

② （汉）班固撰：《汉书》卷七十三《韦贤传》，中华书局1962年版，第3125页。

③ 参见（清）严可均校辑《全上古三代秦汉三国六朝文》《全汉文》卷三十四，中华书局1958年版，第316页；卷三十三，第311页；卷四十三，第365页；卷四十六，第380页。

> 事中。光持刑罚严，延年辅之以宽。治燕王狱时，御史大夫桑弘羊子迁亡，过父故吏侯史吴。后迁捕得，伏法。会赦，侯史吴自出系狱，廷尉王平与少府徐仁杂治反事，皆以为桑迁坐父谋反而侯史吴臧之，非匿反者，乃匿为随者也。即以赦令除吴罪。后侍御史治实，以桑迁通经术，知父谋反而不谏争，与反者身无异；侯史吴故三百石吏，首匿迁，不与庶人匿随从者等，吴不得赦。奏请复治，劾廷尉、少府纵反者。少府徐仁即丞相车千秋女婿也，故千秋数为侯史吴言。恐光不听，千秋即召中二千石、博士会公车门，议问吴法。议者知大将军指，皆执吴为不道。明日，千秋封上众议，光于是以千秋擅召中二千石以下，外内异言，遂下廷尉平、少府仁狱。朝廷皆恐丞相坐之。延年乃奏记光争，以为"吏纵罪人，有常法，今更诋吴为不道，恐于法深。又丞相素无所守持，而为好言于下，尽其素行也。至擅召中二千石，甚无状。延年愚，以为丞相久故，及先帝用事，非有大故，不可弃也。间者民颇言狱深，吏为峻诋，今丞相所议，又狱事也，如是以及丞相，恐不合众心。群下讙哗，庶人私议，流言四布，延年窃重将军失此名于天下也！"光以廷尉、少府弄法轻重，皆论弃市，而不以及丞相，终与相竟。延年论议持平，合和朝廷，皆此类也。[①]

丞相车千秋为助女婿徐仁摆脱"纵反者"罪名，私自召集中二千石、博士会公车门论议相关狱事，被霍光以擅召官员议事参劾。杜延年为保丞相，极力为其开脱，但也不得不承认"擅召中二千石，甚无状"。可见，在汉代，只有皇帝有权力召集官员朝议，所有臣僚，即便是丞相，也没有擅自组织朝议的特权。

汉代建立的奏事制度与朝议制度已臻于成熟，其基本模式为此后历代王朝所承袭。魏晋六朝时期的奏议制度多承汉制，只是在不同的历史条件下有所发展、更变。汉魏六朝时期，尚书机构的建设与奏议文的运作直接相关，最能体现这一时期奏议制度的发展变化。《唐六典》卷一云：

① （汉）班固撰：《汉书》卷六十《杜周传》，中华书局1962年版，第2662页。

初，秦变周法，天下之事皆决丞相府，置尚书于禁中，有令、丞，掌通章奏而已。汉初因之。武、宣之后，稍以委任。及光武亲总吏职，天下事皆上尚书，舆人主参决，乃下三府，尚书令为端揆之官。魏、晋已来，其任尤重。①

秦代，尚书已设立，但天下事皆决丞相府，尚书不过在禁中负责传递文书而已。《汉书·百官公卿表上》云，御史大夫属官“一曰中丞，在殿中兰台，掌图籍秘书，外督部刺史，内领侍御史员十五人，受公卿奏事，举劾按章”②。汉初，御史大夫掌章奏，举劾不法，尚书仍在殿中主发书，无甚权力，不参与政务。武帝时，中朝官日显，领尚书事制度出现，直至控制文书之上达。《汉书·魏相传》云：“故事诸上书者皆为二封，署其一曰副，领尚书者先发副封，所言不善，屏去不奏。”③ 可见霍光辅政，领尚书事，控制群臣、吏民奏请之事是否上呈君主。又《汉书·霍光传》云：“时霍山自若领尚书，上令吏民得奏封事，不关尚书，群臣进见独往来，于是霍氏甚恶之。”④ 亦可证之。领尚书事权力显赫，必然带动尚书职权扩展。东汉建立，天下事皆上尚书。尚书不仅有权决定文书是否予以上达，还与人主参决，参与奏请之批复。《后汉书·明帝纪》载明帝诏书云：“先帝诏书，禁人上事言圣，而间者章奏颇多浮词，自今若有过称虚誉，尚书皆宜抑而不省，示不为谄子蚩也。”⑤ 东汉时期尚书权力扩展，对朝中重臣职权构成巨大冲击。《后汉书·仲长统列传》所录《法诫篇》云：“光武皇帝愠数世之失权，忿强臣之窃命，矫枉过直，政不任下，虽置三公，事归台阁（按：即尚书）。自此以来，三公之职，备员而已。”⑥ 西汉尚书机构不曾独立，隶属少府，人数由四人增至五人。《汉书·成帝纪》云：“（建始）四年春，罢中书宦官，初置尚书员五人。”颜师古注引《汉旧仪》云：

① （唐）李林甫等撰：《唐六典》卷一《尚书都省》，中华书局1992年版，第6页。
② （汉）班固撰：《汉书》卷十九上《百官公卿表上》，中华书局1962年版，第725页。
③ （汉）班固撰：《汉书》卷七十四《魏相传》，中华书局1962年版，第3135页。
④ （汉）班固撰：《汉书》卷六十八《霍光传》，中华书局1962年版，第2951页。
⑤ （南朝宋）范晔撰：《后汉书》卷二《明帝纪》，中华书局1965年版，第109页。
⑥ （南朝宋）范晔撰：《后汉书》卷四十九《仲长统列传》，中华书局1965年版，第1657页。

“尚书四人为四曹，常侍尚书主丞相御史事，二千石尚书主刺史二千石事，户曹尚书主庶人上书事，主客尚书主外国事。成帝置五人，有三公曹，主断狱事。”①东汉尚书机构增至六人六曹，名义上归于少府，实际已独立，成为“尚书台”。祝总斌先生认为，尚书六曹，汉光武时是吏、二千石、民、南主客、北主客、三公；东汉中后期是吏、二千石、民、客和两三公曹。尚书的执掌开始一般是按上奏文书者的身份加以分工的，如吏曹主公卿事，二千石曹主郡国二千石事等，到东汉中后期逐渐转向按任务的性质分工，如吏曹主选举、斋祀，民曹主缮治、功作、盐池等。②《唐六典》卷一注云：“后汉尚书称台，魏、晋已来为省。”③曹魏时期，尚书机构正式独立，逐步发展成为尚书省。西晋时，天下文书皆上尚书，尚书发展成为宰相机构，延及南北朝时期，与相继而起的中书省与门下省共同构成隋唐三省制的预演。大体而言，君主制诏由中书负责草拟，经门下审议通过后，交由尚书负责执行；臣僚奏议由尚书上奏，亦须经过门下审核签署。三省机构职责明确，彼此制衡，遂为国家机要之司，成为隋唐以后政体基本模式。

综上，秦汉魏晋六朝时期，尚书从隶属少府到独立建台再到分立为省，从禁中单纯传递文书发展为控制文书传递、参决奏请批复，从按上奏文书者身份分曹到按任务性质分工，从独掌天下文书到与中书、门下联合治政，勾勒出这一历史时期文书运行系统发展完善的轨迹，也从一个重要的侧面反映了这一历史时期奏议制度的日臻完善。

汉魏六朝时期，奏议制度进一步发展，奏议文写作数量剧增，品类繁杂。鉴于秦二世闭目塞听乃至国破身亡，汉代君主多广开言路，臣僚多勇于直谏，甚至不避锋芒。从贾谊、晁错到董仲舒、匡衡、刘向，再到张衡、杨震、李固、陈蕃、蔡邕等，汉代奏议文汪洋恣肆，展露泱泱大国气象。蔡邕《独断》云：“凡群臣上书于天子者有四名：一曰章，二曰奏，

① （汉）班固撰：《汉书》卷十《成帝纪》，中华书局1962年版，第308页。

② 参见祝总斌《两汉魏晋南北朝宰相制度研究》，中国社会科学出版社1990年版，第128页。

③ （唐）李林甫等撰：《唐六典》卷一《尚书都省》，中华书局1992年版，第6页。

三曰表，四曰驳议。”[①] 实际上，汉代奏议文名目并不止这些，还有“疏”“对策”“封事”等。三国时期，群雄逐鹿，各自为政。臣子进献谋略，举荐人材，奏议不仅是经国枢机，更成为政治斗争、军事斗争的策源地。西晋时期，文风繁缛，奏议文写作亦趋向华美，至南朝时期，奏议文写作进一步骈俪化。与此同时，北朝游牧民族建立的政权虽然在政治制度方面效法汉人，在奏议文写作方面却保持了质朴尚实的特色，与南朝奏议文构成风格迥异的对照。魏晋南北朝时期奏议文写作数量丰硕，品类亦有变化。“章”体文逐渐式微，“表”文则日渐寖广，此外，还出现“启”“弹文”等新的名目。与此相应，在汉魏六朝文献中，“奏议”一词开始出现，并且逐步衍生出文类意义。

“奏”与“议”连用，不见于《史记》，最早见于《汉书》，共计 7 处。现依次罗列如下：

①有司奏议曰：“古者，诸侯贡士，壹适谓之好德，再适谓之贤贤，三适谓之有功，乃加九锡……”[②]

②秋七月，（霍）光奏议曰：“礼，人道亲亲故尊祖，尊祖故敬宗。……”[③]

③赞曰：……博览古今，容受直辞。公卿称职，奏议可述。[④]

④于是（匡）衡、（张）谭奏议曰：“陛下圣德，忽明上通，承天之大，典览群下，使各悉心尽虑，议郊祀之处，天下幸甚。……”[⑤]

⑤（韦）玄成等四十四人奏议曰：“《礼》，王者始受命，诸侯始

① （汉）蔡邕撰：《独断》，丛书集成初编本，中华书局 1985 年版，第 4 页。
② （汉）班固撰：《汉书》卷六《武帝纪》，中华书局 1962 年版，第 167 页。
③ （汉）班固撰：《汉书》卷八《宣帝纪》，中华书局 1962 年版，第 238 页。
④ （汉）班固撰：《汉书》卷十《成帝纪》，中华书局 1962 年版，第 330 页。
⑤ （汉）班固撰：《汉书》卷二十五下《郊祀志下》，中华书局 1962 年版，第 1254 页。

封之君，皆为太祖。……”①

⑥上乃召见（翟）方进。还归，未及引决，上遂赐册曰：“……朕既不明，随奏许可，后议者以为不便，制诏下君，君云卖酒醪。后请止，未尽月复奏议令卖酒醪。……”②

⑦诏傅太后与太子母丁姬自居定陶国邸，下有司议皇太子得与傅太后、丁姬相见不，有司奏议不得相见。③

“奏议”一词在以上诸句中的用法，除例③外，其余六例基本一致，均指动作行为，意为“奏所议”，即“向君主上报论议结果”。其中，例①、例②、例④、例⑤为直陈，例⑥、例⑦为转述。试析例②：元平元年六月丙寅，昌邑王受皇帝玺绶，癸巳，因淫乱废。七月，大将军霍光与丞相杨敞等朝臣议立孝武皇帝曾孙病已，上奏皇太后。这一提案在《汉书·宣帝纪》中记述为：

秋七月，光奏议曰：“礼，人道亲亲故尊祖，尊祖故敬宗。大宗毋嗣，择支子孙贤者为嗣。孝武皇帝曾孙病已，有诏掖庭养视，至今年十八，师受《诗》《论语》《孝经》，操行节俭，慈仁爱人，可以嗣孝昭皇帝后，奉承祖宗，子万姓。”④

此外，这一废立事件又见于《汉书》之《霍光传》：

光遂复与丞相敞等上奏曰：“《礼》曰：‘人道亲亲故尊祖，尊祖故敬宗。’大宗亡嗣，择支子孙贤者为嗣。孝武皇帝曾孙病已，武

① （汉）班固撰：《汉书》卷七十三《韦贤传》，中华书局1962年版，第3118页。
② （汉）班固撰：《汉书》卷八十四《翟方进传》，中华书局1962年版，第3422页。
③ （汉）班固撰：《汉书》卷九十七下《外戚传下》，中华书局1962年版，第4000页。
④ （汉）班固撰：《汉书》卷八《宣帝纪》，中华书局1962年版，第238页。

帝时有诏掖庭养视，至今年十八，师受《诗》《论语》《孝经》，躬行节俭，慈仁爱人，可以嗣孝昭皇帝后，奉承祖宗庙，子万姓。臣昧死以闻。"①

两段文字大同小异，前一段使用"奏议曰"，后一段使用"上奏曰"。显然，这里的"奏议"如同"上奏"，皆为动词，并无实质区别，只不过多一层"先议后奏"的提示罢了。《汉书》中，"奏议"一词用法大多如此。

值得注意的是，"奏议"一词在《汉书》出现的七例中，例③与众不同。《汉书·成帝纪》文末，班固赞曰："博览古今，容受直辞。公卿称职，奏议可述"。颜师古注曰："称职，克当其任也。可述，言有文采。"②"奏议"一词在这里已不再是动词意义，而是用作名词，指代朝中公卿向成帝所进献的议政意见。可见，"奏议"一词在此处的用法已约略具备文类意义，显示着这一词语新的使用趋向。到了魏晋时期，"奏议"一词的这种用法已较为常见，逐渐完成了由行为意义（"奏所议"）向文类意义（"奏议文"）的转化。

晋陈寿《三国志》中，"奏议"一词仅出现4处：

①（王）朗上疏曰："昔南越守善，婴齐入侍，遂为冢嗣，还君其国。康居骄黠，情不副辞，都护奏议以为宜遣侍子，以黜无礼。……"③

②（王）朗著《易》《春秋》《孝经》《周官》传，奏议论记，咸传于世。④

③诏曰："夫骨鲠之臣，人主之所仗也。（蒋）济才兼文武，服勤

① （汉）班固撰：《汉书》卷六十八《霍光传》，中华书局1962年版，第2947页。
② （汉）班固撰：《汉书》卷十《成帝纪》，中华书局1962年版，第330页。
③ （西晋）陈寿撰：《三国志》卷十三《魏书·王朗传》，中华书局1959年版，第411页。
④ 同上书，第414页。

尽节，每军国大事，辄有奏议，忠诚奋发，吾甚壮之。”①

④（杜）恕奏议论驳皆可观，掇其切世大事著于篇。②

其中，例①中的“奏议”一词仍为传承早期用法，指动作行为，即“奏所议”。其余三例中的“奏议”皆为名词，例③指其人所进献之提案，例②将“奏议”与“论记”并称，例④将“奏议论驳”并称，显然意味着“奏议”一词已具备明确的文类意义。

刘宋范晔《后汉书》中，“奏议”一词共出现13处，大致分为三类用法。第一类为早期用法，指动作行为，仍以“某某奏议（曰）”的形式出现，共计4处：

①（建武十五年）三月，乃诏群臣议。大司空融、固始侯通、胶东侯复、高密侯禹、太常登等奏议曰：“古者封建诸侯，以藩屏京师……”③

②时宪击匈奴，国用劳费，隗奏议征宪还，前后十上。④

③尚书令黄俊奏议，以为罪无正法，不合致纠。⑤

④至（建武）十九年，盗贼讨除，戎事差息，于是五官中郎将张纯与太仆朱浮奏议：“礼，为人子事大宗，降其私亲……”⑥

第二类指朝廷奏议制度，计1处：

① （西晋）陈寿撰：《三国志》卷十四《魏书·蒋济传》，中华书局1959年版，第453页。
② （西晋）陈寿撰：《三国志》卷十六《魏书·杜恕传》，中华书局1959年版，第507页。
③ （南朝宋）范晔撰：《后汉书》卷一下《光武帝纪下》，中华书局1965年版，第64页。
④ （南朝宋）范晔撰：《后汉书》卷二十一《任隗列传》，中华书局1965年版，第754页。
⑤ （南朝宋）范晔撰：《后汉书》卷三十八《冯绲列传》，中华书局1965年版，第1283页。
⑥ （南朝宋）范晔撰：《后汉书》志第九《祭祀下》，中华书局1965年版，第3193页。

奏曹主奏议事。[①]

第三类用作名词，指奏议文章，共计 8 处：

①（鲁）恭性谦退，奏议依经，潜有补益，然终不自显，故不以刚直为称。[②]

②论曰：第五伦峭核为方，非夫恺悌之士，省其奏议，惇惇归诸宽厚，将惩苛切之敝使其然乎?[③]

③（陈）宠虽传法律，而兼通经书，奏议温粹，号为任职相。[④]

④（虞）诩又上言："台郎显职，仕之通阶。今或一郡七八，或一州无人。宜令均平，以厌天下之望。"及诸奏议，多见从用。[⑤]

⑤自（左）雄掌纳言，多所匡肃，每有章表奏议，台阁以为故事。[⑥]

⑥宦官由此疾（陈）蕃弥甚，选举奏议，辄以中诏谴却，长吏已下多至抵罪。[⑦]

⑦（刘）祐初察孝廉，补尚书侍郎，闲练故事，文札强辨，每有奏议，应对无滞，为僚类所归。[⑧]

---

① （南朝宋）范晔撰:《后汉书》志第二十四《百官志一》，中华书局 1965 年版，第 3559 页。
② （南朝宋）范晔撰:《后汉书》卷二十五《鲁恭列传》，中华书局 1965 年版，第 882 页。
③ （南朝宋）范晔撰:《后汉书》卷四十一《第五伦列传》，中华书局 1965 年版，第 1402 页。
④ （南朝宋）范晔撰:《后汉书》卷四十六《陈宠列传》，中华书局 1965 年版，第 1555 页。
⑤ （南朝宋）范晔撰:《后汉书》卷五十八《虞诩列传》，中华书局 1965 年版，第 1872 页。
⑥ （南朝宋）范晔撰:《后汉书》卷六十一《左雄列传》，中华书局 1965 年版，第 2022 页。
⑦ （南朝宋）范晔撰:《后汉书》卷六十六《陈蕃列传》，中华书局 1965 年版，第 2165 页。
⑧ （南朝宋）范晔撰:《后汉书》卷六十七《党锢列传》，中华书局 1965 年版，第 2199 页。

⑧是以通儒硕生，忿其奸妄不经，奏议慷慨，以为宜见藏摈。[1]

以上八例，有两种情况：一是描述某人奏议文章的特点，“奏议依经”“奏议温粹”“奏议慷慨”；一是指代某人所写奏议文章，“省其奏议”“及其奏议”“每有章表奏议”“选举奏议”“每有奏议”。诸例中，“奏议”一词皆已具备文类意义。

从前四史中出现的“奏议”一词的用法来看，东汉时期，“奏议”一词已有从行为意义向文类意义衍化的意味。晋宋时期，“奏议”已约定俗成、作为一个具有较为明确的文类意义的语汇。在这一生成过程中，奏议制度和奏议文的发展是其前提条件，汉魏六朝时期的文集编纂与文学批评则有推波助澜之功。

第二节　文集编纂、文学批评与奏议文类观念的生成

古代奏议文内容涉及政治、经济、军事、文教、礼仪、外交诸方面，是当时朝廷决策的重要依据，也是后世为官治政的重要参照，很早就引起执政者的高度关注。汉魏六朝时期，奏议文集编纂起步，总集、别集先后出现，规模逐步扩展。魏晋以后，文学批评之风日盛，奏议文之渊源、分类、文体特点以及写作规范为当时之文学研究者所关注，收获颇多。汉魏六朝时期的奏议文集编纂与奏议文体研究，对于奏议文类观念的生成有着重要的推进作用。

早在秦代，文书制度已建立，文书的运行有明确的法规[2]，文书的保管也有专属部门，丞相、御史府等专门机构即负责文书的保管。《史记·萧相国世家》云：“及高祖起为沛公，何常为丞督事。沛公至咸阳，诸将皆争走金帛财物之府分之，何独先入、收秦丞相御史律令图书藏之。沛公为汉王，以何为丞相。项王与诸侯屠烧咸阳而去。汉王所以具知天下厄

① （南朝宋）范晔撰：《后汉书》卷八十二上《方术列传上》，中华书局 1965 年版，第 2705 页。

② 参见睡虎地秦墓竹简整理小组编《睡虎地秦墓竹简》《秦律十八种·行书》，文物出版社 1978 年版，第 103 页。

塞、户口多少、强弱之处、民所疾苦者，以何具得秦图书也。”① 汉初承秦制，丞相、御史府仍负责文书保管。武帝以后，尚书机构日显，逐渐接管文书的建档封存。魏晋以后，天下文书皆归尚书。汉魏六朝时期朝廷建档文书主要包括制诏、律令、奏议、起居注等，作为故事在决策时参考、比照。文书单件散放，往往不便查阅；倘若依据类别编辑成册，自然方便使用。于是，编辑政务文书成为朝廷文书工作的一项重要内容，其中包括奏议文集的编纂。人臣奏议是官府建档文书的重要组成部分，历代王朝对于此类文章皆重视。汉魏六朝时期，奏议文不仅编入史书、类书、个人文集之中，还以总集、别集的方式辑录成书。

西汉时期，尽管奏议文写作数量有限，奏议文编纂已然起步。《汉书·艺文志》所著录的书目，涉及奏议文者有三：一是秦时大臣奏事及刻石名山文二十篇，入“六艺”之《春秋》类；一是武帝时《封禅议对》十九篇，入“六艺”之《礼》类；一是石渠议奏，总计一百五十五篇，散见于“六艺”，《尚书》类四十二篇，《礼》类三十八篇，《春秋》类三十九篇，《论语》类十八篇，《孝经》类十八篇。关于“石渠”，颜师古曰：“《三辅旧事》云石渠阁在未央大殿北，以藏秘书。”② 石渠阁论议是西汉时期重要的政治事件，《汉书》中提到参与石渠讲论的学者有刘向、薛广德、韦玄成、施雠、梁丘临、欧阳地馀、林尊、周堪、张山拊、假仓、张长安、戴圣、闻人通汉等③，其所论议或有条奏④，汇集成编后，应为系统的专题辑录。

东汉以后，随着奏议文写作数量的增长，奏议文编纂逐渐进入状态。《后汉书》详细列出了四十余位传主的文章著述情况，其中不乏奏议文。例如：

① （汉）司马迁撰：《史记》卷五十三《萧相国世家》，中华书局 1959 年版，第 2014 页。

② （汉）班固撰：《汉书》卷三十六《楚元王传》，中华书局 1962 年版，第 1929 页注八。

③ 刘向、薛广德、韦玄成参与石渠论议之事分别见《汉书》本传，余者见《汉书·儒林传》。

④ 例如《汉书·韦玄成传》云：“玄成受诏，与太子太傅萧望之及五经诸儒杂论同异于石渠阁，条奏其对。”［（汉）班固撰：《汉书》卷七十三《韦玄成传》，中华书局 1962 年版，第 3113 页。］

（桓谭）所著赋、诔、书、奏，凡二十六篇。[①]

（马融）所著赋、颂、碑、诔、书、记、表、奏、七言、琴歌、对策、遗令，凡二十一篇。[②]

（蔡邕）所著诗、赋、碑、诔、铭、赞、连珠、箴、吊、论议、《独断》《劝学》《释诲》《叙乐》《女训》《篆艺》、祝文、章表、书记，凡百四篇，传于世。[③]

（李）固所著章、表、奏、议、教令、对策、记、铭，凡十一篇。[④]

（皇甫规）所著赋、铭、碑、赞、祷文、吊、章表、教令、书、檄、笺记，凡二十七篇。[⑤]

这些记述显示了东汉以后个人文集潜在的编辑状态，章、表、奏、议、对策等奏议类文章亦列其中。又据《后汉书·应劭列传》，汉献帝时，应劭删定律令为《汉仪》，于建安元年上奏，文曰：

夫国之大事，莫尚载籍。载籍也者，决嫌疑，明是非，赏刑之宜，允获厥中，俾后之人永为监焉。故胶西相董仲舒老病致仕，朝廷每有政议，数遣廷尉张汤亲至陋巷，问其得失。于是作《春秋决狱》二百三十二事，动以经对，言之详矣。逆臣董卓，荡覆王室，典宪焚燎，靡有孑遗，开辟以来，莫或兹酷。今大驾东迈，巡省许都，拔出险难，其命惟新。臣累世受恩，荣祚丰衍，窃不自揆，贪少云补，辄撰具《律本章句》《尚书旧事》《廷尉板令》《决事比例》《司徒都目》

① （南朝宋）范晔撰：《后汉书》卷十八上《桓谭列传》，中华书局1965年版，第961页。
② （南朝宋）范晔撰：《后汉书》卷六十上《马融列传》，中华书局1965年版，第1972页。
③ （南朝宋）范晔撰：《后汉书》卷六十下《蔡邕列传》，中华书局1965年版，第2007页。
④ （南朝宋）范晔撰：《后汉书》卷六十三《李固列传》，中华书局1965年版，第2089页。
⑤ （南朝宋）范晔撰：《后汉书》卷六十五《皇甫规列传》，中华书局1965年版，第2137页。

《五曹诏书》及《春秋断狱》凡二百五十篇。蠲去复重，为之节文。又集驳议三十篇，以类相从，凡八十二事。其见《汉书》二十五，《汉纪》四，皆删叙润色，以全本体。其二十六，博采古今瑰玮之士，文章焕炳，德义可观。其二十七，臣所创造。岂繄自谓必合道衷，心焉愤邑，聊以藉手。昔郑人以干鼠为璞，鬻之于周；宋愚夫亦宝燕石，缇绢十重。夫睹之者掩口卢胡而笑，斯文之族，无乃类旃。《左氏》实云虽有姬姜丝麻，不弃憔悴菅蒯，盖所以代匮也。是用敢露顽才，厕于明哲之末。虽未足纲纪国体，宣洽时雍，庶几观察，增阐圣听。惟因万机之余暇，游意省览焉。①

应劭首先提出典籍编纂之重要意义，认为“国之大事，莫尚载籍”，载籍“决嫌疑，明是非，赏刑之宜，允获厥中”，方便后人以资借鉴。之后，应劭以董仲舒编撰《春秋决狱》和董卓焚烧典籍为例，从正反两方面对于此论加以分析论说。接下来，应劭介绍了《汉仪》的编选内容、选文方式以及良苦用意，请献帝省览。在应劭编纂的《汉仪》中，驳议有三十篇，以类相从，凡八十二事，见于《汉书》二十五，《汉纪》（注：即《东观记》）四，博采古今文章二十六，还有应劭本人之作二十七。对于史书中的驳议，“删叙润色，以全本体”；选择古今驳议名篇，要求“文章焕炳，德义可观”。从此书收录的驳议文章的编纂来看，编选者具有明晰的编辑意图与选文标准，选文范围广泛，编选体例明确，已具备较高的文集编纂水平。

魏晋时期，皇帝下诏修撰群臣奏议文集之事已较为常见。例如《三国志·魏书·陈群传》注引《魏书》曰：“群前后数密陈得失，每上封事，辄削其草，时人及其子弟莫能知也。论者或讥群居位拱默，正始中诏撰群臣上书，以为《名臣奏议》，朝士乃见群谏事，皆叹息焉。”② 魏晋以后，奏议类文章不仅大量编入个人文集以及政务类文集中，还出现了奏议类别

① （南朝宋）范晔撰：《后汉书》卷四十八《应劭列传》，中华书局1965年版，第1612页。

② （西晋）陈寿撰：《三国志》卷二十二《魏书·陈群传》，中华书局1959年版，第638页注一。

集、总集的形式；奏议类文章不仅成为官方建档文件，还广泛流传于世。例如：

> （何劭）所撰《荀粲、王弼传》及诸奏议文章并行于世。[①]

> 逌在职多所匡谏。著《阮籍序赞》《逸士箴》及诗赋奏议数十篇行于世。[②]

> 时太子詹事周捨撰《礼疑义》，自汉魏至于齐梁，并皆搜采，休源所有奏议，咸预编录。

> （孔休源）聚书盈七千卷，手自校治，凡奏议弹文，勒成十五卷。[③]

> 梁有《汉名臣奏》三十卷；《魏名臣奏》三十卷，陈长寿撰；《魏杂事》七卷，《晋诸公奏》十一卷，《杂表奏驳》三十五卷，《汉丞相匡衡、大司马王凤奏》五卷，《刘隗奏》五卷，《孔群奏》二十二卷，《晋金紫光禄大夫周闵奏事》四卷，《晋中丞刘邵奏事》六卷，《中丞司马无忌奏事》十三卷，《中丞虞谷奏事》六卷，《中丞高崧奏事》五卷，又《诸弹事》等十四部。亡。[④]

梁代奏议文编纂，既有《汉名臣奏》《魏名臣奏》《晋诸公奏》之类汇集一朝奏议之总集，又有《刘隗奏》《孔群奏》《晋金紫光禄大夫周闵奏事》之类名臣奏议别集；既有前代奏议汇编，又有孔休源奏议弹文之类时下文章。可见，至迟在梁代，奏议文编纂已初具规模。此外，萧统《文选》作为一部文学总集，对于奏议类文章亦有所收录。书中设有“表”“启”“弹

---

① （唐）房玄龄等撰：《晋书》卷三十三《何劭列传》，中华书局1974年版，第999页。
② （唐）房玄龄等撰：《晋书》卷八十三《江逌列传》，中华书局1974年版，第2175页。
③ （唐）姚思廉撰：《梁书》卷三十六《孔休源列传》，中华书局1973年版，第520、522页。
④ （唐）魏徵撰：《隋书》卷三十五《经籍志四》，《梁中表》注，中华书局1973年版，第1088页。

事”等奏议类名目，表文收录尤多。可见，奏议文不仅为执政者所关注，亦入文章家视野。

据《隋书·经籍志》，汉魏六朝时期编纂的奏议类文集已涉及史、子、集部。“史部”之“正史类”列有“《汉书驳议》二卷，晋安北将军刘宝撰”①；“刑法类”列有“《汉朝议驳》三十卷，应劭撰；《晋杂议》十卷；《晋弹事》十卷；《南台奏事》二十二卷；《汉名臣奏事》三十卷；《魏王奏事》十卷；《魏名臣奏事》四十卷，目一卷，陈寿撰；《魏台杂访议》三卷，高堂隆撰；《晋驳事》四卷”②；等等。“子部”之“儒家类”列有“《盐铁论》十卷，汉庐江府丞桓宽撰”③；“杂家类”列有“《谏林》五卷，齐晋陵令何翌之撰；《善谏》二卷，宋领军长史虞通之撰”④；等等。“集部”之“总集类”列有“《上法书表》一卷，虞和撰；《梁中表》十一卷，梁邵陵王撰；《山公启事》三卷；《范宁启事》三卷”⑤；等等。这些文集如今多亡佚，但据此亦可一窥汉魏六朝奏议类文集编纂之气象。

奏议类文体的研究，最早可溯及东汉末蔡邕《独断》。从性质上看，《独断》是一部介绍汉代典章制度的专著，并非古代文体研究著作，但是文中关于皇帝制诏类文书与臣僚奏议类文书的详细介绍，实开中国古代公牍文文体研究之先河。关于奏议类文体，《独断》云：

> 凡群臣上书于天子者有四名：一曰章，二曰奏，三曰表，四曰驳议。
>
> 章者，需头，称“稽首”，上书谢恩陈事，诣阙通者也。
>
> 奏者，亦需头。其京师官但言“稽首”，下言“稽首以闻”。其中有所请，若罪法劾案，公府送御史台，公卿校尉送谒者台也。
>
> 表者，不需头。上言“臣某言”，下言“臣某、诚惶诚恐、稽首顿首、死罪死罪”。左方下附曰“某官臣某甲上”。文多，用编两行；

---

① （唐）魏徵撰：《隋书》卷三十三《经籍志二》，中华书局1973年版，第954页。
② 同上书，第973页。
③ （唐）魏徵撰：《隋书》卷三十四《经籍志三》，中华书局1973年版，第997页。
④ 同上书，第1007页。
⑤ （唐）魏徵撰：《隋书》卷三十五《经籍志四》，中华书局1973年版，第1088页。

> 文少，以五行。诣尚书通者也。公卿校尉诸将不言姓，大夫以下有同姓官别者言姓。章曰报“闻”。公卿使谒者，将大夫以下至吏民，尚书左丞奏闻报“可”。表文报“已奏如书”。凡章表皆启封，其言密事，得帛囊盛。
>
> 其有疑事，公卿百官会议，若台阁有所正处，而独执异议者，曰驳议。驳议曰“某官某甲议以为如是”，下言“臣愚戆议异”。其非驳议，不言“议异”。其合于上意者，文报曰“某官某甲议可”。
>
> 汉承秦法，群臣上书皆言“昧死言”。王莽盗位，慕古法，去“昧死”，曰“稽首”，光武因而不改。朝臣曰“稽首顿首”，非朝臣曰“稽首再拜”。公卿侍中尚书，衣帛而朝，曰“朝臣”，诸营校尉将大夫以下亦为“朝臣”。①

蔡邕《独断》将汉代臣僚奏议文主要分为“章”“奏”“表”“驳议”四类，较为详细地指出每一类文体的写作格式、文体功用以及运作方式，初步构建了中国古代奏议类文体研究体系。《独断》对于章、奏、表、驳议等奏议类文体的介绍已具备明确的文类归并意识，但尚未有明确的命名意识，只是以“群臣上书”笼统言之。

魏晋时期，中国古代文学研究正式起步；齐梁时期，文学研究进入繁盛时代，涌现出一系列文学批评理论著作。奏议文数量丰硕，种类繁多，是中国古代文章之大宗，自然不脱研究者视野。

曹丕《典论·论文》是中国文学批评史第一篇专门论文。关于文体，曹丕提到四科八种：“夫文本同而末异，盖奏议宜雅，书论宜理，铭诔尚实，诗赋欲丽。此四科不同，故能之者偏也；唯通才能备其体。”② 这段论说对于后世奏议类文体研究有重要影响。首先，尽管此处的“奏议”还不是指“奏议类文体”，只是“奏”与“议”两种文体的并列，但是曹丕毕竟把这两种文体归并为“一科”，因而，“奏议”在这里虽然还不是一个明

① （汉）蔡邕撰：《独断》，丛书集成初编本，中华书局 1985 年版，第 4 页。

② （南朝梁）萧统编，（唐）李善注：《文选》卷五十二《典论·论文》，中华书局 1977 年版，第 720 页。

确的文类概念，却在事实上构建了一个相对独立的门类。这种分科的思路，必然启发后人对于此类文体分类以及命名的思考。其次，曹丕将“奏”“议”作为一科列在四科之首位，意在标明此类文章价值之重大，即最能体现曹丕所谓“盖文章，经国之大业，不朽之盛事”的观念。曹丕关于文章科目的排序对于此后的文体分类学也是有启发的。萧统《文选》重视文学性作品，特别将“赋”与“诗”提到序列首位，之后依然遵从“奏”“议”“书”“论”“铭”“诔”的次第排序，只是把曹丕未提到的其他相关文体插入这一序列之中。《文选》影响深远，其文体排序方式也被后世文集编选者所沿用，《文苑英华》《文章辨体》《文体明辨》等文集的文体排序皆沿袭不改。再者，曹丕指出“奏”“议”的特点为“雅”，这一概括也很有见地。曹丕的文体分科基于文章之社会功用，也正是从这一角度对四科之文体特点予以概括。“奏”与“议”，系朝廷上行公文，行文对象是皇帝，自然要求“雅”；“书”与“论”，皆无特定的行文对象，从言说的角度要求“理”；“铭”与“诔”，皆为评价性文章，易流于谄谀，因而强调“实”；“诗”与“赋”，用以表达作者才情，自然讲究“丽”。“奏议宜雅”指出了此类文章的本质性特征，遂成为金石之论。此后，陆机、刘勰等人所言奏议特点皆有本于此。

陆机《文赋》在曹丕文论的基础上开疆拓宇，文体论部分明显见得承袭关系。《文赋》云：“诗缘情而绮靡，赋体物而浏亮。碑披文以相质，诔缠绵而凄怆。铭博约而温润，箴顿挫而清壮。颂优游以彬蔚，论精微而朗畅。奏平彻以闲雅，说炜晔而谲诳。”① 陆机提到文体十种，其六种与《典论·论文》相同，且对于文体特点的概括有相承的一面。不同的是，《典论·论文》分科而论，《文赋》则分而析之。因此，陆机对于每种文体的特点阐释得更为细致。陆机将“奏”之特点概括为“平彻以闲雅”，显然是对曹丕“奏议宜雅”的继承与发展。上奏君主，对扬王庭，自然不能像“说”一样铺张扬厉、恣肆不羁，而应平实流畅、从容雅致。《周书·王褒庾信列传》史臣曰：“原夫文章之作，本乎情性。覃思则变化无方，形言则条流

① （南朝梁）萧统编，（唐）李善注：《文选》卷十七《文赋》，中华书局1977年版，第239页。

遂广。虽诗赋与奏议异轸，铭诔与书论殊涂，而撮其指要，举其大抵，莫若以气为主，以文传意。考其殿最，定其区域，摭《六经》百氏之英华，探屈、宋、卿、云之秘奥。其调也尚远，其旨也在深，其理也贵当，其辞也欲巧。然后莹金璧，播芝兰，文质因其宜，繁约适其变，权衡轻重，斟酌古今，和而能壮，丽而能典，焕乎若五色之成章，纷乎犹八音之繁会。夫然，则魏文所谓通才足以备体矣，士衡所谓难能足以逮意矣。"① 此段评述并引曹丕、陆机之文学观念，综合分析论说，可见，二家之说前后传承、相互发明。

魏晋六朝时期，编纂文集以研讨各类文体的写作要领，辨析文体以追溯各类文章的源流指归，成为文学研究之时代风习。挚虞《文章流别》、李充《翰林》、任昉《文章缘起》等，皆属此类著作。《文章流别集》已佚，所附《文章流别论》有辑佚本，所存文体论中未见奏议类。《翰林》全书亡佚，严可均《全晋文》辑录《翰林论》八条，其中三条论及奏议类文体：

> 表宜以远大为本，不以华藻为先。若曹子建之表，可谓成文矣；诸葛亮之表后主，裴公之辞侍中，羊公之让开府，可谓德音矣。
>
> 驳不以华藻为先，世以傅长虞每奏驳事，为邦之司直矣。
>
> 在朝辨政而议奏出，宜以远大为本。陆机议晋断，亦名其美矣。②

李充所论"表""驳""议奏"，皆先指明其文体特点与写作要求，再举魏晋名篇作为典范，可谓要言不烦。任昉《文章缘起》以简洁的簿录形式，讨论了汉魏以来八十五种文体的缘起。每立一体，择取秦汉以来具有一定

---

① （唐）令狐德棻等撰：《周书》卷四十一《王褒庾信列传》，中华书局 1971 年版，第 744 页。

② （清）严可均校辑：《全上古三代秦汉三国六朝文》《全晋文》卷五十三，中华书局 1958 年版，第 1767 页。

规范或典范意义的文章，作为此类文体“为文之始”，颇具创意。[①] 其中涉及奏议类文体有：

表：淮南王安《谏伐闽表》。

让表：汉东平王苍上表让骠骑将军。

对贤良策：汉太子家令晁错。

上疏：汉中大夫东方朔。

启：晋吏部郎山涛作《选启》。

谢恩：汉丞相魏相诣公车谢恩。

奏：汉枚乘奏书谏吴王濞。

驳：汉侍中吾丘寿王驳公孙宏（弘）《禁民不得挟弓弩议》。

议：汉韦元（玄）成《奏罢郡国庙议》。

弹文：晋冀州刺史王深集《杂弹文》。

封事：汉魏相奏霍氏专权封事。

上章：孔融上章谢大中大夫。[②]

① 参见吴承学、李晓红《任昉〈文章缘起〉考论》，《文学遗产》2007 年第 4 期。

② （南朝梁）任昉撰，（明）陈懋仁注：《文章缘起注》，丛书集成初编本，中华书局 1985 年版，第 4—13 页。

《四库全书总目》认为任昉原书早亡，今本疑为依托，检其所列，引据颇疏。就所列奏议类文体来看，以“表”与“让表”分为二类，实属不妥；谢恩曰“章”，《文心雕龙》载有明释，乃直以“谢恩”两字为文章之名，尤属未协，等等。[①]《文章缘起》旨在探讨各类文章之缘起，文体分类并非其着眼点。任昉推源“表”“章”之缘起的同时，将“让表”“谢恩”单独出来寻其为文之始，亦无可厚非。但是，《文章缘起》的文体编次的确失之推敲。例如，“表”与“让表”前后连属，而《离骚》与“反骚”“谢恩”与“上章”并不以类相从；奏议类文体之间窜入“书”“牋”“令”“论”“反骚”“教”等诸多文体，缺乏逻辑关联。任昉《文章缘起》在奏议类文体推源方面有重要贡献，但在文体分类方面未能有所创见。

刘勰《文心雕龙》是中国古代文学研究理论之巨擘，其文体论部分涉及奏议类主要有三篇，即《章表》《奏启》《议对》。作为一部“体大而虑周”的文学批评论著，刘勰对于汉魏六朝时期出现的奏议类主要文体进行了系统而又深入的探讨。在此书中，刘勰主要研讨了章、表、奏、启、议、对策等奏议类文体，原始以表末，释名以章义，选文以定篇，敷理以举统，此外，还提到上疏、谠言、封事、便宜等，构建了中国古代奏议文研究体系，对于此类文体的研究做出了极其重要的贡献。

从奏议文类观念、文类名称生成的角度来看，刘勰的奏议文研究也有着重要的价值。《章表》《奏启》《议对》，三篇文章前后连属，内容彼此关联，明显具有以类相从的意义。从行文来看，《章表》篇“章”与“表”并列而论，《奏启》《议对》篇则分别以“奏”“议”为主，“启”与“对”分别附属于“奏”与“议”之后予以论说，因而，此六类文体实际上又可归并为“章表奏议”。实际上，刘勰在《文心雕龙》中确实也是以“章表奏议”作为此类文体之总称的。例如：

按《七略》《艺文》，谣咏必录；章表奏议，经国之枢机；然阙而

① 参见（清）纪昀等撰《钦定四库全书总目》卷一百九十五《文章缘起》，中华书局 1997 年版，第 2378 页。

不纂者，乃各有故事，而布在职司也。[①]

是以括囊杂体，功在铨别，宫商朱紫，随势各配。章表奏议，则准的乎典雅；赋颂歌诗，则羽仪乎清丽；符檄书移，则楷式于明断；史论序注，则师范于核要；箴铭碑诔，则体制于弘深；连珠七辞，则从事于巧艳；此循体而成势，随变而立功者也。虽复契会相参，节文互杂，譬五色之锦，各以本采为地矣。[②]

“章表奏议”一语，肇始于汉代典章制度对于臣子上书的规定。蔡邕《独断》云：“凡群臣上书于天子者有四名：一曰章，二曰奏，三曰表，四曰驳议。”[③]《文心雕龙·章表》亦云：“汉定礼仪，则有四品：一曰章，二曰奏，三曰表，四曰议。章以谢恩，奏以按劾，表以陈请，议以执异。”[④]《后汉书·左雄传》云：“自雄掌纳言，多所匡肃，每有章表奏议，台阁以为故事。”[⑤] 刘勰所云“章表奏议，经国之枢机”，并非泛泛而称，而是有着文类命名的意识。在《文心雕龙·定势》篇中，刘勰对于诸种文体特点的分析，显然有本于曹丕与陆机的相关理论，并且在此基础上进一步归纳概括。从“奏议宜雅”到“奏平彻以闲雅”，再到“章表奏议，则准的乎典雅”，奏议类文体特点的概括有着明显的承袭关系。从这个角度来看，“章表奏议”一语，既是来自汉代典章制度对于臣僚奏议文书的规定，也是对于曹丕“奏议”一科的承袭与扩展。刘勰《文心雕龙》关于奏议类文体的研究，对于奏议文类观念以及文类名称的生成有重要影响。

① （南朝梁）刘勰著，詹锳义证：《文心雕龙义证》卷五《章表》，上海古籍出版社 1989 年版，第 830 页。

② （南朝梁）刘勰著，詹锳义证：《文心雕龙义证》卷六《定势》，上海古籍出版社 1989 年版，第 1124 页。

③ （汉）蔡邕撰：《独断》，丛书集成初编本，中华书局 1985 年版，第 4 页。

④ （南朝梁）刘勰著，詹锳义证：《文心雕龙义证》卷五《章表》，上海古籍出版社 1989 年版，第 826 页。

⑤ （南朝宋）范晔撰：《后汉书》卷六十一《左雄列传》，中华书局 1965 年版，第 2022 页。

要言之，汉魏六朝时期，奏议制度在秦制的基础上进一步完善，历史进入“以文书御天下”的时代。在这一历史时期，奏议文迅速发展，写作数量丰硕，文章类型繁多。奏议文作为经国枢机，为执政者所重视，奏议文集编纂日盛。与此同时，奏议文体研究亦进入文学批评者视野，成为古代文论研究的重要内容之一。随着奏议文的发展以及奏议文集编纂与文体研究的大规模展开，奏议文类观念得以形成。但是，在这一时期，此类文章有“奏议”“章奏”“表奏”“奏疏”“章表奏议”等诸多不同称谓，尚未形成明确的文类概念。奏议文类的命名，还需历史的等待。

第三章

隋唐以降：奏议文之立名

隋唐以后，三省六部制建立，中国古代官僚政治制度进入新的历史发展阶段，奏议制度相应地也有新的调整、变化。作为臣僚参政、议政的主要手段，奏议文在这一历史进程中发挥着重要的政治功能，写作数量飞速增长，文章类型不断变化，又涌现出许多新的文体形式，例如状、劄子、题本、奏本、奏折等。宋代以后，奏议文集编纂进入繁盛时期，出现一系列重要的奏议总集、别集。明清时期，奏议文体研究得以深入化、系统化，收获一系列重要的奏议研究成果。“奏议”之名，终得以立。本章主要讨论：隋唐以降，奏议总集编纂与奏议文体研究之状况，《古文辞类篹》之“奏议”观念及其影响。

第一节　奏议总集编纂与奏议文体研究

魏晋六朝时期，奏议文编纂已然起步，总集、别集先后出现，文集编纂初具规模。隋唐以降，古代官僚政治制度进入新的历史发展时期，政体更加复杂，政务更趋繁复，奏议文写作数量剧增。随着历代积累，传世奏议文日益厚重，成为无可估量的巨大财富。中国古代执政者注重总结历史经验教训，讲求统治方法与策略，因而，历代王朝对于编纂奏议文集大都非常重视。李唐王朝是中国封建社会的鼎盛时期，涌现出一大批政界翘楚与文坛精英，留有大量个人文集行于世间。在唐人别集中，有一部分是朝堂宰臣之文集。他们在政界指点江山、激扬文字，留下的文章大多是经世致用的政务文书，因而他们的别集基本上属于奏议文集。例如魏徵《魏正公文集》、权德舆《权载之文集》、陆贽《陆宣公集》、李绛《李相国论事集》、李德裕《会昌一品集》等。此外，唐代许多著名文学家皆有从政经历，其别集中亦有不少奏议文章。例如《韩昌黎集》《柳河东集》《刘禹锡集》《元氏长庆集》等。宋代以后，奏议文写作情况亦如此，数量呈递增趋势。唐代奏议文编录主要入个人文集，宋代以后，编纂奏议别集、总集蔚然成风，与奏议文编入个人别集并行不悖。明清时期，奏议文集编纂愈演愈烈，规模空前，成果丰硕。《四库全书总目》之《史部·诏令奏议类》列奏议文集29部，总计726卷，存目90部，计818卷，内10部无卷数。实际上，宋代以后奏议文集的编纂数目是惊人的，《四库全书总目》所收书目与实际情况差之甚远。仅以清代为例。清代奏议编纂达到了前所未有的规模，保存至今的奏议文集数量远超前代。《四库全书总目》所收录的清代奏议文集，包括存目在内，只有22部。对比来看，章钰《清史稿·艺文志》著录奏议类书目97部，武作成《清史稿艺文志补编》著录奏议类书目112部，王绍曾《清史稿艺文志拾遗》著录奏议类书目170部，三者合计达379部，远远超过四库全书所列数目，而这一统计自然仍有缺漏，清代奏议文集散佚者自然还有，无法尽收。

中国古代奏议文集编纂主要有两种类型，《四库全书总目》称之为“专集”与“总集”①。所谓奏议“专集”，即奏议“别集”，指以一人奏议自为一集者；所谓奏议“总集”，包括两类，一是汇集一朝（或一个时期）奏议为一集者，一是辑录历代奏议为一集者。奏议专集见于历朝历代，汗牛充栋，不可尽数，暂且不论。兹就宋代以后奏议总集编纂情况予以论说，以观奏议之文类概念在这一领域之生成。

汇集一朝（或一个时期）奏议为总集者，宋代主要有吕祖谦《国朝名臣奏议》、李壁《中兴诸臣奏议》、赵汝愚《国朝诸臣奏议》等；明代主要

---

① 参见（清）纪昀等撰《钦定四库全书总目》卷五十五史部十一“诏令奏议类”，中华书局1997年版，第776、778页。

有黄训《明名臣经济录》、张瀚《皇明疏议辑略》、顾尔行《两朝疏钞》、张卤《嘉隆疏钞》、孙旬《皇明疏钞》、吴亮《万历疏钞》、董其昌《神庙留中奏书汇要》和《崇祯存实疏钞》、祈彪佳《崇祯奏疏汇辑》、戴金《皇明条法事类纂》、张国纲《明代名臣奏疏》等；清代主要有《御选明臣奏议》、平汉英《国朝名臣宏文》（又名《国朝名臣奏议》）、《皇清奏议》和王延熙、王树敏《皇清道咸同光奏议》等。

辑录历代奏议为总集者，明代有唐顺之《右编》（历代奏议文选），姚文蔚《右编补》，黄汝亭《古奏议》（战国至唐宋间奏议文选），黄淮、杨士奇《历代名臣奏议》等；清代主要有曹荣本《奏议稽询》（周至明代奏议文选）、赵承恩《历代名臣奏议选》（据黄淮、杨士奇本《历代名臣奏议》选录）等。此外，明清时期又有所谓“经世文编”，所收文章主要是奏议文，亦可归入此类。明朝有陈子龙等《皇明经世文编》，清朝有贺长龄、魏源《皇清经世文编》、张鹏飞《皇朝经世文编补》、饶玉成《皇朝经世文续集》、葛士浚《皇朝经世文续编》、盛康《皇朝经世文续编》、陈忠倚《皇朝经世文三编》、何良栋《皇朝经世文四编》、麦仲华《皇朝经世文新编》、甘韩《皇朝经世文新编续集》、于宝轩《皇朝蓄艾文编》、润甫《皇朝经世文统编》、佚名《增辑经世文统编》、求自强主人《皇朝经济文编》、宜今室主人《皇朝经济文新编》、求是斋主人《时务经世分类文编》，等等。①

宋、明、清时期奏议总集编纂具有以下特点：

首先，从编辑意图来看，宋、明、清时期奏议总集的编纂主要是切于治道，为君主治政提供借鉴，为臣子献策提供参照。

南宋淳熙十三年（1186），赵汝愚《国朝诸臣奏议》编就，收录北宋时期243位官员所进呈的奏议1631篇，规模宏大。② 赵汝愚在《乞进〈皇朝名臣奏议〉劄子》中云，此书选文标准为“至精至要，尤切于治道者”，

① 参见曹喜琛《中国古代奏书编纂述略》，《档案学通讯》1985年第1期；曹喜琛《中国古代奏书编纂述略》（续），《档案学通讯》1985年第2期。

② 参见（宋）赵汝愚辑《国朝诸臣奏议》，中华再造善本，北京图书馆出版社2004年版。

“上可以知时政之得失、言路之通塞；下可以备有司之故实、史氏之阙遗”[①]。宋孝宗深表认同，曾言于宰臣周必大等曰：“治道尽在此矣。”[②] 不仅《国朝诸臣奏议》的编纂意在服务于治道，此类奏议总集的编纂意图大都如此。

编选前朝奏议，除辑录文献以助修史外，主要作为治政者前车之鉴。例如，《御选明臣奏议》是清代乾隆年间奉敕编纂的一部汇集明代诸臣奏议的总集，凡40卷。关于此书的编辑意图，编修者在《乾隆四十六年十月二十七日上谕》中云：“明至神宗以后，彼时主暗政昏，阉人窃柄，以致举措失当，赏罚不明，遂致流寇四起，兵溃饷绝，种种弊政，指不胜数。若杨涟、左光斗、熊廷弼诸人，或折冲疆场，或正色立朝，俱能慷慨建议，剀切敷陈，明之君果能悉而用之，尤不致败亡若是之极。其事至今百余年，殷鉴不远，尤当引为炯戒。则诸人奏议不可不亟为辑录也。”[③]《四库全书总目》此书提要亦云：“盖敷陈之得失，足昭法戒。而时代既近，殷鉴尤明。将推溯胜国之所以亡，与昭代之所以兴者，以垂训于无穷，故重其事也。”[④]

编选本朝奏议，目的在于因时制宜，就近取法。所谓五帝不相复，三代不相袭，本朝故事最为切实，不必舍近求远。赵汝愚《乞进〈皇朝名臣奏议〉劄子》云：“窃为自古以来，凡有国家者，莫不自有一代规模制度，其事切于时而易行，不必远寻异日之法。”[⑤] 王树敏《皇朝道咸同光奏议》序云：“前朝治迹或不宜今，近代治功最切于用，爰将道光以来迄于今兹臣工章奏采其尤者辑为一编。欲知治法，于此览观，未必非政学之一助也。”[⑥]

---

① （宋）赵汝愚编：《宋朝诸臣奏议》，上海古籍出版社1999年版，第1724页。

② （宋）徐自明撰，王瑞来校补：《宋宰辅编年录校补》卷十九《光宗皇帝》，中华书局1986年版，第1281页。

③ 《御选明臣奏议》，武英殿聚珍版。

④ （清）纪昀等撰：《钦定四库全书总目》卷五十五《钦定明臣奏议》，中华书局1997年版，第777页。

⑤ （宋）赵汝愚编：《宋朝诸臣奏议》，上海古籍出版社1999年版，第1724页。

⑥ （清）王延熙、王树敏辑：《皇朝道咸同光奏议》，上海久敬斋清光绪二十八年石印本，王树敏序。

编选历代奏议，目的在于尽采昌言，以助治政。明成祖永乐十四年(1416)，黄淮、杨士奇等奉敕编纂《历代名臣奏议》，收录自商、周至宋、元间两千余位历代名臣所上奏议八千余篇，共计350卷，规模之大实属罕见，被《四库全书总目》称为“古今奏议之渊海”①。此书崇祯八年刻本所载陈明卿序云：“明兴典籍，咸有文皇帝稽古作人，诏翰林儒臣黄公淮、杨公士奇采古直言，汇录成书，赐名《历代名臣奏议》，于是昌言毕张，赞治资化，足与《通鉴》《通考》二书比列矣。”又云：“书成进览时，上谓侍臣曰：致治之道，千古一揆，君能纳善，臣能尽忠，天下未有不治。观是书，见人君之量，人臣之直。为君者，以前贤之所言，作今日之耳闻；为臣者，以前贤事君之心为心，天下国家之福也。”②

其次，从编排体例来看，宋、明、清时期奏议总集的编纂或以事类为纲，或以时间为序，或以作者为目，旨在方便查阅。

赵汝愚《国朝诸臣奏议》是一部以事类为纲编纂的奏议总集，分门别类，排列有序。全书分为12门，依次为君道、帝系、天道、百官、儒学、礼乐、赏刑、财赋、兵、方域、边防、总议。门下又划分若干类，例如，君道门分为君道、帝学、政体、慈孝、恭俭、法祖宗、用人、广言路、勤政、听断、诏令、风俗等12类，总计83类。每类之下，以帝号为序依次收录诸臣奏议文。赵汝愚此书的编排体例是经过深思熟虑的，是在否定朱熹“以人为目”的建议后，根据“为经世者计”的编纂意图坚持己见所作的选择。《四库全书总目》此书提要云：“案《朱子语录》云：赵子直要分门编奏议。先生曰：‘只是逐人编好。因论旧编精义，逐人编自始终有意。今一齐节去，更拆散了，不见其全意矣’云云。今此集仍以门分，不以人分，不用朱子之说。盖以人而分，可以综括生平，尽其人之是非得失，为论世者计也。以事而分，可以参考古今，尽其事之沿革利弊，为经世者计也。平心而论，汝愚所见者大矣。”③《国朝诸臣奏议》这种以事类为纲的

① （清）纪昀等撰：《钦定四库全书总目》卷五十五《历代名臣奏议》，中华书局1997年版，第777页。

② （明）黄淮、杨士奇等辑，（明）张溥删正：《历代名臣奏议》，明崇祯八年刻本。

③ （清）纪昀等撰：《钦定四库全书总目》卷五十五《诸臣奏议》，中华书局1997年版，第776页。

编排体例对于明清奏议总集的编纂产生了重要的影响。明代张瀚《明疏议辑略》、张卤《嘉隆疏钞》、唐顺之《右编》、姚文蔚《右编补》、黄淮和杨士奇《历代名臣奏议》等奏议总集皆采用这一编排体例。清代曹本荣《奏议稽询》、平汉英《国朝名臣宏文》以及王延熙、王树敏《皇朝道咸同光奏议》等奏议总集亦遵奉这一体例。

从理论上讲，奏议总集采取以事类为纲的编排体例，可以方便读者集中查阅历代名臣对于某类事项的观点与建议，为快速处理同类政务提供参考借鉴。但是，要达到这一目的，需要编撰者具备高度的归纳与概括能力，将诸多事类项目设置得合理有序。如果门类设置过多，彼此交叉重叠，或者门类设置过少，涵盖内容太广，读者查阅起来则极为不便。此外，许多奏议文涉及的内容往往又并非单一事项，硬性归入某一门类也不尽合理。例如，黄淮、杨士奇所编《历代名臣奏议》以事为纲，分为67门，依次为：君德、圣学、孝亲、敬天、郊庙、治道、法祖、储嗣、内治、宗室、经国、守成、都邑、封建、仁民、务农、田制、学校、风俗、礼乐、用人、求贤、知人、建官、选举、考课、去邪、赏罚、勤政、节俭、戒佚欲、慎微、谨名器、求言、听言、法令、慎刑、赦宥、兵制、宿卫、征伐、任将、马政、荒政、水利、赋役、屯田、漕运、理财、崇儒、经籍、图谶、国史、律历、谥号、褒赠、礼臣下、巡幸、外戚、宠幸、近习、封禅、灾祥、营缮、弭盗、御边、夷狄。面对如此众多的名目，加之彼此之间的界限又缺乏明确界定，读者查找所需资料不免茫然失措。因而，四库馆臣批评《历代名臣奏议》编排体例曰："名目未免太繁，区分往往失当。"①

有鉴于此，清代奏议总集编纂者尝试创新，以吏、户、礼、兵、刑、工六部及其职能作为划分门类的依据，辅之以二级分类的方式，进一步完善以事类为纲的编排体例。例如，平汉英《国朝名臣宏文》收录清初名臣奏议文200余篇，共8卷，分别为内集、外集、吏集、户集、礼集、兵集、刑集、工集，每卷之中按人编排文章。王延熙、王树敏《皇朝道咸同光奏

① （清）纪昀等撰：《钦定四库全书总目》卷五十五《历代名臣奏议》，中华书局1997年版，第777页。

议》计64卷，设立治法、变法、时务、洋务、吏政、户政、礼政、兵政、刑政、工政10类，大类之下再分为若干小类，例如，治法又分为通论、君德、政本、用人、臣职5小类，共计64小类。贺长龄、魏源《皇清经世文编》选文700余家，2336篇，计120卷。全书分为八纲，包括学术、治体、吏政、户政、礼政、兵政、刑政、工政；下分子目，例如吏政之下再分为吏论、铨选、官制、考察、大吏、守令、吏胥、幕友8目，共计63子目。

清代奏议总集的编纂体例除以事类为纲外，还有以时间为序的编排方式，以两部官修奏议总集《皇清奏议》《御选明臣奏议》以及赵承恩所编《历代名臣奏议选》为代表。《皇清奏议》是乾隆年间由国史馆臣奉敕选录的一部清代奏议总集，本书依照时间先后顺序，编录顺治至光绪年间臣僚奏议文章。《御选明臣奏议》是乾隆四十六年皇子司奉敕编纂的一部明代奏议总集，同样以时间为序，从洪武至崇祯，按照明代纪年编入臣僚奏议，如有同时陈奏者，则以官阶大小排列。奏议总集以时间为序编排，可以避免以事类为纲的编排方式因分类不当而带来的查找困难，且方便掌握同一时期臣僚奏议的相互关联，更符合史家体例。清代同治十三年（1871），赵承恩《历代名臣奏议选》编就，此书是在明代黄淮、杨士奇所编《历代名臣奏议》的基础上重新辑录而成。与原书相比较，赵承恩《历代名臣奏议选》主要变更有三：一是篇目的增减，二是辅助性说明，三是体例的变更。在选文方面，赵书删去原书上古三代、秦代奏议，余者精挑细选，采择明于治道者选入，又补充明代名臣奏议189篇，总计收录汉代至明代365人奏议551篇。在辅助性说明方面，赵承恩为每篇奏议文拟加标题，介绍作者，添加按语，方便读者阅读掌握。在体例方面，赵承恩放弃了原书以事类为纲的编排方式，改以时间顺序，按照朝代变迁系文，以便读者体会奏议文包蕴的时代气象与历史变迁。

明清时期奏议总集的编纂体例中，还有少数以作者为目的情形，陈子龙等编撰的《皇明经世文编》即如此。《皇明经世文编》编纂于明崇祯十一年（1638），由陈子龙、徐孚远、宋征璧等人编选。此书收入明代424家文章3145篇，基本上是明代臣僚奏疏。《皇明经世文编》的编纂以作者为目，按人系文，依次为代言、奏疏、尺牍、杂文，类似于名家文集的编排方式。这种体例显然不便于从政者针对要解决的问题查找相应的奏议文章，所以遵奉者较少。贺长龄、魏源编纂《皇清经世文编》时就放弃了此种编排方式，改以事类为纲。

再次，从书目著录来看，宋、明、清时期奏议文集被视为兼具“集部”与“史部”双重属性，最终被清代四库馆臣划归史部。

奏议文是一种兼具政治性与文学性的古代文体，优秀的奏议文既切于治道，又彰显国华；既献可替否，又展露才情。因此，奏议文集往往兼具“史部”与“集部”双重属性，为书目著录带来困难与争议。《汉书·艺文志》所著录的书目中，涉及奏议文者有三：一是秦时大臣奏事及刻石名山文二十篇，一是武帝时《封禅议对》十九篇，一是石渠议奏总计一百五十五篇，皆依附于“六艺”。《隋书·经籍志》著录的奏议类文集则散见于史、子、集部。例如“史部”之“正史类”列有“《汉书驳议》二卷，晋安北将军刘宝撰”[①]；“刑法类”列有“《汉朝议驳》三十卷，应劭撰；《晋杂议》十卷；《晋弹事》十卷；《南台奏事》二十二卷；《汉名臣奏事》三十卷；《魏王奏事》十卷；《魏名臣奏事》四十卷，目一卷，陈寿撰；《魏台杂访议》三卷，高堂隆撰；《晋驳事》四卷”[②]；等等。“子部”之“儒家类”列有“《盐铁论》十卷，汉庐江府丞桓宽撰”[③]；“杂家类”列有“《谏林》五卷，齐晋陵令何翌之撰；《善谏》二卷，宋领军长史虞通之撰”[④]；等等。“集部”之“总集类”列有“《上法书表》一卷，虞和撰；《梁中表》十一卷，梁邵陵王撰；《山公启事》三卷；《范宁启事》三卷”[⑤]；等等。可见，在经、史、子、集四部分类法之下，奏议文的归属不免令人困惑。唐刘知几《史通·载言》云：“案迁、固列君臣于纪传，统遗逸于表志，虽篇名甚广而言无独录。愚谓凡为史者，宜于表志之外，更立一书。若人主之制册、诰令，群臣之章表、移檄，收之纪传，悉人书部，题为‘制册’‘章表书’，以类区别。他皆放此。亦犹志之有‘礼乐

① （唐）魏徵撰：《隋书》卷三十三《经籍志二》，中华书局1973年版，第954页。
② 同上书，第973页。
③ （唐）魏徵撰：《隋书》卷三十四《经籍志三》，中华书局1973年版，第997页。
④ 同上书，第1007页。
⑤ （唐）魏徵撰：《隋书》卷三十五《经籍志四》，中华书局1973年版，第1088页。

志'‘刑法志’者也。"[①] 刘知几认为史书中插入长篇文辞，与体制不合，主张将君主制诏与臣僚奏议从纪传中分离出来，单独立为一类。刘氏主张虽然只是针对史书体例而言，但却对于制诏、奏议类文章著录带来重要的启示。

宋代陈振孙《直斋书录解题》已将奏议类文章单独立类，称为“章奏”。此书原有的经史子集四部以及部序在明初就已亡佚，现在的通行本所见到的是直接分为五十三类目，包括“章奏”在内。元代马端临《文献通考》在此基础上，将“章奏”自立一门，居于集部之中。此书卷一百七十四“经籍考”分为经、史、子、集四部分，集部又分为赋诗、诗集、歌词、章奏、总集等门类。“章奏”名下注曰：“陈氏曰：凡无他文而独有章奏及虽有他文而章奏复独行者，亦别为一类。”[②] 著录奏议文集有《汉名臣奏》一卷、《陆宣公奏议》二十卷、《包孝素奏议》十卷等。

清代学者多以史学的眼光看待臣僚奏议，四库馆臣对于马端临将“章奏”归入集部的做法并不认同。《四库全书总目》将君主制诏与臣僚奏议列为一组，归入史部，曰“诏令奏议类”：

> 今总括群书，分十五类：首曰正史，大纲也。次曰编年，曰别史，曰杂史，曰诏令奏议，曰传记，曰史抄，曰载记，皆参考纪传者也。曰时令，曰地理，曰职官，曰政书，曰目录，皆参考诸志者也。曰史评，参考论赞者也。[③]

> 记言、记动，二史分司。起居注，右史事也，左史所录蔑闻焉。王言所敷，惟诏令耳。《唐志》史部初立此门。黄虞稷《千顷堂书目》则移制诰于集部，次于别集。夫涣号明堂，义无虚发，治乱得失，于

---

① （唐）刘知几撰，（清）浦起龙释：《史通通释》卷二《载言》，上海古籍出版社1978年版，第34页。

② （元）马端临撰：《文献通考》卷二百四十七《经籍七十四》，中华书局1986年版，第1949页。

③ （清）纪昀等撰：《钦定四库全书总目》卷四十五《史部总叙》，中华书局1997年版，第611页。

是可稽。此政事之枢机，非仅文章类也，抑居词赋，于理为亵。《尚书》誓诰，经有明征。今仍载史部，从古义也。《文献通考》始以奏议自为一门，亦居集末。考《汉志》载《奏事》十八篇，列《战国策》《史记》之间，附《春秋》末。则论事之文，当归史部，其证昭然。今亦并改隶，俾易与纪传互考焉。①

四库馆臣认为奏议文集虽有“总集”与“专集”（即“别集”）之分，但从文章性质来看，不宜入集部。君主诏令属于“政事之枢机”，臣僚奏议属于“论事之文”，二者不同于一般性文章，应合为一类，归入史部。四库馆臣的这种意见代表着当时学者对于奏议文集性质的普遍意见，私家目录亦多持此见。例如张之洞《书目答问》于史部亦设“诏令奏议类”，收录《陆宣公奏议》二十二卷、《包孝素奏议》十卷、《曾文正公奏议》十卷、《历代名臣奏议》三百五十卷、《明名臣奏议》二十卷、《皇朝经世文编》一百二十卷等。②

宋、明、清时期编纂的奏议类文章总集多冠之以“奏议”之名，特别是赵汝愚所编《国朝诸臣奏议》、黄淮和杨士奇所编《历代名臣奏议》、清代官修《御选明臣奏议》影响较大，皆以“奏议”命名，清代以《四库全书》为代表的书目著录也采用“奏议”这一称谓作为此类文集之总名。可见，“奏议”之名，已在这一时期此类文章的编辑与著录中得以确立。但是，从这些奏议文集的编辑意图、编排体例以及书目著录来看，奏议文在此被关注的主要是其政治意义与实用价值，而其文体分类与文体特点基本上被忽视，因而，这些文集在选文方面不免有所失误。黄淮、杨士奇所编《历代名臣奏议》尤其如此。

《历代名臣奏议》共计350卷，以其跨越时空之广、收文数量之多堪称明清奏议总集之巨擘。然而，此书编选目的在于辑录历代名臣政见以助治道，并不带有奏议文体辨析意识，所收文章不免杂驳不堪。此书不仅收

① （清）纪昀等撰：《钦定四库全书总目》卷五十五《诏令奏议类叙》，中华书局1997年版，第763页。

② （清）张之洞撰，范希曾补正：《书目答问补正》，上海古籍出版社2008年版，第95页。

录章、表、奏、议、疏、启、对策、封事、状、劄子等各种体裁的奏议文章，还将古代君臣对话，甚至先贤有关治国言论一并囊括其中。例如，“治道”门收有太公吕尚《论贤君治国》、尹逸《对成王问》、管仲《论圣人之所为》、孔子《论秦穆公》、晏子《论礼可以为国》、师旷《论人君之道》等。[①] 四库馆臣对此批评曰：“如文王、周公、太公、孔子、管仲、晏婴、鲍叔、庆郑、宫之奇、师旷、麦丘邑人诸言，皆一时答问之语，悉目之为奏议，则《尚书》飏言，何一不可采入？亦殊踳驳失伦。”[②] 此书命名为“名臣奏议”，但所收文章并不尽然。从选文来看，上奏者身份有平民，奏呈对象有诸侯，所收文章亦有与奏议无关者。例如，“慎刑”门所收淳于缇萦《上书求赎父刑》，“任将”门所收赵括母《括不可使将》，奏进者不是臣僚，更不能算作“名臣”；“经国”门所收诸葛亮《草庐对》不仅属于当面对语，其时刘备尚未称帝，只是诸侯而已，此书所收先秦时期的文章亦大多如此；“封建”门所收周青臣《进颂》，“用人”门所收王褒《圣主得贤臣颂》，是为颂体，而非奏议，“兵制”门甚至还收有唐太宗李世民《帝范》。由此可见，此书编者对于“奏议”的理解在于其政治功用而不拘于其真正的名分。四库馆臣将此书赞为“古今奏议之渊海”，认为其“采摭赅备”，但也特别指出此书的缺点在于“义例芜杂”。[③] 清人赵承恩在此书基础上，删减整编为《历代名臣奏议选》。其书自序云：“向读《历代名臣奏议》，喜其卷帙繁博，诚古今政治得失之林也；后稍猎涉诸史书及名臣专集，始觉其采取失当；其有可收录而未经收录者固多，其略无关系而滥为收入者亦往往有之。”鉴于此，编者自称“综合诸史，浏览各名臣集录及奏议之可存者，阅三载，共得三十卷，于前明杨士奇奉敕所编本稍变其义例”[④]。由此亦可见得《历代名臣奏议》选文之宽泛，体例之芜杂。

---

① 参见（明）黄淮、杨士奇编《历代名臣奏议》，上海古籍出版社 1989 年版。按，原书所收文章多无题目，现采用题目为今人补编。

② （清）纪昀等撰：《钦定四库全书总目》卷五十五《历代名臣奏议》，中华书局 1997 年版，第 777 页。

③ 同上。

④ （清）赵承恩编辑：《历代名臣奏议选》，江苏广陵古籍刻印社 1991 年版。

明清时期奏议文集的编纂规模空前，奏议文体研究也取得了重要成果。萧统《文选》之后，历代编选的文章总集层出不穷。例如，宋李昉《文苑英华》、宋姚铉《唐文粹》、宋吕祖谦《宋文鉴》、元苏天爵《元文类》、明程敏政《明文衡》、清庄仲方《宋文苑》等，这些文章总集对于奏议类文体皆分体收录。中国古代文体研究发展至明代，以广收详列为特色，极尽爬梳与区分之能事，对于奏议类文体辨析尤为如此。吴讷编著《文章辨体》，分为内集与外集两部分：内集收录古体诗文，共五十卷；外集收录骈体、律诗、词，共五卷。该书总计涉及文体五十九类，不仅选文，且作辨析，对于每一类文体的名称、特点、源流等皆有细致论说，因而不仅是一部文章总集，更成为一部重要的文体论著作。稍后，徐师曾在此书基础上编著《文体明辨》八十四卷，收文一百二十七类，进一步增广、改进；贺复徵又在二书基础上编著《文章辨体汇选》七百八十卷，收文一百三十二类，再作大幅度扩展。在奏议文体辨析方面，吴讷《文章辨体》涉及“制策”“表”“论谏”“奏疏”“议”“弹文”等，徐师曾《文体明辨》罗列“章”“表”“奏疏”“策”“议”等。贺复徵《文章辨体汇选》对于奏议类文体的辨析则更为细密，例如，此书文体分类既有“上书”，复立“上言”，尽管此类文体仅收汉贾山《至言》一篇而已。明代这三部文体论著作对于包括奏议文在内的各种文体细致研讨，重在辨析，却缺乏整体性概括与归并，因而不免流于琐屑。四库馆臣讥之曰：“千条万绪，无复体例可求，所谓治丝而棼者欤。”[①] 但是，从另一方面来看，这些细致的考辨工作也为后来清代的文体研究打下了重要的基础。正如《四库全书总目》卷一百八十九《文章辨体汇选》提要云：“意其卷帙既繁，稿本初脱，未经刊定，不能尽削繁芜。然其别类分门，搜罗广博，殆积毕生心力抄撮而成，故坠典秘文，亦往往有出人耳目之外者。且其书秘存抄本，传播甚稀，录而存之，固未始非操觚家由博返约之一助尔。”[②]

---

① （清）纪昀等撰：《钦定四库全书总目》卷一百九十二《文体明辨》，中华书局 1997 年版，第 2693 页。

② （清）纪昀等撰：《钦定四库全书总目》卷一百八十九《文章辨体汇选》，中华书局 1997 年版，第 2653 页。

清代文体研究在明人研究的基础上开始注重整体性归并与概括，讲求分门立类，以纲带目，以矫《文选》“分类碎杂”之弊。奏议文体研究亦如此。清人储欣在明代茅坤《唐宋八大家文钞》的基础上编辑《唐宋八大家全集》，又辑录《唐宋十大家类选》。《唐宋十大家类选》收文不再以人统之，而是分门别类。全书设立六大门类，每类包含文体若干，共计三十体：

> 奏疏第一：书、疏、劄子、状、表、四六表；
> 论著第二：原、论、议、辨、解、说、题、策；
> 书状第三：启、状、书；
> 序记第四：序、引、记；
> 传志第五：传、碑、志、铭、墓表；
> 词章第六：箴、铭、哀辞、祭文、赋。

储欣此书将奏议类文章冠以“奏疏”之名，其中包括“书”“疏”“劄子”“状”“表”“四六表”等，单独立为一类，与前人相比，无疑具有开创性。但其分类亦有不当之处，例如“论著”门类中之“议”“策”亦属奏议类。实际上，储欣关于奏议的文体分类思路直接承袭明代吴讷与徐师曾之观念。吴讷《文章辨体》“奏疏”条云：“迨乎孝文，开广言路，于是贾山献《至言》，贾谊上《政事疏》。自时厥后，进言者日众。或曰上疏，或曰上书，或曰奏劄，或曰奏状。虑有宣泄，则囊封以进，谓曰封事，考之于史可见矣。”[①] 徐师曾《文体明辨》“奏疏”条云：“按奏疏者，群臣论谏之总名也。奏御之文，其名不一，故以奏疏括之也。”[②] 吴讷与徐师曾都将“上疏”“奏劄”“奏状”等文体归入“奏疏”一类，而将“议”“策”单独出来，储欣无疑认同并承袭了这一观念。所不同者，吴讷与徐师曾亦将“表”与“奏疏”分立，储欣则将“表”归入“奏疏”一类，此为新

---

① （明）吴讷、（明）徐师曾：《文章辨体序说，文体明辨序说》，人民文学出版社 1962 年版，第 39 页。

② 同上书，第 123 页。

的发展。此外，储欣关于文体分类虽有创建，但此书选文仅限于唐宋十家，影响不免较弱。

储欣之后，文集编纂采用分门立类之法愈加多见。姚鼐《古文辞类纂》出，奏议文最终得以立类、定名。姚氏之“奏议”观念为曾国藩、王先谦、黎庶昌、吴曾祺等文章选家所承袭，中国古代奏议文研究体系得以确立。

第二节　《古文辞类纂》之“奏议”观念及其影响

“奏议”作为明确的文体类概念提出，始于姚鼐《古文辞类纂》（下或简称《类纂》）。姚氏40岁辞官，主讲扬州梅花书院，因诸生问为文之法，遂编纂此书以示。此后数十年，姚氏以《类纂》教人，亦时时修订，终成一家之言。[①] 林纾云：“独惜抱先生沉酣于古文近六十年，获成是书，心力瘁矣。蜀中赵先生侍御，称是书为姚氏学。余曰：‘惟姚氏始有是学，他氏恶能有者。’”[②] 姚氏《类纂》在清代文人间影响甚巨，曾国藩《经史百家杂钞》、王先谦《续古文辞类纂》、黎庶昌《续古文辞类纂》、吴曾祺《涵芬楼古今文钞》皆踵之，姚氏之“奏议”观念也在这些选家的文章选集中得以承袭与深化。

作为清代名噪一时的古文选本，姚鼐《古文辞类纂》之前有《古文约选》。《古文约选》是清雍正十一年（1733），以和硕果亲王名义为八旗子弟入官学者编纂的一部古文读本，实乃出自方苞之手。此书约选两汉书疏以及唐、宋八家之文刊而布之，奏议文占有较大比重。例如“两汉书疏”共选49篇，其中，奏议文30篇，涉及疏、对策、议、封事、表、奏等多种文体。方苞选文重视奏议，本人亦长于此类文章之写作。《曾文正公读书录》“望溪文集”条云：“此疏（按：方苞《矫除积习兴起人材劄子》）

① 参见吴孟复、蒋立甫主编《古文辞类纂评注》，安徽教育出版社2004年版，《吴孟复序》，第3页。

② （清）姚鼐纂集，徐树铮集评：《诸家评点古文辞类纂》，都门印书局中华民国五年铅印本，林纾序。

阅历极深，四条皆确实可行，而文气深厚，则国朝奏议中所罕见。”[①] 遗憾的是，《古文约选》未见编选者明确的“奏议”观念，选文亦未从文体之别，仅依年代及作者次第排列而成。

姚鼐《古文辞类纂》不仅按文体分门别类，而且标新立异。萧统《文选》立类三十九，其文体分类及排列次第多为后世文章选家所遵奉，《文苑英华》《唐文粹》《宋文鉴》《元文类》《文章辨体》《明文衡》《文体明辨》《明文在》等均沿袭不改。《文选》在姚氏家学中亦有重要地位，姚氏本人也于此受益匪浅。然而，姚氏对于《文选》的文体分体颇为不屑：“昭明太子《文选》，分体碎杂，其立名多可笑者。后之编集者，或不知其陋而仍之。”[②] 因而，姚氏《类纂》之分体立名绝不盲从《文选》：

> 其类十三，曰：论辨类，序跋类，奏议类，书说类，赠序类，诏令类，传状类，碑志类，杂记类，箴铭类，颂赞类，辞赋类，哀祭类。[③]

《类纂》归并文体纲举目张，排序亦有主见。在历代《文选》类文集中，“赋”基本上列于首类，姚氏却将其置于次末位；按照尊卑有序之原则，历代《文选》类文集总是将“诏令”置于“奏议”之前，姚氏《类纂》则正相反。

姚氏《类纂》立类十三，“奏议类”居目次第三，分上、下两编，上编十卷，下编四卷。《类纂》选文总计768篇，奏议类选83篇，属大宗，占全书十分之一强。其中，战国至三国时期选文52篇，唐宋时期选文31篇。在《古文辞类纂》序目中，姚氏明确提出“奏议”之概念：

> 奏议类者，盖唐、虞、三代圣贤陈说其君之辞，《尚书》具之矣。周衰，列国臣子为国谋者，谊忠而辞美，皆本谟、诰之遗，学者多诵

① （清）曾国藩撰：《曾文正公读书录》，大达图书供应社1936年版，第189页。

② （清）姚鼐纂：《古文辞类纂》《序目》，中华书局四部备要本，第7页。

③ 同上书，第1页。

之。其载《春秋》内、外传者不录，录自战国以下。汉以来有表、奏、疏、议、上书、封事之异名，其实一类。惟对策虽亦臣下告君之辞，而其体少别，故置之下编。两苏应制举时所进时务策，又以附对策之后。①

据此，姚氏认为：

1. 奏议文即“臣下告君之辞”；

2. 奏议文源于唐、虞、三代圣贤陈说其君之辞，《尚书》之谟、诰为其雏形，《春秋》《国语》亦与之相关；

3. 奏议文“谊忠而辞美”，方为佳篇；

4. 奏议类包括表、奏、疏、议、上书、封事、对策等名目；

5. 对策是奏议类特殊一体。

姚鼐关于奏议文的起源、特点、分类以及写作要求均有明确意见，主要贡献有三：

1. 奏议文之立类。

与明代《文体明辨》之类文章总集琐屑的奏议文体罗列不同，姚氏《类纂》始立“奏议类”，不仅将表、奏、疏、议、上书、封事、对策等名目归并其中，考此书收录之文，奏议类还包括对、劄子等。自此，奏议类文章在文体分类方面终于有了确定的门类，较之前人研究实属高屋建瓴、纲举目张。姚永朴《文学研究法》卷上“门类”云：“总集古以《文选》为美备。……苏子瞻题之云：‘恨其编次无法，去取失当。’亦不可谓尽诬。盖文有名异而实同者，此种只当括而归之一类中，如骚、七、难、对问、设论、辞之类，皆词赋也；表、上书、弹事，皆奏议也；……此等昭明皆一一分之，徒乱学者之耳目。自是以后，或有以时代分者，或有以家数分者，或有以作用分者，或有以文法分者，众说纷纭，莫衷一是。自惜抱先生《古文辞类纂》出，辨别体裁，视前人乃更精审。其分类凡十有三：曰云云。举凡名异实同与名同实异者，罔不考而论之。分合出入之

① （清）姚鼐纂：《古文辞类纂》《序目》，中华书局四部备要本，第2页。

际，独厘然当于人心。乾隆、嘉庆以来，号称善本，良有以也。"① 周振甫先生《〈文心雕龙〉译注》云："刘勰把章表、奏启、议对分为三篇，是分得比较琐碎的。像表可以陈政事，如诸葛亮《出师表》；奏也可以陈政事，如晁错《言兵事》；议也可以陈政事，如蔡邕《伐鲜卑议》；表可以讲礼法，如孔稚珪《上新定法律表》；议也可讲礼法，如孔融《肉刑议》；奏也可讲礼法，如蔡邕之奏朝仪。因此，《古文辞类纂》把它们合为奏议类，是比较恰当的。"②

2. 奏议文之定名。

中国古代关于奏议类文章的命名有多种称谓。例如，宋陈振孙《直斋书录解题》将此类文章单独立类，称为"章奏"；元马端临《文献通考》在此基础上，将"章奏"自立一门，置于集部之中。又如，明代编纂的奏议总集也多以"奏疏""疏钞"命名，徐师曾《文体明辨》"奏疏"条亦云："按奏疏者，群臣论谏之总名也。奏御之文，其名不一，故以奏疏括之也。"③ 清储欣《唐宋十大家类选》也使用"奏疏"作为此类文章之文类名称。比较而言，姚鼐采用"奏议"一词作为此类文体之总名，更具代表性和影响力。

在中国古代社会，臣僚辅佐君主、参政议政的方式主要有二：一是主动提出奏请，一是参与朝廷论议。"奏议"一词，与臣僚之参政方式正相吻合。以宰相职权为例。祝总斌先生认为，关于宰相的职权，最主要的是议政权和监督百官执行权。其中，议政权主要有两种方式：第一种是由宰相根据统治需要，主动提出新的政策、措施和用人方案，报请皇帝批准；第二种是由皇帝根据情况，主动提出新的政策、措施和用人方案，征求宰相意见，最后再由皇帝裁断。④ 相比之下，在徐师曾、储欣等文体分类中，

① 姚永朴撰：《文学研究法》卷上《门类》，商务印书馆中华民国二十二年版，第33页。

② （南朝梁）刘勰著，周振甫译注：《〈文心雕龙〉译注》，江苏教育出版社2005年版，第354页。

③ （明）吴讷、（明）徐师曾：《文章辨体序说，文体明辨序说》，人民文学出版社1962年版，第123页。

④ 参见祝总斌《两汉魏晋南北朝宰相制度研究》，中国社会科学出版社1990年版，第26—29页。

“奏疏”指群臣论谏之文，却将“议”体文排斥在外，并与之并列，显然是有缺憾的。

在中国古代奏议类文体研究、文集编纂、书目著录中，“奏议”一词作为此类文章总名的用法较为多见，且多具影响力。魏晋时期，曹丕《典论·论文》是中国文学批评史第一篇专门论文。关于文体，曹丕提到四科八种，首列“奏议”。唐代陆贽是德宗时期重要宰辅，其政务文章为后世龟鉴，为历代宝重。陆贽文集被古人视为一部非常重要的奏议别集，通行本名曰《陆宣公奏议》。宋代赵汝愚所编《国朝诸臣奏议》是中国古代篇幅最为繁巨的本朝奏议文汇编，明黄淮、杨士奇所编《历代名臣奏议》是中国古代规模最大的一部历代奏议总集，清代官修《御选明臣奏议》是中国古代影响较大的一部前朝奏议选集，三部重要的奏议类总集皆以“奏议”题名。清代学者编撰的《四库全书总目》是中国古代目录学的重要成果，其分类法对于后世影响很大，此书关于奏议类文集的著录同样采用“奏议”这一称谓作为文类总名。

姚鼐《古文辞类纂》立“奏议类”，采用“奏议”一词命名此类文章，颇有见识。“奏议”之名，终得以立。此后，文章选家多沿袭不改。

3. 奏议文之辨析。

与明代黄淮、杨士奇所编《历代名臣奏议》之类奏议文集单纯罗列文章不同，姚氏《类纂》不仅归并文类，而且重在辨析。姚氏指出，奏议文即“臣下告君之辞”，其本质特征在于“君臣名分”，这一本质特征遂成为辨析“奏议类”与“书牍类”之关键所在：

> 书说类者，昔周公之告召公，有《君奭》之篇。春秋之世，列国士大夫或面相告语，或为书相遗，其义一也。战国说士，说其时主，当委质为臣，则入之奏议；其已去国，或说异国之君，则入此编。①

姚氏认为，奏议为“臣下告君之辞”，撰文者为臣子，行文对象为君

① （清）姚鼐纂：《古文辞类纂》《序目》，中华书局四部备要本，第3页。

主，二者构成委质与策命关系。如果撰写者“已去国”，或“说异国之君”，其文则属于“书说”，而非“奏议”。从《类纂》选文来看，战国时期《乐毅报燕惠王书》属于臣子“已去国”，《黄歇说秦昭王》属于臣子“说异国之君”，均入“书说类”；西汉邹阳《谏吴王书》《狱中上梁王书》，枚乘《说吴王书》《复说吴王书》归入“书说类”，不入“奏议类”，则是将诸侯与君主区分开来，究其名分。

《古文辞类纂》“奏议类”分上、下两编，之所以如此，姚氏认为“对策”虽为臣下告君之辞，而“其体少别”，宜分而列之，故置之下编，且将苏轼、苏辙应制举时所进时务策附对策之后。“对策”是中国古代录取人材的考核方式之一，和一般奏议文不同。从文体形式来看，一般奏议文是奏请论议，对策则是因问而对。然而，《类纂》“奏议类”上编收有东方朔《化民有道对》与贾捐之《罢珠厓对》，从形式上看，也是因问而对。同样是因问而对，如何分入上、下两编呢？宋真德秀《跋黄君汝宜廷对策后》云：“以布衣造天子之廷，亲承大问，此君臣交际之始也。一时议论所发，可以占其平生。”[①] 对策者以布衣之身对扬王庭，尚不具备臣子资格，须待对策圆满，委以官职，彼此才拥有君臣名分。然而，古代策问与对策又是在君臣名义下拟题与对答的，所以，对策者与君主拥有虚拟的君臣名分，此为对策与一般奏议文的区别所在。姚氏将对策独立于奏议类下编，可见文体辨析之精微。

姚鼐《古文辞类纂》从立类、定名、辨析诸方面，为奏议文研究建立了坚实的理论体系。此后，曾国藩、王先谦、黎庶昌、吴曾祺等在此基础上编选文集，承袭并发展姚氏有关奏议理论，将中国古代奏议文体研究继续向前推进。

姚氏《类纂》之后，曾国藩《经史百家杂钞》（下或简称《杂钞》）又是一部颇具影响的文章选集，二者有明确的承袭关系。与姚氏《类纂》相比较，曾氏《杂钞》主要变更有二：一是在门类上将姚氏十三类更易为十一类（去除姚氏所立“赠序”，增补“叙记”“典志”，将姚氏所立“颂

① （清）陈梦雷编纂，（清）蒋廷锡校订：《古今图书集成》第64册文学典，卷一百五十九“策部艺文”，中华书局、巴蜀书社1985年版，第77383页。

赞”“箴铭”附入“词赋”之下编，将姚氏所立“碑志”附入“传志”之下编），以著述、告语、记载三门统之，成为明确的二级分类系统；二是在选文方面扩大姚选的范围，兼及经、史、子，每类必以六经冠其端，以彰其源。

曾国藩对于奏议文颇为重视，其同治二年四月初一日《致沅弟书》中有云：“奏议是人臣最要之事。”① 作为晚清时期政界颇具影响力的人物，曾氏本人曾撰写大量奏议文，并有奏议别集传世。在曾国藩所编《经史百家杂钞》中，奏议选文57篇，为数亦不少。“奏议类”在曾氏《杂钞》中系于告语门，位于“诏令类”之后，“书牍类”与“哀祭类”之前。这一排序方式与姚氏《类纂》不同，回归萧统《文选》分类传统，依照君尊臣卑、先生后死之顺序。其《序例》云：

> 奏议类：下告上者。经如《皋陶谟》《无逸》《召诰》，及《左传》季文子、魏绛等谏君之辞皆是；后世曰书、曰疏、曰议、曰奏、曰表、曰劄子、曰封事、曰弹章、曰牋、曰对策皆是。②

在“奏议之属”中，曾氏所选57篇文章与姚氏所选83篇相同者42篇，新入15篇。其中，13篇为《类纂》所无，2篇从《类纂》他类移入。新选13篇，有《尚书》之《无逸》，《左传》之《季文子谏纳莒仆之辞》《魏绛谏伐戎之辞》《薳启彊谏耻晋之辞》，汉魏至唐增选9篇，这些文章均未背离姚选之原则，属于“臣下告君之辞”。新移入的两篇文章是邹阳《谏吴王书》和《狱中上梁王书》。姚氏将这两篇文章归入“书说类”，因其行文对象是诸侯而非君主；曾氏将其归入“奏议”而非“书牍”，亦有其理由。曾氏将“奏议之属”定位为“下告上”，“书牍之属”定位为“同辈相告”，邹阳之谏吴王，显然不能作“同辈相告”，只得入“下告上”之“奏议之属”。在这一点上，曾氏并非有意与姚氏相左，实属其分类原则所限。

① （清）李翰章编纂，李鸿章校勘，宁波等校注：《足本曾文正公全集》第八部《家书》，吉林人民出版社1995年版，第5413页。

② （清）曾国藩纂：《经史百家杂钞》《序例》，中华书局四部备要本，第1页。

在“上告下”之“诏令之属”，亦存在相似的情况。马援《诫兄子书》与郑玄《戒子书》，皆属“上告下”而与“君主诏令”同入一类，同样，曾氏自然不会认为“家书”就是“诏令”。值得注意的是，乐毅《报燕惠王书》一文，姚氏归入“书说”，因撰文者“已去国”，不存在“君臣关系”，因而不属于“臣下告君之辞”。曾氏对此原本并不赞同：

> 桐城姚姬传郎中鼐，所选《古文辞类纂》，嘉道以来，知言君子，群相推服，谓学古文者，永诸是而足矣。国藩服膺有年，窃见其中亦小有疵误，兹摘举于左：
>
> 论辨类：……
>
> 书说类：乐毅《报燕惠王书》，应入奏议。①

然而，在编选《杂钞》时，曾氏最终还是将此文归入“书牍”，未入“奏议”，视为“同辈相告”，不存在上下之关系。可见，曾氏对于“奏议”的理解基本与姚氏相同，只是在选文范围与编选分类方面稍有差异。姚氏奏议观念强调“君臣名分”，曾氏亦承袭并有所发挥。从《杂钞》所收文章的分类方式来看，曾氏更强调人伦秩序。赵逵夫先生云：“曾国藩这种划分的一个突出特点是注重文章使用传播中的人我关系，体现出很强的伦理性。可以说，它最集中地体现了中国传统文体分类的特征。”② 曾国藩在《经史百家杂钞》序例中明确谈到，此书与姚氏《类篹》“论次微有异同，大体不甚相远，后之君子以参观焉”③。黎庶昌《续古文辞类篹》目序亦云：“曾氏之学，盖出于桐城，固知其与姚先生之旨合，而非广己于不可畔岸也。”④

姚鼐《古文辞类篹》之后，王先谦、黎庶昌均有续作踵之，其“奏议”观念亦承袭之。王先谦《续古文辞类纂》序云：

---

① （清）曾国藩撰：《曾文正公读书录》，大达图书供应社1936年版，第190页。
② 赵逵夫：《〈中国文章分类学研究〉序》，《西北民族学院学报》2000年第1期。
③ （清）曾国藩纂：《经史百家杂钞》《序例》，中华书局四部备要本，第1页。
④ （清）黎庶昌纂：《续古文辞类篹》《目序》，中华书局四部备要本，第6页。

惜抱《古文辞类纂》开示准的，赖此编存，学者犹知遵守。余辄师其意，推求义法渊源，采自乾隆迄咸丰间，得三十八人，论其得失，区别义类，窃附于姚氏之书，亦当世著作之林也。后有君子，以览观焉。[①]

王氏谨遵姚篹体例，续书亦设论辨、序跋、奏议、书说、赠序、诏令、传状、碑志、杂记、箴铭、赞颂、辞赋、哀祭等十三类，每类必先云姚书所收篇数，再列续收之文，只是奏议、说、诏令、颂、辞赋等文类均未续选。其例略中云：

奏议类元八十三，续无。今之奏议，要在明切事理。古义美辞，所弗尚也。体既专行，不入兹录。[②]

可见，在王氏看来，姚氏"奏议"所收之文上自战国、下迄唐宋，业已完备；后世奏议虽存，然不可与之为伍。其所不续，恰恰是对于姚氏奏议观念之认同。

黎庶昌对于姚鼐、曾国藩二位前辈的学识、眼界与选文推崇备至："姚先生兴于千载之后，独持灼见，总括群言，一一衡量其高下，铢黍之得，毫厘之失，皆辨析之，醇驳较然，由是古今之文章，谬悠殽乱，莫能折衷一是者，得姚先生而悉归论定。""至湘乡曾文正公出，扩姚氏而大之，并功、德、言为一涂，挈揽众长，轹归掩方，跨越百氏，将遂席两汉而还之三代，使司马迁、班固、韩愈、欧阳修之文，绝而复续，岂非所谓豪杰之士，大雅不群者哉！盖自欧阳氏以来，一人而已。"[③] 黎氏编纂《续古文辞类篹》二十八卷，收文四百四十九篇，此书目序云："皆以补姚氏姬传《古文辞类篹》所未备也。"[④]

黎庶昌远宗姚惜抱，近师曾国藩，所编续书在体例上遵姚氏之体，又以

① （清）王先谦纂：《王氏续古文辞类纂》《原序》，世界书局1937年版，第1页。
② （清）王先谦纂：《王氏续古文辞类纂》《原纂例略》，世界书局1937年版，第1页。
③ （清）黎庶昌纂：《续古文辞类篹》《目序》，中华书局四部备要本，第6页。
④ 同上。

曾氏《杂钞》广收经、史、子为法，整合二家而成。续书分三编，上编录经、子，中编录史，下编收方苞、刘大櫆前后之文。各编皆以姚氏《类纂》目次为基准，参之以曾氏《杂钞》进行调整。各编皆收“奏议”，排序遵姚氏《类纂》，列于“论辨”“序跋”之后，“书说”“诏令”之前。续书上编之奏议类补入《尚书》与《左传》文4篇，正是曾氏《杂钞》奏议类所补之文，可见，黎氏之书又踵武曾氏，参照《杂钞》以补《类纂》；中编之奏议类补入《史记》《汉书》所收文章9篇；下编之奏议类补入清人近作若干。中下编所补之文，绝大多数与姚氏、曾氏之奏议观念相同，属于“臣下告君之辞”，唯有一篇例外。黎氏续书中编收有《史记》之《伍被谏淮南王》，若据姚氏、曾氏分类，此文如同邹阳《谏吴王书》与《狱中上梁王书》，应入“书说”或“书牍”，不该入“奏议”。况且，黎氏续书中编之“书说”类，收入《史记》之《郦生说齐王》、《汉书》之《薄昭予淮南厉王书》，与姚氏、曾氏观念相同，独以《伍被谏淮南王》入“奏议”，此处未免失之。

关于王氏、黎氏两部续书，吴孟复先生《桐城文派述论》有言：

> 就两《续古文辞类纂》言，体例不同之处，其实亦即“桐城”“湘乡”宗旨之分。王先谦所选，体例更近于姚氏原意。(1) 黎氏上、中两篇，皆姚氏所未录者。姚氏选此书先后四十年，正如黎氏所云“铢黍之得，毫厘之失，皆辨析之”；既知如此，又何必选其所未录者？(2) 就清代言，奏疏本为公牍，辞赋已成俗体（四六），姚氏于汉以后未录辞赋，宋以后未收奏疏，正是古文与时文之异。看来，王氏不选，亦更合于姚意。后人之读黎《续古文辞类纂》，实亦只读其下篇，即方、刘以后之作。[①]

吴先生所论，颇有见地。如果将姚氏与曾氏视为不同之“桐城”与“湘乡”两派，王氏、黎氏所选续书确实分别承袭之。对于“奏议”而言，曾氏所持观念与姚氏并无抵牾，那么，王氏、黎氏两续书在这一观念上亦无

① 吴孟夏：《桐城文派述论》，安徽教育出版社2001年版，第160页。

重大分歧。

清宣统二年（1910），吴曾祺《涵芬楼古今文钞》（下或简称《文钞》）一百卷由上海商务印书馆出版。此书收文数量丰硕，辨析文体细密，为清代文章总集以及文体论研究之重要收获。吴氏选文具有鲜明的辨体意识。《涵分楼文谈·辨体》云："作文之法，首在辨体。"①《涵芬楼古今文钞》例言云："文章之体，因时代而殊，或古有而今无，或古无而今有，或名同而实固异，或名异而实固同，体制既繁，别裁宜审。是集选自上古之时，迄于国朝同光之间而止，为文八千余篇，分为百帙，条分缕析，以类相从，名曰《涵芬楼古今文钞》。"② 此书在门类设置方面，追踵姚鼐《古文辞类篹》：

> 自来选本存者，以梁昭明为最著，艺林传诵，奉为科律。顾其中分类之法，殊乏条理。后来如《唐文粹》《宋文鉴》《南宋文录》《金文雅》《明文在》诸书，大都祖其绪馀，无能起而更正。独国朝桐城姚惜抱先生出，于是数千年未发之蕴，灿然大明。湘乡曾文正公著《经史百家杂钞》，少有更易，而大致初不相远。是集凡分十三类，一以姚氏《古文词类纂》为法。③

《文钞》遵《类篹》体例，选文分为论辨、序跋、奏议、书牍、赠序、诏令、传状、碑志、杂记、箴铭、颂赞、辞赋、哀祭十三类，立类与排序皆同于姚书。④ 不仅如此，吴氏《文钞》于十三大类之下又设子目二百一十三类，且逐一细密甄别。吴氏云："姚氏之书，为高材说法，故每类中揭

① （清）吴曾祺撰：《涵芬楼文谈》《辨体》，商务印书馆中华民国二十二年版，第 12 页。

② （清）吴曾祺纂：《涵芬楼古今文钞》《例言》，商务印书馆清宣统二年铅印本，第 1 页。

③ 同上。

④ 立类稍有不同者，吴曾祺《涵芬楼古今文钞》将姚鼐《古文辞类篹》"书说"一类改为"书牍"，系采用曾国藩《经史百家杂钞》之例。吴氏《文钞》例言云："'书说'一门，系姚氏创立，盖专以收战国时策士之语。然举实而言，皆史家取其一时问答之词，而被以文采，与书迥不相类。且此种文字，只见于七雄之世，此后绝不复闻。观近人王氏、黎氏，皆有续类纂之刻，而屏去说类不录，固亦有见及此。今之改为书牍者，亦此意也。"［（清）吴曾祺纂：《涵芬楼古今文钞》《例言》，商务印书馆清宣统二年铅印本，第 2 页。］

其大凡，未及细目，读者或不尽涣然。窃谓教人之法，宁易勿难，宁拙勿巧。今特于每类之中，因其为体之异，别为子目，凡二百一十三。读者依其求之，其于作文之道，思过半矣。"① 其《涵芬楼文谈·辨体》亦云："然姚氏之书，第举其纲，而未详其目。余不自揆，始著《涵芬楼古今文钞》凡百卷，于各类之中，各加以子目，或数种，或十余种，或数十种。虽附丽之法，不敢谓毫无疑义，而其所遗者，固已少矣。大凡辨体之要，于最先者，第识其所由来；于稍后者，当知其所由变。故有名异而实则同，名同而实则异；或古有而今无，或古无而今有：一一为之考其源流，追其派别，则于数千年间体制之殊，亦可以思过半矣。"② 《文钞》这一做法，无疑又具有明代文体研究的细密特色。由此可见，吴氏《文钞》之编选体例实整合明清两代文体研究成果，既分门别类综而括之，又广收详列析而论之，体现了集大成的特色。

在奏议文体研究方面，吴曾祺《涵芬楼古今文钞》亦为明清之集大成者。此书之《文体刍言》云：

奏议类：此为臣告君之词，《尚书》此类文甚多，《左传》及《国语》《国策》亦皆有之。惟古人语质，并不设奏疏诸名称，后世体制日增，盖亦不胜其繁矣。今所列者，必正君臣之分，于义始称。其有所告在先而后乃为之臣，与既为之臣旋去之者，则所陈仍入之书牍内，不与此为类，以示区别。其用之私家者，亦不在此例。叙奏议类第三，为目二十八：曰奏、曰议、曰驳议、曰谥议、曰册文、曰疏、曰上书、曰上言、曰章、曰书、曰表、曰贺表、曰谢表、曰降表、曰遗表、曰策、曰折、曰劄子、曰启、曰牋、曰对、曰封事、曰弹文、曰讲义、曰状、曰谟、曰露布，其余为附录。③

---

① （清）吴曾祺纂：《涵芬楼古今文钞》《例言》，商务印书馆清宣统二年铅印本，第1页。

② （清）吴曾祺撰：《涵芬楼文谈》《辨体》，商务印书馆中华民国二十二年版，第13页。

③ （清）吴曾祺纂：《涵芬楼古今文钞》《文体刍言》，商务印书馆清宣统二年铅印本，第6页。

关于“奏议文”，吴氏在姚氏有关论说的基础上进一步明确了两点：

1. 奏议文必正君臣之分。

姚鼐论说奏议文体，已注意到此类文章所包含的君臣名分。《古文辞类篹》序目云：“战国说士，说其时主，当委质为臣，则入之奏议；其已去国，或说异国之君，则入此编（按：书说）。”[①] 吴曾祺对此深表认同，并进一步探讨了“名分”在“奏议”与“书牍”二类文体判定中的决定性作用。《文体刍言》“书牍类”云：“刘彦和云：‘战国之前，君臣同书。’盖其时上与下则谓之书，下与上亦谓之书，所谓同也。其后名分既严，两不相假。其得入书牍类者，则仅仅用之尊贵，及自敌以下而已。”[②] 至于奏议，吴氏云：“今所列者，必正君臣之分，于义始称。其有所告在先而后乃为之臣，与既为之臣旋去之者，则所陈仍入之书牍内，不与此为类，以示区别。”[③] 在“书牍类”选文方面，乐毅《报燕惠王书》属于“既为之臣旋去之者”，文种《矢书答吴王》、苏代《遗燕昭王书》与《自齐献书燕王》皆属于撰写者与行文对象间并未存在君臣关系，因而《文钞》一并将其归入书牍类。

“牋”，作为一种古代文体，吴氏《文钞》之“书牍类”与“奏议类”皆有。吴氏云：书牍类之“牋，字亦作‘笺’，本奏记之类，上太子、诸王多用之。魏有繁钦、吴质各致魏文帝牋，梁有任昉百辟劝今上牋，核其时代，盖皆在未临御之先，与体初无不合。至若晋简文帝有《遗会稽王牋》，是上之于下亦用之，此特偶然耳，未可为典要也”[④]。这里提到繁钦、吴质二人致魏文帝牋，梁任昉百辟劝今上牋，属于“有所告在先而后乃为之臣”，因而亦不入“奏议类”。关于奏议类之“牋”，吴氏云：“魏晋时多此体，然上之太子、诸王而已，不以施之奏御也。今于元文中得数篇，竟与贺表同用，非古义也。”[⑤] 可见，吴氏区别“奏议类”之“牋”与“书牍类”之“牋”的标准

① （清）姚鼐纂：《古文辞类篹》《序目》，中华书局四部备要本，第 3 页。

② （清）吴曾祺纂：《涵芬楼古今文钞》《文体刍言》，商务印书馆清宣统二年铅印本，第 9 页。

③ 同上书，第 6 页。

④ 同上书，第 10 页。

⑤ 同上书，第 8 页。

非常明确，就在于文章撰写者与行文对象间是否具有“君臣名分”。

2. 奏议文必为进御之文。

吴曾祺《涵芬楼古今文钞》诠释“奏议类”之“奏”云：“奏，进也，取进御之意，详《尚书》‘敷奏以言’之义。本以达之天子为言，然后世之称奏事，称奏记，称奏书，亦有不尽达之天子者。今各视其所用为断。”① 吴氏认为，奏议文“必正君臣之分，于义始称”，“君臣名分”即奏议文之内在属性，其外在表现则是“进御”。“进御”，或称为“奏御”，在吴氏文体论中频频出现，成为区别奏议文与一般性“用之尊贵者”“用之私家者”的文章界限所在。

试比较此书立类之同名者：

“奏议类”之“议”：“录自秦以后，至后人刻集，或谓之奏议，或谓之疏议。盖名异而实未尝不同。今特依当日所称，随类附入。说已见之论辨类。”② 此类选文有李斯《议废封建》等。

“论辨类”之“议”：“古之议者，不过采取众言，不必有文字也。以议名文，似远在论之后。今之所采者，以三国为始。凡私家所作，则入之此，其用以奏御者不与。”③ 此类选文有诸葛亮《正议》④ 等。

“奏议类”之“上书”：“凡致之尊长者，皆有此称。今惟取进御者入之。始于战国，盛于汉，自元明以后不复见。”⑤ 此类选文有李斯《上书秦始皇》《上书言赵高》《狱中上书》，东方朔《上武帝书》、司马相如《上书谏猎》等。

“书牍类”之“上书”：“与书相类，而用之尊贵者以此为多。今惟别

① （清）吴曾祺纂：《涵芬楼古今文钞》《文体刍言》，商务印书馆清宣统二年铅印本，第6页。

② 同上书，第7页。

③ 同上书，第3页。

④ 《三国志·蜀书·诸葛亮传》：“亮集曰：是岁，魏司徒华歆、司空王朗、尚书令陈群、太史令许芝、谒者仆射诸葛璋各有书与亮，陈天命人事，欲使举国称藩。亮遂不报书，作《正议》曰云云。”［（西晋）陈寿撰：《三国志》卷三十五《蜀书·诸葛亮传》，中华书局1959年版，第918页注二。］

⑤ （清）吴曾祺纂：《涵芬楼古今文钞》《文体刍言》，商务印书馆清宣统二年铅印本，第7页。

其非进御者录之。"[1] 此类选文有邹阳《狱中上书自明》《上书吴王》、枚乘《上书谏吴王》《上书重谏吴王》、江统《诣建平王上书》等。

"奏议类"之"策"："策，简也，书其所言于简，故以策为名。多系应试之作，故为之试策。董江郎《天人三策》，其最古者。唐宋以后，传者实多。更有明为对策之文，而不谓之策者，盖多平日为之，以备应试之用。观《白香山文集》中，已有此作。今以名为策者入之策上，不名为策者入之策下。"[2]

"论辨类"之"策"："本论事之作，而用之奏对者为多，故宜列之奏议中。今取各家所私作及试之有司者，列之于此。"[3] 此类选文有徐旭旦《拟平楚万言策》、曹一士《保举策》等。

"奏议类"之"启"："汉避景帝之讳，故此体不见。魏晋以后盛行。其首则曰'臣某启'，末则曰'臣某谨启'，大略相似。其始尚或用以奏御，唐以下则第施之尊贵而已。今择非奏御之作，入之书牍类。"[4]

"书牍类"之"启"："魏晋间于启之首尾，多云'某启''某谨启''某启闻'，此乃一定之体。或又谓之启事，史称'山公启事'是也。用骈俪者居多。用之奏御者，不入此类。"[5]

"奏议类"之"对"："《礼》'史进象笏，书思对命'，对之义古矣。宋玉之《对楚王问》，盖设为问答之词，如《卜居》《渔父》之属，非其类也。自汉以来，其体始立。惟《文心雕龙》有《议对》一篇，即以策问当之。然策多应试所作，与寻常奏对又有不同，今特于策之外别为一体。"[6] 此类选文有晁错《贤良对》等。

"论辨类"之"对问"："奏议类有对问一体，皆对君之辞，与策相似。今取朋友师弟之间相与问答者，别为此体。《文苑英华》谓之'问答'，义

---

① （清）吴曾祺纂：《涵芬楼古今文钞》《文体刍言》，商务印书馆清宣统二年铅印本，第10页。

② 同上书，第8页。

③ 同上书，第3页。

④ 同上书，第8页。

⑤ 同上书，第11页。

⑥ 同上书，第8页。

同。宋玉《对楚王问》一篇，人之设论中，说见上。”[①] 此类选文有董仲舒《粤有三仁对》《两雹对》等。

《涵芬楼古今文钞》例言云：“文体之分，易于混乱，抉择之际，颇费苦心。如议一也，一入之论辨类，一入之奏议类；书一也，一入之诏令类，一入之奏议类，一入之论辨类，一入之书牍类。如此之类，不一而足，皆名称相同，而词气迥别。读者以意求之，亦可以知其大概矣。”[②] 以上所列同名之文体“议”“上书”“策”“启”“对”等，凡属“进御者”皆入“奏议类”，凡属“私作”或“用之有司”“用之朋友师弟之间者”则不入，此其“词气迥别”之缘故所在。又如“杂记类”之“笏记”：“古者人臣有所建白之事，则先书之于笏，备遗忘也。《礼》所云‘史进象笏，书思对命’，其来久矣，然其文不多见也。”[③] 笏记之文，书之于笏，用于人臣建白之事，与“进御”有关。但笏记仅用于“备遗忘”，并非上呈君主之文书，亦不得入奏议类。由此可见，吴氏区分文体标准之谨严。

吴曾祺《涵芬楼古今文钞》兼具明清两代文体研究之长，对于中国古代文体综而括之、析而论之，虽有可商榷之处，但其价值不容低估。就奏议文体研究而言，吴氏分门立类，选文示范，辨析文体，指陈源流，特别是秉承姚氏有关理论，将“君臣名分”与“进御性”视为区分奏议与相关文体的主要依据，可谓抓住奏议文本质特征，为中国古代奏议文研究带来重要贡献。

要言之，隋唐以降，中国古代官僚政治制度进一步发展，奏议文在这一历史进程中发挥着重要的政治功能，同时也在文集编纂与文体研究方面取得丰硕成果，其文体概念与文体特征逐渐明确化。姚鼐《古文辞类纂》出，“奏议”作为明确的文体概念终得以立，姚氏“奏议”观念遂为曾国藩、王先谦、黎庶昌等选家所承袭且深化，至吴曾祺《涵芬楼古今文钞》明确揭示奏议文文体特征，进一步完善了中国古代奏议文之研究。

---

① （清）吴曾祺纂：《涵芬楼古今文钞》《文体刍言》，商务印书馆清宣统二年铅印本，第3页。

② （清）吴曾祺纂：《涵芬楼古今文钞》《例言》，商务印书馆清宣统二年铅印本，第1页。

③ （清）吴曾祺纂：《涵芬楼古今文钞》《文体刍言》，商务印书馆清宣统二年铅印本，第19页。

第四章

奏议文与相关文体辨析

奏议文属于中国古代公牍文范畴。褚斌杰先生《中国古代文体概论》云："公牍文，就是指古代朝廷、官府通常所使用的公事文，亦简称'公文'。公文，一般可分为上行公文与下行公文两大类，上行公文主要是指臣下给帝王的上书；下行公文主要是指帝王给臣民的旨令。"① 谢楚发先生认为："公牍，即公文，也就是公事往来文件之总称。古代的公文，名目繁多。从其发送的对象看，大致可以分为三类：一是用于上级对下级的，统称为诏令类；二是用于下级对上级的，统称为奏疏类；三是用于平行机构的，统称为公移类。"② 奏议文与制诏类文书行文方向互逆，但二者又有密切关联；奏议文与吏民上书同属古代上行公文，但二者又有明确界限。连珠是中国古代文章特殊一体，原为奏议旁枝，后失其进御属性，成为纯粹的美文。本章就奏议文与制诏、上书、连珠等相关文体试作辨析，以参照探寻奏议文之文体功能与文体特征。

第一节　制诏与奏议

制诏者，君主训下之辞也。《史记·秦始皇本纪》云："（君主）命为

---

① 褚斌杰：《中国古代文体概论》，北京大学出版社 1990 年版，第 450 页。

② 谢楚发：《散文》，人民文学出版社 1994 年版，第 195 页。

‘制’，令为‘诏’。”[①] 蔡邕《独断》云：“汉天子正号曰‘皇帝’，自称曰‘朕’，臣民称之曰‘陛下’，其言曰‘制诏’。”[②] 制诏，又有“诏令”“诏策”等相近称谓。姚鼐《古文辞类纂》立“诏令类”，曾国藩《经史百家杂钞》、吴曾祺《涵芬楼古今文钞》皆承袭之。吴氏云：“诏令者，上告下之词，其体盖多见于《尚书》。然《尚书》不闻有二者之称，至秦始有之。后世则诏专属之王言，令则上下共之。”[③] “诏令类”不仅包括君主训下之辞，还包括令、教等诸侯、臣僚告下之辞。刘勰《文心雕龙》立“诏策”，王命之外，亦附戒、教等。[④] 鉴于此，笔者选择使用“制诏”与“奏议”相对而称，其子目包括制、诏、册、策问、谕告、玺书、批答、御札、敕文等，皆为君命。制诏与奏议在古代公牍文中最为显要，一为君主下行文书，一为臣僚上行文书，二者看似截然不同，实有密切关联。

一　制诏与奏议之关联

从文体生成来看，制诏与奏议同根同源，二者孕育于同一母体，确立于同一时代。

先秦时代，随着国家的出现与官制的初建，君主统辖天下之辞命与臣工辅弼王庭之进言皆在政务运行系统中生成、历练，制诏与奏议因而得以孕育。《尚书》作为现存最古老的政事资料汇编，收录了上古三代君臣之间训下告上之辞，对于制诏与奏议之生成有重要影响，被视为二者之共同源头：

> 刘勰《文心雕龙·宗经》：“诏、策、章、奏，则《书》发其源。”[⑤]

---

① （汉）司马迁撰：《史记》卷六《秦始皇本纪》，中华书局1959年版，第236页。

② （汉）蔡邕撰：《独断》，丛书集成初编本，中华书局1985年版，第1页。

③ （清）吴曾祺纂：《涵芬楼古今文钞》《文体刍言》，商务印书馆清宣统二年铅印本，第12页。

④ 参见（南朝梁）刘勰著，詹锳义证《文心雕龙义证》卷四《诏策》，上海古籍出版社1989年版，第722页。

⑤ （南朝梁）刘勰著，詹锳义证：《文心雕龙义证》卷一《宗经》，上海古籍出版社1989年版，第78页。

鲁迅《汉文学史纲要》："《书》之体例有六：曰典，曰谟，曰训，曰诰，曰誓，曰命，是称六体。然其中有《禹贡》，颇似记，余则概为训下与告上之词，犹后世之诏令与奏议也。"①

春秋战国时期，君臣间政务文书皆以"书"为载体，没有明显的上行文与下行文之别。《文心雕龙·书记》云："战国以前，君臣同书。"黄叔琳《文心雕龙辑注》云："如乐毅报燕王，燕王谢乐间，上下无别，同称书也。"② 章学诚《文史通义·书教上》亦云："上古简质，结绳未远，文字肇兴，书取足以达微隐通形名而已矣。因事命篇，本无成法，不得如后史之方圆求备，拘于一定之名义者也。"③ 制诏与奏议皆孕育于先秦时代之政治文化环境，"书"这一泛称遂在二者文体名目中留下深深烙印。制诏类有"制书""诏书""玺书"等，奏议类有"奏书""上书"等，亦可见二者之同源。

秦帝国建立，嬴政称皇帝，百官受命各司其职，上下尊卑有序。秦代君臣名位正式确立，明确的隶属关系与严格的等级秩序带入文书，结束了以往"君臣同书"的历史。秦代规定，皇帝命为"制"，令为"诏"，此类文体遂有明确的文体名称、使用范围与撰写规范。《史记·秦始皇本纪》引《正义》云："制诏三代无文，秦始有之。"④ 与此同时，秦王庭奏议制度确立，臣僚奏请、议事皆有法度，奏议文写作亦有章法。《文心雕龙·章表》："秦初定制，改书曰奏。"⑤ 至此，上古三代所孕育的君主训下之辞与臣僚告君之辞截然划界，尊君抑臣的政治理念使二者有鲜明的行文差异。同为秦帝国君臣名位确立下官僚政治制度之产物，制诏与奏议两类文体由此得以生成。

---

① 鲁迅：《汉文学史纲要》，上海古籍出版社 2005 年版，第 6 页。

② （南朝梁）刘勰撰，（清）黄叔琳注，（清）纪昀评：《文心雕龙辑注》卷五《书记》，中华书局 1957 年版，第 263 页。

③ （清）章学诚著，叶瑛校注：《文史通义校注》卷一《书教上》，中华书局 1985 年版，第 30 页。

④ （汉）司马迁撰：《史记》卷六《秦始皇本纪》，中华书局 1959 年版，第 237 页注一一。

⑤ （南朝梁）刘勰著，詹锳义证：《文心雕龙义证》卷五《章表》，上海古籍出版社 1989 年版，第 826 页。

从文书运行来看，制诏与奏议的传达与审核属同一机构之职能，此机构亦因之成为帝国官僚政务系统之中枢。

战国时期，列国普遍设“御史”一职，执掌记事之外，亦负责文书传递。例如，《战国策·赵二》载张仪为秦连横说赵王书，曰：“弊邑秦王使臣敢献书于大王御史。”①《战国策·韩一》载张仪为秦连横献韩王书，曰：“是故秦王使使臣献书大王御史，须以决事。”② 秦代在此基础上设“御史大夫”，提高御史地位，成为“三公”之一，汉因之。《汉书·百官公卿表上》云：“御史大夫，秦官，位上卿，银印青绶，掌副丞相。”③ 御史大夫辅佐丞相处理政务以及监察百官举劾不法，其中包括执掌制诏与奏议的传达与审核。汉初，起草、核查、传达皇帝制诏与收受、审核、上呈公卿奏议，主要为御史大夫执掌。汉代许多王命皆有“制诏御史”字样，例如：

其后二岁，或言曰周兴而邑立后稷之祠，至今血食天下。于是高祖制诏御史：“其令天下立灵星祠，常以岁时祠以牛。”④

（缇萦）书奏天子（文帝），天子怜悲其意，遂下令曰：“制诏御史：盖闻有虞氏之时，画衣冠异章服以为戮，而民弗犯，何治之至也！……”⑤

景帝二年，制诏御史：“故相国萧何，高皇帝大功臣，所与为天下也。今其祀绝，朕甚怜之。其以武阳县户二千封何孙嘉为列侯。”⑥

至于孝武，以诸侯王疆土过制，或替差失轨，而子弟为匹夫，轻

---

① （汉）刘向集录：《战国策》卷十九《赵二·张仪为秦连横说赵王》，上海古籍出版社1985年版，第649页。

② （汉）刘向集录：《战国策》卷二十六《韩一·张仪为秦连横说韩王》，上海古籍出版社1985年版，第934页。

③ （汉）班固撰：《汉书》卷十九上《百官公卿表上》，中华书局1962年版，第725页。

④ （汉）班固撰：《汉书》卷二十五上《郊祀志上》，中华书局1962年版，第1211页。

⑤ （汉）班固撰：《汉书》卷二十三《刑法志》，中华书局1962年版，第1098页。

⑥ （汉）班固撰：《汉书》卷三十九《萧何传》，中华书局1962年版，第2012页。

重不相准，于是制诏御史："诸侯王或欲推私恩分子弟邑者，令各条上，朕且临定其号名。"①

三岁，宣帝下诏曰："制诏御史：其以贤良高第扬州刺史霸为颍川太守，秩比二千石，居官赐车盖，特高一丈，别驾主簿车，缇油屏泥于轼前，以章有德。"②

丰以春夏系治人，在位多言其短。上（元帝）徙丰为城门校尉，丰上书告光禄勋周堪、光禄大夫张猛。上不直丰，乃制诏御史："城门校尉丰，前与光禄勋堪、光禄大夫猛在朝之时，数称言堪、猛之美。……"③

所谓"制诏御史"，系皇帝授意御史大夫起草诏书，草诏经皇帝认可后，再由御史大夫核查通过并作为正式文件逐级下达有关部门。汉初，公卿百官奏议亦由御史大夫负责收受并转呈皇帝，此系御史府行使其监察权方式之一。《汉书·百官公卿表上》云，御史大夫属官"一曰中丞，在殿中兰台，掌图籍秘书，外督部刺史，内领侍御史员十五人，受公卿奏事，举劾按章"④。御史中丞居殿中，通过收受公卿奏章，检查、发现并举劾其中过失，发挥其监察职能。

西汉武帝时，尚书辅政职能日显，御史大夫传递、审核文书之执掌逐渐转归尚书。凡群臣奏议上呈、皇帝制诏下达皆由尚书机构独掌，遂有"尚书百官之本，国家枢机"之说⑤。西汉中期以后，臣僚奏议经尚书转呈，领尚书事者有权审核所奏内容，决定是否上奏。《汉书·魏相传》云："故事诸上书者皆为二封，署其一曰副，领尚书者先发副封，所言不善，

① （汉）班固撰：《汉书》卷十五上《王子侯表上》，中华书局1962年版，第427页。
② （汉）班固撰：《汉书》卷八十九《循吏传》，中华书局1962年版，第3629页。
③ （汉）班固撰：《汉书》卷七十七《诸葛丰传》，中华书局1962年版，第3251页。
④ （汉）班固撰：《汉书》卷十九上《百官公卿表上》，中华书局1962年版，第725页。
⑤ （汉）班固撰：《汉书》卷九十三《佞幸传》引萧望之语，中华书局1962年版，第3727页。

屏去不奏。”[①]《后汉书·明帝纪》载明帝诏书云：“先帝诏书，禁人上事言圣，而间者章奏颇多浮词，自今若有过称虚誉，尚书皆宜抑而不省，示不为谄子蚩也。”[②] 与此同时，尚书亦负责起草、下达皇帝制诏，成为王命传达百官贯彻执行之枢纽。对于所下达的制诏文书，尚书留有存档，以备查考。东汉以后，尚书台建立，职权日益扩展，遂发展成为总领纲纪、无所不统的权力机构。除转呈、审核文书外，尚书还参与制诏拟定与奏议批复。《唐六典》卷一云：“光武亲总吏职，天下事皆上尚书，与人主参决，乃下三府。”[③]《后汉书·韦彪列传》云：“天下枢要，在于尚书。”[④]曹魏时期，尚书机构正式独立，发展成为尚书省，与相继而起的中书省与门下省共同构成隋唐三省制之预演。在这一历史进程中，尚书独揽大权的局面被打破，制诏与奏议的运作更为复杂，分工更为细密。大体而言，制诏由中书草拟，经门下审议通过，交尚书执行；奏议由尚书上奏，亦须经过门下审核签署。三省机构职责明确，彼此制衡，遂为国家机要之司。

从文体功能来看，制诏与奏议皆有鲜明的政治性、工具性，是古代帝国官僚政务系统得以顺畅运行的基本保障，二者因此往往被归并一类。

《论衡·别通篇》云：“萧何入秦，收拾文书，汉所以能制九州者，文书之力也。以文书御天下，天下之富，孰与家人之财?”[⑤]“以文书御天下”不仅是汉帝国行政运作的基本方式，也是中国古代官僚政治制度之基本特征。这里所说的“文书”即国家律令与政务文件，君主制诏与臣僚奏议是其主体。所谓“以文书御天下”有两层意义：其一，运用文书实施行政管理和政治统治。在帝国官僚制度行政运作中，利用文书处理政务是日常工作之主要方式，须臾不可或缺。奏议是臣僚参政议政的主要方式，制诏是国家大政方针得以贯彻执行的强制手段，二者皆有鲜明的政治性、工具性。离开此类文书的运作，官僚政务系统之运行便不可想象。刘邦《手敕

① （汉）班固撰：《汉书》卷七十四《魏相传》，中华书局 1962 年版，第 3135 页。
② （南朝宋）范晔撰：《后汉书》卷二《明帝纪》，中华书局 1965 年版，第 109 页。
③ （唐）李林甫等撰：《唐六典》卷一《尚书都省》，中华书局 1992 年版，第 6 页。
④ （南朝宋）范晔撰：《后汉书》卷二十六《韦彪列传》，中华书局 1965 年版，第 918 页。
⑤ 黄晖撰：《论衡校释》卷十三《别通篇》，中华书局 1990 年版，第 591 页。

太子》曰："吾生不学书，但读书问字而遂知耳。以此故大不工，然亦足自辞解。今视汝书，犹不如吾。汝可勤学习，每上疏宜自书，勿使人也。"[①] 刘邦告诫太子勤于学习，特别指出上疏应自书，不可使人代作。作为储君，不仅应该精通制诏，更要谙熟奏议，二者支撑政务系统运行，其实一也。其二，利用存档文书辅助决策，解决面临问题。对于皇帝而言，英明决策是其君临天下且长治久安的重要保障，制诏的颁布不能凭一己主观臆断，应来自对于现实情况的准确把握，而臣僚奏议无疑是皇帝制诏所需要的真实信息的主要来源。对于臣僚而言，奏议是其辅翼王庭的重要手段，不仅要为君主提供真实准确的信息，还要在此基础上进献解决问题的策略方案。存档文书无疑是辅助决策之重要参考来源。试举一例。据《魏书·元子思列传》，北魏建制，御史台与尚书台之尊卑高下、职权所属不明，二府因此多有矛盾。孝庄初，元子思任御史中尉，与尚书部门发生摩擦，于是上奏：

案《御史令》云："中尉督司百僚；治书侍御史纠察禁内。"又云："中尉出行，车辐前驱，除道一里，王公百辟避路。"时经四帝，前后中尉二十许人，奉以周旋，未曾暂废。府寺台省，并从此令。唯肃宗之世，为临洮举哀，故兼尚书左仆射臣顺不肯与名，又不送簿。故中尉臣郦道元举而奏之，而顺复启云："尚书百揆之本，令仆纳言之贵，不宜下隶中尉，送名御史。"寻亦蒙敕，听如其奏。从此迄今，使无准一。

臣初上台，具见其事，意欲申请决议，但以权兼，未宜便尔。日复一日，遂历炎凉。去月朔旦，台移尚书，索应朝名帐，而省稽留不送。寻复移催并主吏，忽为尚书郎中裴献伯后注云："案旧事，御史中尉逢台郎于复道，中尉下车执板，郎中车上举手礼之。以此而言，明非敌体。"臣既见此，深为怪愕。旋省二三，未解所以。正谓都省别被新式，改易高祖旧命，即遣移问，事何所依。又获尚书郎中王元旭

① （清）严可均校辑：《全上古三代秦汉三国六朝文》《全汉文》卷一，中华书局 1958 年版，第 130 页。

报，出蔡氏《汉官》，似非穿凿。始知裴、王亦规坏典谟，两人心欲自矫。臣案《汉书·宣秉传》云，诏征秉为御史中丞，与司隶校尉、尚书令俱会殿庭，并专席而坐，京师号之为三独坐。又寻《魏书·崔琰传》、晋文阳□《傅嘏传》，皆云既为中丞，百僚震悚。以此而言，则中丞不揖省郎盖已久矣，宪台不属都堂，亦非今日。又寻《职令》云："朝会失时，即加弹纠。"则百官簿帐，应送上台，灼然明矣。又皇太子以下违犯宪制，皆得纠察，则令仆朝名宜付御史，又亦彰矣。不付名至，否臧何验？臣顺专执，未为平通，先朝曲遂，岂是正法？

谨案尚书郎中臣裴献伯、王元旭等，望班士流，早参清宦，轻弄短札，斐然若斯，苟执异端，忽焉至此。此而不纲，将隳朝令。请以见事免献伯等所居官，付法科处。尚书纳言之本，令仆百揆之要，同彼浮虚，助之乖失，宜明首从，节级其罪。[1]

元子思认为御史中尉掌监察权，皇太子以下违犯宪制皆得纠察，尚书令仆概莫能外，所谓"尚书公事不应送御史"之说法非也。其论据来源有三，一为《御史令》《职令》等成文法规，一为《汉书》《魏书》等历史史料，一为郦道元等人奏议。此文上奏，诏曰："国异政，不可据之古事。付司检高祖旧格，推处得失以闻。"[2] 孝庄皇帝对此批复，认为古事不足为据，应参考高祖时旧格，遂以子思所议为是。所谓"旧格"，即前代旧例，主要指既定律令、君主制诏以及臣僚奏议等。

秦汉以后，制诏与奏议的存档工作历来极受重视，这些文书作为"旧格""故事"被收存建档，以备查考。制诏与奏议皆有政治性、工具性，具有同等参考价值，因而往往被视为一类。唐刘知几《史通·载言》云："案迁、固列君臣于纪传，统遗逸于表志，虽篇名甚广而言无独录。愚谓凡为史者，宜于表志之外，更立一书。若人主之制册、诰令，群臣之章表、移檄，收之纪传，悉入书部，题为'制册''章表书'，以类区别。他

① （北齐）魏收撰：《魏书》卷十四《元子思列传》，中华书局 1974 年版，第 353 页。
② 同上书，第 354 页。

皆放此。亦犹志之有‘礼乐志’‘刑法志’者也。”① 刘知几认为史书中插入长篇文辞，与体制不合，建议将君主制诏与臣僚奏议独立出来，归为一类。刘氏主张虽不曾在史书中得以实现，古代文体学、目录学却将其付诸实施。萧统《文选》在文体排序上，将制诏类、奏议类前后相属，后世遂奉为鹄的。明代，吴讷《文章辨体》与徐师曾《文体明辨》之文体排序皆如此。目录学方面，《四库全书总目》将制诏与奏议列为一组，归入史部，曰“诏令奏议类”：

> 记言、记动，二史分司。起居注，右史事也，左史所录蔑闻焉。王言所敷，惟诏令耳。《唐志》史部初立此门。黄虞稷《千顷堂书目》则移制诰于集部，次于别集。夫涣号明堂，义无虚发，治乱得失，于是可稽。此政事之枢机，非仅文章类也，抑居词赋，于理为亵。《尚书》誓诰，经有明征。今仍载史部，从古义也。《文献通考》始以奏议自为一门，亦居集末。考《汉志》载《奏事》十八篇，列《战国策》《史记》之间，附《春秋》末。则论事之文，当归史部，其证昭然。今亦并改隶，俾易与纪传互考焉。②

四库馆臣将诏令、奏议合为一类，并入史部，看到了这两类文章具有相同的文体功能，所谓“此政事之枢机，非仅文章类也”。这种意见代表明清时期目录学之共识，私家目录亦多持此见，例如张之洞《书目答问》亦设“诏令奏议类”。

从文体风格来看，制诏威严专断，奏议谦卑恭顺，二者截然相反，但在某些情形下，二者文风又相互转化。

制诏与奏议自秦代确立就形成明确的尊君抑臣的行文风格。制诏来自皇帝，代表着帝国最高权力者的意志，赋予无可争辩的权威性与强制性，

---

① （唐）刘知几撰，（清）浦起龙释：《史通通释》卷二《载言》，上海古籍出版社 1978 年版，第 34 页。

② （清）纪昀等撰：《钦定四库全书总目》卷五十五《诏令奏议类叙》，中华书局 1997 年版，第 763 页。

语气专断，不容置疑，令行禁止，不容违背。奏议来自臣下，献给至高无上的君主，态度恭顺，语气谦卑，不允许有任何大不敬。秦代规定，群臣上书，称“昧死”，以示谦卑，文中如遇“皇帝”等特殊文辞还必须提行，以示敬意，后世因之。不仅如此，奏议文提及皇帝制诏，多称“圣主明君”，云“发德音，下明诏”，欲进言献策，多云“臣愚不足采”“唯明主察焉”，有功归于主上，言“非愚臣之所能及”，无过亦云“死罪死罪”等。

但是，在某些特殊情形下，制诏与奏议的行文风格亦有变化。例如，制诏类有“罪己诏”，遭遇日食、地震、淫雨、饥馑等灾异，皇帝下诏罪己，语气谦卑，沉痛自责，以求上天宽宥，臣民拥戴。奏议中又有直言强谏者，特别是灾异上封事，对策论得失，谏者直言皇帝过失，言辞激切，多具锋芒，甚至无所忌讳。董文武先生《廿二史札记》译注云，据二十五史记载，中国古代共有 79 位皇帝下过罪己诏，其中汉朝 15 位，数量最多。[①] 至于直言强谏，历代不乏其例，无法计数。赵翼《廿二史札记》“汉诏多惧词”与“上书无忌讳”引录甚详，论说精彩，兹不避烦冗，全文录之：

> 文帝诏曰：“朕以不敏不明，而久临天下，朕甚自愧。”又诏曰：“间者岁比不登，朕甚忧之。愚而不明，未达其咎。”元帝诏曰：“元元大困，盗贼并兴，是皆朕之不明，政有所亏，咎至于此。朕甚自耻，为民父母，若是之薄，谓百姓何！”又诏曰：“朕晻于王道，靡瞻不眩，靡听不惑，是以政令多违，民心未得。”东汉明帝诏曰：“朕承大运，继体守文，不知稼穑之艰难，惧有废失。若涉渊冰而无舟楫，实赖有德左右小子。”又诏曰：“比者水旱不时，边人食寡，政失于上，人受其咎。”章帝即位，诏曰：“朕以无德，奉承大业，夙夜战慄，不敢荒宁，而灾异仍见，与政相应。朕既不明，涉道日寡，又选举乖实，俗吏伤人，官职耗乱，刑章不中，可不忧欤！”岐山得铜器，

① （清）赵翼撰，董文武译注：《廿二史札记》，中华书局 2008 年版，第 21 页。

诏曰："今上无明天子，下无贤方伯，民之无良，相怨一方，斯器曷为来哉！"和帝诏曰："朕奉承鸿烈，阴阳不和，水旱违度，而未获忠言至谋所以匡救之策。寤寐永叹，用思孔疚。"又诏曰："比年不登，百姓虚匮，京师去冬无雪，今春无雨，黎民流离，困于道路。朕痛心疾首，靡知所济，瞻仰昊天，何辜今人？"安帝诏曰："朕以不德，不能兴和降善，灾异蜂起，寇贼纵横，百姓匮乏，疲于征发。朕以不明，统理失中，亦未获忠良，以毗阙政。"顺帝诏曰："朕涉道日寡，政失厥中，阴阳气隔，寇盗肆暴，忧瘁永叹，疢如疾首。"以上诸诏，虽皆出自继体守文之君，不能有高、武英气，然皆小心谨畏，故多蒙业而安。两汉之衰，但有庸主，而无暴君，亦家风使然也。

贾谊《治安策》，愿文帝"生为明帝，没为明神。使顾成之庙，称为太宗，上配太祖，与天无极"。又曰："若畜乱宿祸，使万年之后，传之老母弱子，将使不宁，不可谓仁。"是直谓帝必早崩于太后之前，太子未成人之时也。又谷永奏成帝曰："汉兴九世百九十余岁，继体之主七，皆顺承天道。至陛下独违道纵欲，轻身妄行，积失君道，不合天意，亦已多矣。为人后嗣，守人功业如此，岂不负哉！"刘向奏成帝亦曰："陛下为人子孙，而令国祚移于外家，降为皂隶，纵不为身，奈宗庙何？"此等狂悖无忌讳之语，敌以下所难堪，而二帝受之，不加谴怒，且叹赏之，可谓盛德矣。然文帝以谊所言分封王国子弟等事，多见之施行。成帝则徒叹向之忠，而不能收外家之权，卒至日后篡夺之祸，是徒受直言亦无益也。[①]

二 奏议向制诏之转化

"称制"是皇帝之特权，只有皇帝才拥有此项权力，他人擅用便是一种大逆不道的僭越行为。《汉书·淮南厉王长传》云刘长"不用汉法，出

① （清）赵翼著，王树民校证：《廿二史札记校证》卷二《史记，汉书》，中华书局1984年版，第42、48页。

人警跸，称制，自作法令”①，《南粤王赵佗传》云赵佗“乃乘黄屋左纛，称制，与中国侔”②，皆为谴责语。制诏为王命，奏议为臣言，二者泾渭分明。然而，制诏以相关奏议为制定依据，奏议以转化制诏为价值实现，二者密切关联。臣僚奏议的目的是向君主反映情况，提出建议，只有为君主采纳，并以制诏形式下达、落实，其价值使命才得以实现。换言之，奏议必转化为制诏，在政务运行中以王命形式颁布执行，臣僚才能实现辅翼王庭之使命。奏议转化为制诏有两种方式，且分而论之。

《史记·秦始皇本纪》云：“赵高说二世曰：‘先帝临制天下久，故群臣不敢为非，进邪说。今陛下富于春秋，初即位，奈何与公卿廷决事？事即有误，示群臣短也。天子称朕，固不闻声。’于是二世常居禁中，与高决诸事。”③ 赵高所言，旨在愚主以窃皇权，其言奏效，固然在于二世愚昧，但此论亦持之有据。《吕氏春秋·任数》云：“古之王者其所为少，其所因多。因者君术也，为者臣道也。为则扰矣，因则静矣。因冬为寒，因夏为暑，君奚事哉？故曰：君道无知无为，而贤于有知有为，则得之矣。”④《淮南子·主术训》亦云：“故古之王者，冕而前旒，所以蔽明也；黈纩塞耳，所以掩聪；天子外屏，所以自障。故所理者远，则所在者迩；所治者大，则所守者小。”⑤ 由此可见，秦末之际，君道无为之观念已渐寖广。

西汉初期，黄老之学盛行，主张君道无为，臣道有为。《淮南子·主术训》云：“人主之术，处无为之事，而行不言之教：清净而不动，一度而不摇，因循而任下，责成而不劳。是故心知规而师傅谕导，口能言而行人称辞，足能行而相者先导，耳能听而执正进谏。”⑥ 此风之下，皇帝很少直接颁布诏令，一般先由朝中宰辅设计方案并提出奏请，再由君主批准并以制诏形式下达执行。《史记·曹相国世家》云：

① （汉）班固撰：《汉书》卷四十四《淮南厉王长传》，中华书局1962年版，第2136页。
② （汉）班固撰：《汉书》卷九十五《南粤王赵佗传》，中华书局1962年版，第3848页。
③ （汉）司马迁撰：《史记》卷六《秦始皇本纪》，中华书局1959年版，第271页。
④ 高诱注：《吕氏春秋》卷十七《任数》，中华书局1954年版，第205页。
⑤ 何宁撰：《淮南子集释》卷九《主术训》，中华书局1998年版，第606页。
⑥ 同上书，第605页。

（曹）参子窋为中大夫。惠帝怪相国不治事，以为“岂少朕与”？乃谓窋曰：“若归，试私从容问而父曰：‘高帝新弃群臣，帝富于春秋，君为相，日饮，无所请事，何以忧天下乎？’然无言吾告若也。”窋既洗沐归，间侍，自从其所谏参。参怒，而笞窋二百，曰：“趣入侍，天下事非若所当言也。”至朝时，惠帝让参曰：“与窋胡治乎？乃者我使谏君也。”参免冠谢曰：“陛下自察圣武孰与高帝？”上曰：“朕乃安敢望先帝乎！”曰：“陛下观臣能孰与萧何贤？”上曰：“君似不及也。”参曰：“陛下言之是也。且高帝与萧何定天下，法令既明，今陛下垂拱，参等守职，遵而勿失，不亦可乎？”惠帝曰：“善。君休矣！”①

这段材料一方面证实惠帝时黄老之术盛行，主张清静无为之治；另一方面也可以看出此时君主并不率意制诏，而是有待丞相奏请。换言之，此时制诏实际来自朝臣奏议，皇帝甚至不能亲命制诏。②

惠帝以后，黄老之学逐渐不能适应汉帝国日新月异的挺进势头，加之文、景、武帝皆有作为之君主，皇帝决策大政、亲命制诏的情况并不罕见，但朝臣奏议仍是制诏之重要参考，或者制诏本身就是朝臣奏议之原文。蔡邕《独断》云：“群臣有所奏请，尚书令奏之，下有司曰‘制’，天子答之曰‘可’。若下某官云云，亦曰诏书。”③ 日本学者大庭脩先生对此有详细论说。他认为，汉代的制诏按其内容可分为三种形式：第一种形式是皇帝以自己的意志单方面下达的命令；第二种形式的诏书是官僚在被委任的权限内提出的献策得到认可，作为皇帝的命令而公布的；第三种形式是皇帝向一部分官僚指示政策的大纲或自己的意向，委托他们进行详细的立法时使用的，它由第一种形式和第二种形式复合而成。其中，第二种形式的诏书是在朝臣奏议之后签署表示皇帝认可的“制曰可”字样而被视为诏令加以下

① （汉）司马迁撰：《史记》卷五十四《曹相国世家》，中华书局 1959 年版，第 2030 页。

② 参见祝总斌《两汉魏晋南北朝宰相制度研究》，中国社会科学出版社 1990 年版，第 27 页。

③ （汉）蔡邕撰：《独断》，丛书集成初编本，中华书局 1985 年版，第 4 页。

达贯彻的。[①] 居延出土的元康五年诏书册为此类诏书提供了确凿的实例：

> 御史大夫吉昧死言丞相相上大常昌书言大史丞定言元康五年五月二日壬子日夏至宜寝兵大官抒井更水火进鸣鸡谒移闻布当用者。臣谨案比原宗御者水衡抒大官御井中二＝千＝石＝令官各抒别火官先夏至一日以除燧取火授中二＝千＝石＝官在长安云阳者其民皆受以日至易故火庚戌寝兵不听事尽甲寅五日臣请布臣昧死以闻
>
> 制曰可

大庭脩先生分析1930—1931年内蒙古额济纳河流域两岸汉代遗址出土的这套木简，认为此诏书内容是通知安排关于在元康五年五月二日至夏至前后五天中休兵、不听政事，夏至之日，官民共同举行更水火的活动。全部诏书由八片简组成：第一、二简是御史大夫丙吉的上奏文，第三简是皇帝的认可语“制曰可”，前三简组成诏文，即上述引文部分。第四至第八简是命令传达执行诏文的文字，内容为传达诏文的具体程序。此诏书的主体部分即御史大夫丙吉的奏议文，在皇帝认可并签署“制曰可”之后，此项奏议原封不动下达全国官吏，俨然转化为一纸诏令。[②] 同样，大庭脩先生所言第三种形式制诏中，朝臣奏议也是其重要组成部分。

臣僚奏议经由皇帝签署“制曰可”而转化为制诏的情形在史书中不乏其例。例如：

> 丞相李斯曰：“五帝不相复，三代不相袭，各以治，非其相反，时变异也。……臣请史官非秦记皆烧之。非博士官所职，天下敢有藏《诗》《书》百家语者，悉诣守、尉杂烧之。有敢偶语《诗》《书》者弃市。以古非今者族。吏见知不举者与同罪。令下三十日不烧，黥为城旦。所不去者，医药卜筮种树之书。若欲有学法令，以吏为师。”

---

① 参见［日］大庭脩《秦汉法制史研究》，林剑鸣等译，上海人民出版社1991年版，第189页。

② 同上书，第84、172页。

制曰："可。"①

元年冬十月，诏曰："盖闻古者祖有功而宗有德，制礼乐各有由。……其为孝文皇帝庙为《昭德》之舞，以明休德。然后祖宗之功德，施于万世，永永无穷，朕甚嘉之。其与丞相、列侯、中二千石、礼官具礼仪奏。"丞相臣嘉等奏曰："陛下永思孝道，立《昭德》之舞以明孝文皇帝之盛德，皆臣嘉等愚所不及。臣谨议：世功莫大于高皇帝，德莫盛于孝文皇帝。高皇帝庙宜为帝者太祖之庙，孝文皇帝庙宜为帝者太宗之庙。天子宜世世献祖宗之庙。郡国诸侯宜各为孝文皇帝立太宗之庙。诸侯王、列侯使者侍祠天子所献祖宗之庙。请宣布天下。"制曰："可。"②

有司皆曰："闻昔大帝兴神鼎一，一者一统，天地万物所系终也。黄帝作宝鼎三，象天地人也。禹收九牧之金，铸九鼎，皆尝鬺烹上帝鬼神。遭圣则兴，迁于夏商。周德衰，宋之社亡，鼎乃沦伏而不见。《颂》云'自堂徂基，自羊徂牛；鼐鼎及鼒，不虞不骜，胡考之休'。今鼎至甘泉，光润龙变，承休无疆。合兹中山，有黄白云降盖，若兽为符，路弓乘矢，集获坛下，报祠大飨。惟受命而帝者心知其意而合德焉。鼎宜见于祖祢，藏于帝廷，以合明应。"制曰："可。"③

大司空融、固始侯通、胶东侯复、高密侯禹、太常登等奏议曰："古者封建诸侯，以藩屏京师。……今皇子赖天，能胜衣趋拜，陛下恭谦克让，抑而未议，群臣百姓，莫不失望。宜因盛夏吉时，定号位，以广藩辅，明亲亲，尊宗庙，重社稷，应古合旧，厌塞众心。臣请大司空上舆地图，太常择吉日，具礼仪。"制曰："可。"④

① （汉）司马迁撰：《史记》卷六《秦始皇本纪》，中华书局1959年版，第254页。
② （汉）班固撰：《汉书》卷五《景帝纪》，中华书局1962年版，第137页。
③ （汉）司马迁撰：《史记》卷十二《孝武本纪》，中华书局1959年版，第465页。
④ （南朝宋）范晔撰：《后汉书》卷一下《光武帝纪下》，中华书局1965年版，第64页。

丞相亮上言：“皇思夫人履行脩仁，淑慎其身。……故昭烈皇后宜与大行皇帝合葬，臣请太尉告宗庙，布露天下，具礼仪别奏。”制曰：“可。”①

百官奏议云：“帝王之兴，罔弗更正朔，明受之于天，革民视听也。逮于尼父，稽诸阴阳，云行夏之时，后王所不易。今魏历告终，周室受命，以木承水，实当行录，正用夏时，式遵圣道。惟文王诞玄气之祥，有黑水之谶，服色宜乌。”制曰：“可。”②

以上所列皆为朝臣奏请经皇帝签署“制曰可”后原封不动作为君命下达，以此完成奏议向制诏之转化。

朝臣奏请文书上呈，经君主认可并签署“制曰可”即转化为王命，此为奏议转化制诏之主要途径。除此之外，还有一种更为直接的方式，即朝臣在君主授意下代拟制诏，将自己的意见直接以王命形式表达出来，省略作为臣子意见的文书上奏与相应的皇帝批复之步骤，就是代笔制诏，也是一种经由奏议转化而来的王命，只是跨越了中间环节。此种代拟诏书方式不同于一般性的文书官员草拟制诏，后者属于皇帝先有明确方案，文书官员只是奉旨起草制诏，所拟文书并不意味着代笔者之意见；此种方式亦不同于权臣操控政权以己意发布的诏令，后者属于皇权旁落，制诏权被侵占，所发文书带有矫诏性质。

试以唐代陆贽《奉天改元大赦制》为例。据《资治通鉴·唐纪四十五》，建中四年（783）朱泚叛乱，德宗政权受到重创。时有术者上言“国家厄运，宜有变更以应时数”，德宗遂欲改元。中书草拟赦文，德宗以示翰林学士陆贽。陆贽以为：“动人以言，所感已浅，言又不切，人谁肯怀！今兹德音，悔过之意不得不深，引咎之辞不得不尽，洗刷疵垢，宣畅郁堙，使人人各得所欲，则何有不从者乎！应须改革事条，谨具别状同进。

① （西晋）陈寿撰：《三国志》卷三十四《蜀书·二主妃子传》，中华书局1959年版，第905页。

② （唐）令狐德棻等撰：《周书》卷三《孝闵帝纪》，中华书局1971年版，第46页。

舍此之外，尚有所虞。窃以知过非难，改过为难；言善非难，行善为难。假使赦文至精，止于知过言善，犹愿圣虑更思所难。”① 德宗以为然。于是，陆贽代笔写下《奉天改元大赦制》：

门下：致理兴化，必在推诚，忘己济人，不吝改过。朕嗣守丕构，君临万方，失守宗祧，越在草莽，不念率德，诚莫追于既往，永言思咎，期有复于将来，明征厥初，以示天下。惟我烈祖，迈德庇人，致俗化于和平，拯生灵于涂炭，重熙积庆，垂二百年。伊尔卿尹庶官，洎亿兆之众，代受亭育，以迄于今，功存于人，泽垂于后。肆予小子，获缵鸿业，惧德不嗣，罔敢怠荒。然以长于深宫之中，暗于经国之务，积习易溺，居安忘危，不知稼穑之艰难，不察征戍之劳苦，泽靡下究，情不上通，事既壅隔，人怀疑阻，犹昧省己，遂用兴戎。征师四方，转饷千里，赋车籍马，远近骚然，行斋居送，众庶劳止。或一日屡交锋刃，或连年不解甲胄，祀奠乏主，室家靡依，生死流离，怨气凝结，力役不息，田莱多荒。暴命峻于诛求，疲甿空于杼轴，转死沟壑，离去乡闾，邑里丘墟，人烟断绝。天谴于上而朕不悟，人怨于下而朕不知，驯致乱阶，变兴都邑。贼臣乘衅，肆逆滔天，曾莫愧畏，敢行凌逼。万品失序，九庙震惊，上辱于祖宗，下负于黎庶。痛心靦貌，罪实在予，永言愧悼，若坠深谷。赖天地降佑，神人叶谋，将相竭诚，爪牙宣力，屏逐大盗，载张皇维，将宏永图，必布新令。朕晨兴夕惕，惟念前非。乃者公卿百寮，累抗章疏，猥以徽号，加于朕躬，固辞不获，俯遂与议。昨因内省，良用矍然。体阴阳不测之谓神，与天地合德之谓圣，顾惟浅昧，非所宜当。文者所以成化，武者所以定乱。今化之不被，乱是用兴，岂可更徇群情苟膺虚美，重余不德，祇益怀惭。自今以后，中外所上书奏，不得更称圣神文武之号。……②

① （宋）司马光编著：《资治通鉴》卷二百二十九《唐纪四十五》，中华书局1956年版，第7389页。

② （唐）陆贽撰：《陆宣公集》卷一《制诰》，中华书局四部备要本，第9页。

此篇制诏名为改元大赦，实为罪己。文中皇帝不敢以圣主自居，谦称“小子”，责己“长于深宫之中，暗于经国之务，积习易溺，居安忘危，不知稼穑之艰难，不察征戍之劳苦”“上辱于祖宗，下负于黎庶。痛心靦貌，罪实在予”，声称“自今以后，中外所上书奏，不得更称圣神文武之号”。据《资治通鉴》，术者上言后，群臣请更加尊号一二字，德宗并未反对。陆贽以为不可，认为“尊号之兴，本非古制。行于安泰之日，已累谦冲，袭乎丧乱之时，尤伤事体”，建议德宗曰：“今盗遍天下，舆驾播迁，陛下宜痛自引过以感人心。昔成汤以罪己勃兴，楚昭以善言复国。陛下诚能不吝改过，以言谢天下，使书诏无所避忌，臣虽愚陋，可以仰副圣情，庶令反侧之徒革心向化。”① 据此可知，德宗原无罪己之意，甚至欲加尊号，在陆贽劝谏之下才有此姿态。这篇制诏虽为代笔，实属陆贽之识见，是一篇自臣子奏议转化而来的制诏，只是其间的奏请与批复是通过君臣言谈交流完成的。

陆贽是唐德宗时期重要宰辅，初为翰林学士，朱泚乱平后为中书舍人，后迁中书侍郎平章事。陆贽才本王佐，学为帝师，忠诚睿智，敢于直谏，写有大量政务文书，且文采斐然。《四库全书总目》赞曰：“盖其文虽多出于一时匡救规切之语，而于古今来政治得失之故，无不深切著明，有足为万世龟鉴者，故历代宝重焉。”② 自唐代起，陆贽集不断予以编辑、整理，有多种版本行于世间。现存陆贽集主要包括“制诰”“奏草”和“中书奏议”三部分，“制诰”十卷是陆贽代德宗起草的制诏类文书，“奏草”六卷为其任翰林学士时所作，“中书奏议”六卷作于宰相任上，共计二十二卷，另有少量诗赋留存。陆贽集通行本或名《陆宣公集》，或名《翰苑集》，或名《陆宣公奏议》，名目繁杂。《四库全书总目》集部列陆贽集，题名《翰苑集》，二十二卷。提要曰：

① （宋）司马光编著：《资治通鉴》卷二百二十九《唐纪四十五》，中华书局 1956 年版，第 7389 页。

② （清）纪昀等撰：《钦定四库全书总目》卷一百五十《翰苑集》，中华书局 1997 年版，第 2005 页。

案：《艺文志》载贽议论表疏集十二卷。又《翰苑集》十卷，常处厚纂。陈振孙《书录解题》载《陆宣公集》二十二卷，中分《翰苑》《榜子》为二集，其目亦与史志相同。惟晁公武《读书志》所载乃只有《奏议》十二卷，且称旧有《榜子集》五卷，《议论集》三卷，《翰苑集》十卷，元祐中苏轼乞校正进呈，改从今名。疑是裒诸集成此书，与史志名目全不相合。今考尤袤《遂初堂书目》所列，实作《翰苑集》。而钱曾《读书敏求记》载所见宋椠大字本二十二卷者，亦作《翰苑集》，则自南宋以后已合议论表疏为一集，而总题以"翰苑"之名。公武所见，乃元祐本，恐非全册。而今世刊行贽集，亦有题作《陆宣公奏议》者，则又沿《读书志》而失之者也。[①]

四库馆臣认为，陆贽集题名《陆宣公奏议》并不恰当。清代张之洞看法则相反，其《书目答问》于"史部"之"诏令奏议类"列《陆宣公奏议》二十二卷，注云："旧题《翰苑集》，是非《翰苑集》元书，从众题奏议。"[②] 今存陆贽集已非原貌，《翰苑集》之名的确不妥，但《陆宣公奏议》之名显然也不恰当。陆贽集所收制诏十卷，占有文集将近一半篇幅，以"奏议"总括之，实为不妥。但此题名广为流传，其缘故何在?

权德舆《翰苑集序》云："公在南宾……撰《集验方》五十卷，行于世。……公之秉笔内署也，……则有《制诰集》一十卷，……《奏草》七卷。……其在相位也，……则有《中书奏议》七卷。……公之文集，有诗文赋，集表状为《别集》十五卷。其关于时政，昭昭然与金石不朽者，惟制诰奏议乎！虽已流行，多谬编次。今以类相从，冠于编首，兼略书其官氏景行，以为序引。俾后之君子，览公制作，效之为文为臣事君之道，不其伟欤！"[③] 据此可知，权德舆编纂《翰苑集》，将陆贽制诰、奏草、中书奏议一并收入，重新编次，并彰显其重要价值。宋哲宗时，苏轼等进呈乞

① （清）纪昀等撰：《钦定四库全书总目》卷一百五十《翰苑集》，中华书局1997年版，第2004页。

② （清）张之洞撰，范希曾补正：《书目答问补正》，上海古籍出版社2008年版，第95页。

③ （唐）陆贽撰：《陆宣公集》《翰苑集序》，中华书局四部备要本，第2页。

校正陆贽奏议进御劄子，文中云："臣等欲取其奏议，稍加校正，缮写进呈。"[①] 可见，苏轼所进呈者并非陆贽传世所有文章，只是择其奏议部分整理汇编，这一部分便可作为别集独行于世，于是遂有晁公武所谓《奏议》十二卷之类的本子。《陆宣公奏议》既已存在，便与《翰苑集》之类不同的陆贽集在流传过程中相互混编，最终成为汇集陆贽所有传世作品文集的题名之一。陆贽集通行本之所以用"奏议"命名，广为流布，笔者认为，这正说明了奏议与制诏之转化问题。《奉天改元大赦制》是陆贽集第一篇，系典型的由人臣奏议转化而成的制诏。陆贽集中的其他制诏，也有这一特点。《旧唐书·陆贽列传》云："建中四年，朱泚谋逆，从驾幸奉天。时天下叛乱，机务填委，征发指踪，千端万绪，一日之内，诏书数百。贽挥翰起草，思如泉注，初若不经思虑，既成之后，莫不曲尽事情，中于机会，胥吏简札不暇，同舍皆伏其能"，"故奉天所下书诏，虽武夫悍卒，无不挥涕感激，多贽所为也"。[②] 陆贽系代笔制诏妙手，不仅才思敏捷，而且切中要害。这些制诏行文颇具感染力，体现了撰写者的独特个性与人格魅力。因此，与其说这些文字是德宗下达的一份份制诏，不如说是陆贽为大唐帝国上呈的一篇篇奏议。

要言之，制诏与奏议是古代公文中最重要的两类文体，二者相对而称，运作方向互逆，但彼此关联密切。制诏与奏议同根同源，同时确立，具有相同的文体功能。制诏以相关奏议为决策依据，奏议以转化制诏为价值实现，二者往往被视为一类。奏议转化为制诏，是其价值之最终实现。

第二节　上书与奏议

在古代文体名目中，"上书"是一个比较特殊的概念，先秦时期就已出现，秦汉以后持续使用，直至晚清时期。上书者，撰文致之尊长也；而尊长，又为模糊概念。由于使用泛滥，"上书"失去了明确的文体规定性，

---

① （唐）陆贽撰：《陆宣公集》《宋进呈奏议劄子》，中华书局四部备要本，第3页。

② （后晋）刘昫等撰：《旧唐书》卷一百三十九《陆贽列传》，中华书局1975年版，第3791页。

与奏议、书牍等其他文体交叉重叠，难分难解。臣僚奏议属于古代上行文书，与一般性吏民上书颇为不同。上书与奏议是一对相互纠结缠绕的概念，本节试作辨析。

一 关于“上书”

清王兆芳《文章释》云：“上书者，上，高也，奏上也，奏上书而高进也。亦谓之献书，献，馈食进也，以书奏上若进馈也。主于进达情事，忠言献替。”① “上书”是一个司空见惯的文类名称，然而，愈是习见的概念其内涵与外延往往愈复杂。关于“上书”，古代文体研究多有论说，对其文体定位颇有争议。

魏晋时，文学批评理论兴起，至南朝蔚为大观。《文心雕龙》与《文选》作为这一时期文体研究的重要成果，对于“上书”之文体定位皆有较为明确的观念。

刘勰《文心雕龙》并未将“上书”立为一类文体，但全书中有6处提到“上书”，分散在5个不同篇目中，分析可见刘勰之“上书”观念。首先，刘勰认为“上书”古已有之，战国时期“言事于王”之文皆承古式而为“上书”，举范雎、李斯之文证之：

> 降及七国，未变古式，言事于王，皆称上书。②

> 战代任武，而文士不绝：诸子以道术取资，屈宋以楚辞发采，乐毅报书辨而义，范雎上疏密而至，苏秦历说壮而中，李斯自奏丽而动，若在文世，则扬班俦矣。③

> 夫说贵抚会，弛张相随，不专缓颊，亦在刀笔。范雎之言事，李

① 王水照编：《历代文话》第七册《文章释》，复旦大学出版社2007年版，第6295页。

② （南朝梁）刘勰著，詹锳义证：《文心雕龙义证》卷五《章表》，上海古籍出版社1989年版，第822页。

③ （南朝梁）刘勰著，詹锳义证：《文心雕龙义证》卷十《才略》，上海古籍出版社1989年版，第1770页。

> 斯之止逐客，并烦情入机，动言中务，虽批逆鳞，而功成计合，此上书之善说也。①

其次，刘勰认为“上书”在秦帝国建立后产生分化，臣僚辅政之“上书”成为“奏”，吏民上书与文士上书诸侯仍为“上书”，与“奏”并行不悖：

> 秦初定制，改书曰奏。汉定礼仪，则有四品：一曰章，二曰奏，三曰表，四曰议。②

> 昔唐虞之臣，敷奏以言；秦汉之辅，上书称奏。陈政事，献典仪，上急变，劾愆谬，总谓之奏。奏者，进也。言敷于下，情进于上也。③

> 汉初草律，明著厥法，太史学童，教试六体；又吏民上书，字谬辄劾。④

> 枚乘之《七发》，邹阳之上书，膏润于笔，气形于言矣。⑤

据此，在刘勰的观念中，“上书”是一个泛化的概念，不具备明确的文体规定性，不能设为独立的门类；“上书”古今皆有，可散入其他文体中分别讨论，战国时期之“上书”入“论说”，秦汉以后臣僚辅政之“上书”入“章表奏议”，至于吏民上书、上书诸侯之类则未作详论。

① （南朝梁）刘勰著，詹锳义证：《文心雕龙义证》卷四《论说》，上海古籍出版社1989年版，第715页。

② （南朝梁）刘勰著，詹锳义证：《文心雕龙义证》卷五《章表》，上海古籍出版社1989年版，第822页。

③ 同上书，第851页。

④ （南朝梁）刘勰著，詹锳义证：《文心雕龙义证》卷八《练字》，上海古籍出版社1989年版，第1449页。

⑤ （南朝梁）刘勰著，詹锳义证：《文心雕龙义证》卷十《才略》，上海古籍出版社1989年版，第1776页。

萧统《文选》立类三十九，“上书”独为一体，选文凡5人7篇，包括李斯《上秦始皇书》，邹阳《上书吴王》《狱中上书自明》，司马相如《上疏谏猎》（一作《上书谏猎》），枚乘《奏书谏吴王》《重谏举兵》以及江淹《诣建平王上书》。《文选》之文体分类往往被后世讥为“碎杂”，但这也正是其特点所在，即尊重历史现象罗列文类而不随意归并。《文选》将“上书”别立一体，系认为“上书”是一个既成事实且富于“沉思”“翰藻”的文体类型，不应被忽视；且“上书”与“表”“启”“牋”“书”等其他文体有明显区别，不应被取代。徐师曾《文体明辨》之“上书”条云：“萧统《文选》欲其别于臣下之书也，故自为一类，而以‘上书’称之。”[①] 考察《文选》“上书类”选文，邹阳、枚乘以及江淹的5篇文章皆属上书诸侯之作，李斯《上秦始皇书》作于秦王政十年（前237），其时秦王嬴政尚未称始皇帝，仍为诸侯王，亦属同类。但是，司马相如《上疏谏猎》乃劝谏武帝之作，属于上书君主，为何同入一类？

关于司马相如“谏猎”一文，《史记》本传云相如“常从上至长杨猎，是时天子方好自击熊彘，驰逐野兽，相如上疏谏之”[②]；《汉书》本传亦云相如“尝从上至长杨猎。是时天子方好自击熊豕，驰逐野兽，相如因上疏谏”[③]；《资治通鉴》卷十七将此文系于汉武帝建元三年（前138），云“上又好自击熊、豕，驰逐野兽。司马相如上疏谏曰云云”。[④] 在几位史家看来，司马相如这篇“谏猎”实为“上疏”。《文心雕龙·奏启》云：“自汉以来，奏事或称上疏。”[⑤]《史记》与《汉书》皆云司马相如从武帝至长杨猎而作此文，显然认为相如是以郎官身份上奏此文书，《资治通鉴》虽未提到从武帝至长杨猎事，但将上奏此文列于相如为武帝“简拔”“宠用于

① （明）吴讷、（明）徐师曾：《文章辨体序说，文体明辨序说》，人民文学出版社1962年版，第121页。

② （汉）司马迁撰：《史记》卷一百一十七《司马相如列传》，中华书局1959年版，第3053页。

③ （汉）班固撰：《汉书》卷五十七下《司马相如传下》，中华书局1962年版，第2589页。

④ （宋）司马光编著：《资治通鉴》卷十七《汉纪九》，中华书局1956年版，第565页。

⑤ （南朝梁）刘勰著，詹锳义证：《文心雕龙义证》卷五《奏启》，上海古籍出版社1989年版，第854页。

左右”之后，显然同意司马相如此时已具备郎官身份。因而，这篇文章实际上是一篇臣僚上疏，属于“奏”。萧统《文选》将司马相如“谏猎”一文入“上书”类，恰恰认为此文不属于“奏”。《文选》设立“表”“启”“弹事”三种奏议类子目，选文皆魏晋文章，并不立“奏”，亦不收汉代奏疏，与《文心雕龙》立“奏”为一类且举汉代奏文若干的文体分类观念不同。钱穆先生《读〈文选〉》有云：“汉人奏议，浩气流转，昭明不录，是其识窄。”[①] 傅刚先生《〈昭明文选〉研究》云：“曹丕《典论·论文》说‘奏议宜雅’，陆机《文赋》说‘奏平彻以闲雅’，都以‘雅’作为这一文体的主要特点。雅即典，按照萧统的观点，‘文典则累野’，这或许是《文选》不录奏疏之体的原因。”[②]

据此，笔者认为，《文选》将司马相如“谏猎”一文列为“上书”，究其原因，有两种可能：一是《文选》并不认同《史记》关于此文写作背景之说法，认为这篇文章与《子虚赋》一样是相如以布衣文士的身份献上的，并非臣僚上疏，而是属于战国时期文士上书、汉魏时期上书诸侯一类；一是《文选》认可《史记》关于此事的记载，认为相如撰写此文时确实具有郎官身份，但是认为这篇文章采用的是战国时期文士献书诸侯之笔法，没有汉代“奏”之行文格式，风格亦非奏疏之典雅，因而名为“上疏”，实为“上书”。这两种推测都能说明一点，即在《文选》选家看来，“上书”与“奏”有明确区别。表面看来，这是“文典”与否的差别，实际上系君臣名分之不同。“奏”作为臣下进御之作，行文讲求儒雅渊懿；“上书”作为文士献言诸侯，则飞扬翰藻，另是一种潇洒风神。《文选》将司马相如“谏猎”一文判入“上书”类，有意也好，误入也罢，在于此文虽是臣僚上疏，在文风上却非标准意义的“奏”，盖因作者之特殊身份（系御用文人而非朝中执宰）而使此文带有明显的“上书”体之风韵。因此，《文选》的“上书”观念亦明确，认为“上书”与“奏议”不同，别为一体，是战国时期文士言于诸侯之作以及此类文章在秦汉魏

① 钱穆：《中国学术思想史论丛》卷三《读〈文选〉》，安徽教育出版社 2004 年版，第 120 页。

② 傅刚：《〈昭明文选〉研究》，中国社会科学出版社 2000 年版，第 296 页。

晋六朝之延续。

明代文体研究以搜罗爬梳为能事，“上书”自然不脱研究者之视野。《文章辨体》与《文体明辨》两部文体研究的重要著作，对于刘勰与萧统的“上书”观念分别加以承袭。吴讷《文章辨体》之“上书”观念比较接近刘勰，不立“上书”为一体，对其存而不论，只谈到某些“奏疏”以“上书”为名而已。其“奏疏”条云：

> 按唐虞禹皋陈谟之后，至商伊尹、周姬公，遂有《伊训》《无逸》等篇，此文辞告君之始也。汉高、惠时，未闻有以书陈事者。迨乎孝文，开广言路，于是贾山献《至言》、贾谊上《政事疏》。自时厥后，进言者日众。或曰上疏，或曰上书，或曰奏劄，或曰奏状。虑有宣泄，则囊封以进，谓曰封事。①

徐师曾《文体明辨》在这一问题上的观点则秉承萧统《文选》，别立“上书”一体，置于“章”“表”“牋”“奏疏”之前，云：

> 按字书云：“书者，舒也，舒布其言而陈之简牍也。”古人敷奏谏说之辞，见于《尚书》《春秋内外传》者详矣。然皆矢口陈言，不立篇目，故《伊训》《无逸》等篇，随意命名，莫协于一；然亦出自史臣之手，刘勰所谓“言笔未分”，此其时也。降及七国，未变古式；言事于王，皆称上书。秦汉而下，虽代有更革，而古制犹存，故往往见于诸集之中。萧统《文选》欲其别于臣下之书也，故自为一类，而以“上书”称之。今从其例，历采前代诸臣上告天子之书以为式，而列国之臣上其君者亦以类次杂于其中。其他章表奏疏之属，则别以类列云。②

① （明）吴讷、（明）徐师曾：《文章辨体序说，文体明辨序说》，人民文学出版社1962年版，第39页。

② 同上书，第121页。

由此观之，徐师曾之“上书”观念非常明确：

1. “上书”古已有之，战国时期尤为盛行；

2. 秦汉以后，“上书”并未消亡，而是有所分化：一是代有更革，分化出“臣下之书”，即“章表奏疏之属”；一是古制犹存，仍以本来面目见于诸文集中；

3. “上书”可独立一体，其文体定位是“别于臣下之书”。

徐师曾集中论说了“上书”的发展历史与文体特点，特别区分了“上书”与“章表奏疏之属”，认为写作者是否具备“臣下”身份是二者分界的关键所在。这一观点的明确提出，对于此后的文体辨析有重要启示。

清代文体研究在明代条分缕析的基础上进行概括归纳，立门分类，纲举目张，“上书”至此找到了确切的文体定位。

姚鼐《古文辞类纂》立类十三，“上书”不立一类，但亦有相关论说。其“奏议类”云“汉以来有表、奏、疏、议、上书、封事之异名，其实一类”[①]，选文有苏轼《上皇帝书》、王安石《上仁宗皇帝言事书》等；“书说类”又云“战国说士，说其时主，当委质为臣，则入之奏议；其已去国，或说异国之君，则入此编”[②]，选文有邹阳《狱中上梁王书》、韩愈《上宰相书》、苏洵《上韩枢密书》等。姚氏之“上书”观念接近刘勰，认为“上书”不具备文体独立性，应根据写作者与阅读对象的不同关系分别归入奏议、书说等门类。

曾国藩《经史百家杂钞》基本承袭姚氏之“上书”观念，选文亦大致相同。所不同者，邹阳《谏吴王书》和《狱中上梁王书》，姚氏归入“书说”，曾氏则归入“奏议”。曾氏将“奏议之属”定位为“下告上”，“书牍之属”定位为“同辈相告”，邹阳之谏吴王，断不能视为“同辈相告”，因而只得归入“下告上”之“奏议之属”。曾氏这一处理方式并非有意与姚氏相左，实属其分类原则所限。同样道理，在曾氏所谓“上告下”之“诏令之属”亦存在相似情况，例如马援《诫兄子书》与郑玄《戒子书》，皆属于“上告下”，遂与“君主诏令”同入一类。

① （清）姚鼐纂：《古文辞类纂》《序目》，中华书局四部备要本，第2页。

② 同上书，第3页。

吴曾祺《涵芬楼古今文钞》承袭姚氏、曾氏之观念，立类十三，每类下又设诸多子目，明确了“上书”之文体定位。其“奏议类”之“书”条云：“即上书也。或但谓之书，故别为一类。凡上之与下者，入之诏令类；下之奉上者，入之奏议类；其臣民相与往来，则入之书牍类。”① “奏议类”之“状”条亦云：“论事之体，与奏疏同。谓之状者，谓条其事实而上之。汉以前传者有赵充国一篇，唐以后此等文甚多，然亦有施之书牍者，如韩退之《荐侯喜状》是也，与上书不独施之奏议者，可谓一例。而后世乃以为狱词之别称，非其旧矣。”② 可见，吴氏认为，“上书”是一个泛化概念，应视其具体情况归入不同门类，所以在“奏议类”与“书牍类”均设“上书”子目。其“奏议类”之“上书”条云：

> 凡致之尊长者，皆有此称。今惟取进御者入之。始于战国，盛于汉，自元明以后不复见。③

此类选文有：李斯《上书秦始皇》《上书言赵高》《狱中上书》，东方朔《上武帝书》，司马相如《上书谏猎》，严安《上言世务书》，徐乐《上言世务书》，阙名《为徐福上书》，等等。其“书牍类”之“上书”条云：

> 与书相类，而用之尊贵者以此为多。今惟别其非进御者录之。④

此类选文有：黄歇《上书说秦昭王》，韩非《上书奏王》，邹阳《狱中上书自明》《上书吴王》，枚乘《上书谏吴王》《上书重谏吴王》，江统《诣建平王上书》等。吴氏明确指出：“上书”的文体特点是“致之尊长”，以其所致对象不同而入不同门类，进御者入“奏议”，非进御者则入“书牍”，区别的标准在于是否具有“君臣名分”。

---

① （清）吴曾祺纂：《涵芬楼古今文钞》《文体刍言》，商务印书馆清宣统二年铅印本，第7页。

② 同上书，第9页。

③ 同上书，第7页。

④ 同上书，第10页。

综上，“上书”原指战国时期以文辞致之君主这一进言行为，在发展过程中逐渐转化为相应的文体名称。秦汉以后，“上书”仍有进言行为与文体名称两种意义，一直持续使用。晚清时期，尚有康有为、梁启超之《公车上书》。“上书”作为文体名称是一个泛化的概念，不具备明确的文体规定性，与“奏议”“书牍”皆有交叉，不宜单独设为一类，可分而化之。从行文对象来看，有上书君主、上书诸侯、上书公府、上书长辈等。一般性书牍，皆为“与……书”或“报……书”，若行文对象为诸侯、官员、长辈等尊贵者，即为“上……书”。因此，上书君主之外，余者皆可入“书牍”。上书君主的情形较为复杂，从撰文者身份来看，有皇室成员上书、诸侯王上书、高级官员上书、普通吏员上书、平民上书、游士上书、囚徒上书[①]、外国使者上书等。若从“浦天之下，莫非王土；率土之滨，莫非王臣”[②] 的角度来看，凡上书君主，皆有君臣名分，皆为“奏议”，但这种广义的理念往往不适于文体研究。臣僚奏议与一般性吏民上书在诸多方面存在着明显不同，因此，笔者采用狭义的“奏议”概念，仅指中央臣僚与中央派出的地方长官上书君主，与一般性吏民上书区别开来。

① 关于囚徒上书，历代情况不一，有允许之，有禁止之。例如《史记·李斯列传》：“李斯乃从狱中上书曰云云。书上，赵高使吏弃去不奏，曰：‘囚安得上书！’”［（汉）司马迁撰：《史记》卷八十七《李斯列传》，中华书局1959年版，第2561页。］《后汉书·冯绲列传》：“建光元年，怨者乃诈作玺书谴责（冯）焕、（姚）光，赐以欧刀。又下辽东都尉庞奋使速行刑，奋即斩光收焕。焕欲自杀，（冯）绲疑诏文有异，止焕曰：‘大人在州，志欲去恶，实无它故，必是凶人妄诈，规肆奸毒。愿以事自上，甘罪无晚。’焕从其言，上书自讼，果诈者所为，征奋抵罪。”［（南朝宋）范晔撰：《后汉书》卷三十八《冯绲列传》，中华书局1965年版，第1280页。］《后汉书·张俊列传》：“（张）俊自狱中占狱吏上书自讼，书奏而俊狱已报。廷尉将出谷门，临行刑，邓太后诏驰骑以减死论。俊假名上书谢曰：‘臣孤恩负义，自陷重刑，情断意讫，无所复望。……臣俊徒也，不得上书；不胜去死就生，惊喜踊跃，触冒拜章。’”［（南朝宋）范晔撰：《后汉书》卷四十五《张俊列传》，中华书局1965年版，第1524页。］《后汉书·扬终列传》：“会（杨）终坐事系狱，博士赵博、校书郎班固、贾逵等，以终深晓《春秋》，学多异闻，表请之，终又上书自讼，即日贯出，乃得与于白虎观焉。”［（南朝宋）范晔撰：《后汉书》卷四十八《扬终列传》，中华书局1965年版，第1599页。］《后汉书·崔骃列传》：“岁余，光禄大夫杜乔为八使，徇行郡国，以臧罪奏瑗，征诣廷尉。瑗上书自讼，得理出。”［（南朝宋）范晔撰：《后汉书》卷五十二《崔骃列传》，中华书局1965年版，第1724页。］

② （清）阮元校刻：《十三经注疏》《毛诗正义》卷十三，中华书局1980年版，第463页。

二　臣僚奏议与吏民上书

《文心雕龙·书记》："战国以前，君臣同书，秦汉立仪，始有表奏。"[①] 秦帝国建立，君臣名位予以确立，上下尊卑关系带入文书，文书制度规范化，结束了文书混同的时代。君主训下之辞与臣民告君之辞截然分开，上行文与下行文各行其道；上告君主主要有两类文书，即臣僚奏议与吏民上书，二者并行不悖。

奏议文的撰写者是中央臣僚以及中央派出的地方长官，是古代帝国官僚政治体系的核心成员。这些臣僚由中央任命，直接对皇帝负责，与最高统治者——皇帝构成名副其实的君臣关系。秦汉时期的选官制度已较完备，官员的任命有严格的程序，臣僚有规范的服饰、印章，有明确的职权与责任。奏议是其参政议政的主要手段，是一种权力，更是一种职责。对于中央臣僚而言，奏请与朝议是其参与政务的两个重要渠道，京兆尹之类中央行政区域长官由于身在帝都，身份特别，亦可参加朝议，其他地方长官则无此项权力，只有奏请与汇报的参政权。这些官员在其权限范围内通过奏议参政辅翼，若知而不言，危而不持，颠而不扶，便为失其职守。

吏民上书君主有两种情况，一是来自中央以及地方的中下级吏员，一是来自平民百姓。吏民群体在名义上无疑是皇帝之子民，但并不构成实际意义上的君臣隶属关系。中央以及地方的普通吏员并非皇帝任命，而是授权公府自辟。这些吏员有自己的直属上司，直接对其上司负责，通过策名、委质与其上司构成了实际意义上的君臣关系。他们更讲求效忠故主，甚至不知有君。汉代的门生、故吏现象最能说明这一问题[②]。《论语·泰伯》云："不在其位，不谋其政。"[③] 在古人的观念中，臣僚有参政之权力与职责，庶民则无。《左传·庄公十年》："肉食者谋之，又何

① （南朝梁）刘勰著，詹锳义证：《文心雕龙义证》卷五《书记》，上海古籍出版社1989年版，第933页。

② 阎步克：《帝国开端时期的官僚政治制度——秦汉》，参见吴宗国主编《中国古代官僚政治制度研究》，北京大学出版社2004年版，第82页。

③ （清）阮元校刻：《十三经注疏》《论语注疏》卷八，中华书局1980年版，第2487页。

间焉。”[1]《说苑·善说》：“晋献公之时，东郭民有祖朝者，上书献公曰：‘草茅臣东郭民祖朝，愿请闻国家之计。’献公使使出告之曰：‘肉食者已虑之矣，藿食者尚何与焉。’”[2] 国家大政只限于肉食者谋之，越职言事是一种违法行为。《汉书》本传载梅福上书云：“臣闻‘不在其位，不谋其政’。政者职也，位卑而言高者罪也。”[3] 秦汉朝堂无吏民之位，他们被弃于朝堂之外，没有参政议政的权力，当然亦无此职责。因而，除强制性的上言变事之外，吏民可以选择沉默，上书言事并非他们的职责与义务。

《颜氏家训·省事》云：

> 上书陈事，起自战国，逮于两汉，风流弥广。原其体度：攻人主之长短，谏诤之徒也；讦群臣之得失，讼诉之类也；陈国家之利害，对策之伍也；带私情之与夺，游说之俦也。总此四涂，贾诚以求位，鬻言以干禄。或无丝毫之益，而有不省之困，幸而感悟人主，为时所纳，初获不赀之赏，终陷不测之诛，则严助、朱买臣、吾丘寿王、主父偃之类甚众。良史所书，盖取其狂狷一介，论政得失耳，非士君子守法度者所为也。今世所睹，怀瑾瑜而握兰桂者，悉耻为之。守门诣阙，献书言计，率多空薄，高自矜夸，无经略之大体，咸秕糠之微事，十条之中，一不足采，纵合时务，已漏先觉，非谓不知，但患知而不行耳。或被发奸私，面相酬证，事途回穴，翻惧愆尤；人主外护声教，脱加含养，此乃侥幸之徒，不足与比肩也。
>
> 谏诤之徒，以正人君之失尔，必在得言之地，当尽匡赞之规，不容苟免偷安，垂头塞耳；至于就养有方，思不出位，干非其任，斯则罪人。故《表记》云：“事君，远而谏，则谄也；近而不谏，则尸利也。”《论语》曰：“未信而谏，人以为谤己也。”[4]

---

① （西晋）杜预注，（唐）孔颖达等正义：《春秋左传正义》卷八《庄公十年》，上海古籍出版社 1990 年版，第 147 页。

② （汉）刘向撰，向宗鲁校证：《说苑校证》卷十一《善说》，中华书局 1987 年版，第 271 页。

③ （汉）班固撰：《汉书》卷六十七《梅福传》，中华书局 1962 年版，第 2924 页。

④ 王利器撰：《颜氏家训集解》卷五《省事》，中华书局 1993 年版，第 330 页。

颜之推提到“上书陈事”，守门诣阙，献书言计，目的在于求位干禄，对此采取否定态度，认为君子不齿；而“谏诤之徒”，在得言之地，当尽匡赞之规，只要“就养有方，思不出位”，则予以肯定。二者之区别在于《表记》所言“远”与“近”之不同，实则是否具有“君臣名分”。

臣僚奏议具有职责性，是官僚政治制度得以运行的基本保障；吏民上书则带有自发性，是官方采集社会信息的一种辅助手段。由于二者具有不同的文体功能，因而彼此的区别非常明显。

1. 内容不尽相同。

臣僚奏议作为经国之枢机，涉及政治、经济、文教、军事、外交等方面，有朝贺、谢恩、致仕者，更有建言、劝谏、举荐、弹劾者；有泛言君臣遇合、治政之道者，更有详论大政方针、治国方案者。相形之下，吏民上书内容较为单一，主要是自炫鬻、自讼自理、言符瑞、言神仙方术、献贡物等。臣僚奏议之着眼点主要在于国家民众，政治性、工具性是其突出特点；吏民上书之着眼点主要在于上书者自我，维护和争取自身利益是其突出特点。臣僚上告君主，一是主动奏请，一是参与朝议。参与朝议离不开自我意见的提出与上奏，主动奏事中也往往包含论证评说的成分。朝臣奏议并不满足于提出问题或摆明事态，主要价值在于就问题草拟解决方案，评说功过是非，供皇帝参考决断。因而，臣僚奏议重在“议”，是其为官权力与参政意识之体现，是其官僚主体性之体现。吏民上书主要是报告情况，或检举，或申诉，让皇帝知情。吏民上书主要在于言明事态，提出问题，一般不敢妄自评说。因而，吏民上书重在“奏”，主要表现为言说性、申告性。

史书所收臣僚奏议往往代表此类文章之典型，所收吏民上书则是此类文章之特例。换言之，少数吏民上书得以入史书，是因为其不同于一般性言说申告，而是像臣僚奏议一样，具有特殊的政治价值。因而，史书中所载吏民上书与臣僚奏议多有相同内容。即便如此，二者之出发点往往有别。例如“告变事”，揭发谋反叛乱，见于臣僚奏议，更多见于吏民上书。对于臣僚而言，告发谋逆是知情者不可推卸的职责，出于维护国家政权、挽救危亡之目的；对于吏民而言，上告变事则更多出于避免知情不报之罪名或是欲因之取利，因为历代统治者往往对此加以强制和鼓励。再如“言便宜”，上奏切实可行的益国利民方案，多见于臣僚奏议，吏民上书也不乏其例。对于朝臣而言，言便宜是其行使官员权力、履行自身职责的一种方式，奏议者并不期待因此获得自身利益；对于吏民而言，言便宜或许带有“国家兴亡，匹夫有责”的神圣使命感，但上书者期待以此自炫而获得君主赏识以便求名、求官、求利未尝不是个中缘由。

2. 写作规范有别。

秦汉时期，文书制度确立，臣僚奏议与吏民上书皆制度化、规范化，在内容、体式、行文方面皆有明确要求，后世因之而逐步完善。

维护皇权威严是开放言路之底线，上呈君主之文书最忌“大不敬”，此为撰写上行文之基本原则，臣僚奏议与吏民上书皆不例外。除封事外，所有进呈君主的文书必须经过有关部门的审核检查，摒除不敬，违例者予以治罪，臣僚奏议与吏民上书皆如此。例如，《汉书·魏相传》云：“故事诸上书者皆为二封，署其一曰副，领尚书者先发副封，所言不善，屏去不奏。”①《汉书·楚元王传》如淳注云：“上章于公车，有不如法者，以付北军尉，北军尉以法治之。”② 所谓“不如法者”，指上书内容大不敬，此外还涉及“妖言”或“欺谩”。

除此之外，上书君主在内容方面还有一项基本要求，所奏事项不得无关紧要。广开言路是君主治国之必要策略，但文书烦冗，鱼龙混杂，势必对治政带来干扰与妨害，因此，古代有所谓“不急之法”，对上书内容之必要性予以严格要求。据《汉书·梅福传》，成帝时梅福上书云：“间者愚民上疏，多触不急之法，或下廷尉，而死者众。自阳朔以来，天下以言为讳，朝廷尤甚，群臣皆承顺上指，莫有执正。”③ 其意见不被采纳。“不急之法”主要对于吏民上书而言，因为吏民人数庞大，一旦肆意轻率上书，结果便不可收拾。对于朝臣而言，奏议是其辅弼朝政、履行职责的基本手段，限制奏议于理有违；再者，从理论上讲，官员应长于文书写作，对于

① （汉）班固撰：《汉书》卷七十四《魏相传》，中华书局1962年版，第3135页。
② （汉）班固撰：《汉书》卷三十六《楚元王传》，中华书局1962年版，第1942页注三。
③ （汉）班固撰：《汉书》卷六十七《梅福传》，中华书局1962年版，第2921页。

文书是否当务之急应有鉴别，因而，有违“不急”对于奏议并无严格约束。奏议内容虚华者在某些特殊时期可能使上呈者身触法网，例如隋开皇四年，泗州刺史司马幼之因文表华艳而付所司治罪①，但大多数情况下，这种奏议只是被忽略摒弃，不予理会。例如《后汉书·明帝纪》载明帝诏书云：“先帝诏书，禁人上事言圣，而间者章奏颇多浮词，自今若有过称虚誉，尚书皆宜抑而不省，示不为谄子蚩也。”②

在体式方面，臣僚奏议与吏民上书之要求也不尽相同。王之绩《铁立文起》云：“人臣进言，自有定体。”③ 秦汉建制，人臣奏议有明确的体例规范。蔡邕《独断》：“凡群臣上书于天子者有四名：一曰章，二曰奏，三曰表，四曰驳议。”④《文心雕龙·章表》：“章以谢恩，奏以按劾，表以陈请，议以执异。”⑤ 随着文书制度的发展，臣僚奏议体式不断丰富、变化。例如，“章”很早被取代而消亡，“表”则功能拓展日益盛行，魏晋又流行“启”，唐有“榜子”，宋有“劄子”，明清有“题本”“奏本”“奏折”等。不同时代规定使用不尽相同的奏议文体，同一时代又规定不同的奏请事项需用相应的体式写作，每一种奏议文体在格式、字数乃至书写载体方面都有具体、细致的规定。相形之下，吏民上书没有如此细致的文体区分，在格式、字数等方面也没有如此严格的规定。以明清时期为例。明代上书君主分为题本和奏本，题本为官员专用，内容皆属公事；奏本则臣民通用，内容为私事，包括官员谢恩、认罪以及吏民建言、申诉等。题本书面比奏本小，字比奏本稍大，每幅六行，每行二十格，抬头两字，平行十八字，对衙门、官衔、姓名等首尾书写格式皆有具体规定。此外，明代内阁大臣还可用“揭帖”形式密奏，封文渊阁印直呈御前。清初仍以题本和奏本为法定上行文书，康熙、雍正时又规定高级官员以及近臣可用奏折形

① 参见（唐）魏徵撰《隋书》卷六十六《李谔传》，中华书局 1973 年版，第 1545 页。

② （南朝宋）范晔撰：《后汉书》卷二《明帝纪》，中华书局 1965 年版，第 109 页。

③ 王水照编：《历代文话》第四册《铁立文起》后编卷三臣语“论谏”，复旦大学出版社 2007 年版，第 3775 页。

④ （汉）蔡邕撰：《独断》，丛书集成初编本，中华书局 1985 年版，第 4 页。

⑤ （南朝梁）刘勰著，詹锳义证：《文心雕龙义证》卷五《章表》，上海古籍出版社 1989 年版，第 826 页。

式直接上奏皇帝。乾隆十三年（1748），奏本废除，专用题本。光绪时又废除题本，一律使用奏折。清代文书制度还规定，题本用印，奏本则不用印；题本、奏本的字数皆不得超过三百，题本允许使用“贴黄”，不得超过百字。

在行文方面，吏民上书的基本要求是书写正确、规范，否则可能因此治罪。早在西汉初年，吏民上书之文字书写就有规范要求。《汉书·艺文志》云：“汉兴，萧何草律，亦著其法，曰：‘太史试学童，能讽书九千字以上，乃得为史。又以六体试之，课最者以为尚书御史史书令史。吏民上书，字或不正，辄举劾。’”① 《汉律》此款规定，其目的不仅仅在于强化吏民上书之严肃性，更主要为确保上书内容之准确性。汉初吏民上书主要是告发谋逆，此项规定主要为确保统治者能够及时、准确地掌握相关信息，以便及早处理应对。臣僚奏议亦有此项要求。《汉书·石奋传》云，石建为郎中令，奏事下，读之，惊恐曰：“书‘馬’者与尾而五，今乃四，不足一，获谴死矣！”② 应劭《汉官仪》载世祖诏曰：“有非其人，临计过署，不便习官事，书疏不端正，不如诏书，有司奏罪名，并正举者。”③ 作为臣僚奏议，文书写作者为政府高级官员，一般具备较高的文化素质，而且此类文书还可由秘书性质的专员代笔，书写正确规范是必备素质，“字或不正”的问题是应该避免的。因此，朝臣奏议关于行文的要求不仅在文字，更在于文风。《文心雕龙·章表》：“原夫章表之为用也，所以对扬王庭，昭明心曲。既其身文，且亦国华。”④ 章表之类人臣奏议，不仅是臣下之进言文辞，更代表着国家的文化气象，因而，在风格、文采等方面有所讲求。汉代“左雄奏议，台阁为式；胡广章奏，天下第一”⑤，并为当时之杰笔，可见臣僚奏议对于文采之崇尚。当然，吏民上书亦有文采飞扬者，史书所录尤为如此，例如《汉书》所收严安、徐乐等上武帝言世务书。严

① （汉）班固撰：《汉书》卷三十《艺文志》，中华书局 1962 年版，第 1720 页。

② （汉）班固撰：《汉书》卷四十六《石奋传》，中华书局 1962 年版，第 2196 页。

③ （清）孙星衍等辑：《汉官六种》《汉官仪》，中华书局 1990 年版，第 125 页。

④ （南朝梁）刘勰著，詹锳义证：《文心雕龙义证》卷五《章表》，上海古籍出版社 1989 年版，第 843 页。

⑤ 同上书，第 831 页。

安、徐乐等人皆为文章之士，颇具文华，正因为他们的文章不同于一般吏民上书，才为史家所赞赏、收录。章学诚云："严、徐之上书，亦同献颂。"[①] 实际上，这些文章是特例，并非吏民上书之常态。

3. 递呈方式不同。

官员与庶民之上书有不同的文体功能，相应地也有不同的呈递方式。早在《周礼》中就有此类记载：宰夫"掌治朝之法"，"叙群吏之治以待宾客之令、诸臣之复、万民之逆"，大仆"掌诸侯之复逆"，小臣"掌三公及孤卿之复逆"，御仆"掌群吏之逆，及庶民之复"，[②] 宰夫总领其事，大仆、小臣、御仆等具体承办不同身份者之文书传递。秦汉定制，臣僚奏议与吏民上书亦有不同的递呈方式。

吏民上书的法定递呈方式是公车上书。公车隶属于卫尉，长官为公车司马令。《后汉书·和帝纪》注引《前书音义》云："公车，署名也；公车所在，故以名焉。"[③]《汉书·百官公卿表上》云："卫尉，秦官，掌宫门卫屯兵，有丞。景帝初更名中大夫令，后元年复为卫尉。属官有公车司马、卫士、旅贲三令丞。"[④] 应劭《汉官仪》云："公车司马令，周官也。秩六百石，冠一梁，掌殿司马门，夜徼宫中，天下上事及阙下。凡所征召，皆总领之。"[⑤]《后汉书·百官志二》云："公车司马令一人，六百石。本注曰：掌宫南阙门，凡吏民上章、四方贡献及征诣公车者。"[⑥]《汉书·高帝纪下》颜师古注云："未央殿虽南向，而上书奏事谒见之徒皆诣北阙，公车司马亦在北焉。是则以北阙为正门，而又有东门、东阙。至于西南两面，无门阙矣。"[⑦] 西汉未央宫以北阙为正门，公车设于北阙门下；东汉皇宫则以南阙为正门，公车遂置于南阙门下。吏民上书由公车承办，遂又称

① （清）章学诚著，叶瑛校注：《文史通义校注》卷一《书教中》，中华书局1985年版，第40页。

② （汉）郑玄注，（唐）贾公彦疏：《周礼注疏》，上海古籍出版社1990年版，第46页"宰夫"，第474页"大仆"，第476页"小臣"，第477页"御仆"。

③ （南朝宋）范晔撰：《后汉书》卷四《和帝纪》，中华书局1965年版，第179页注四。

④ （汉）班固撰：《汉书》卷十九上《百官公卿表上》，中华书局1962年版，第728页。

⑤ （清）孙星衍等辑：《汉官六种》《汉官仪》，中华书局1990年版，第133页。

⑥ （南朝宋）范晔撰：《后汉书》志第二十五《百官志二》，中华书局1965年版，第3579页。

⑦ （汉）班固撰：《汉书》卷一下《高帝纪下》，中华书局1962年版，第64页。

诣阙上书。例如《汉书·朱买臣传》："后数岁，买臣随上计吏为卒，将重车至长安，诣阙上书，书久不报。待诏公车，粮用乏，上计吏卒更乞丐之。"[①]《后汉书·班彪列传上》："固弟超恐固为郡所核考，不能自明，乃驰诣阙上书，得召见，具言固所著述意，而郡亦上其书。"[②]《晋书·郭璞列传》："时暨阳人任谷因耕息于树下，忽有一人著羽衣就淫之，既而不知所在，谷遂有娠。积月将产，羽衣人复来，以刀穿其阴下，出一蛇子便去。谷遂成宦者。后诣阙上书，自云有道术。帝留谷于宫中。"[③]《晋书·列女列传》："张茂妻陆氏，吴郡人也。茂为吴郡太守，被沈充所害，陆氏倾家产，率茂部曲为先登以讨充。充败，陆诣阙上书，为茂谢不克之责。"[④] 汉代吏民上书除通过公车呈交外，还有遮行上书、因嬖人上奏等。例如《史记·萧相国世家》："上罢布军归，民道遮行上书，言相国贱强买民田宅数千万。"[⑤]《史记·孝武本纪》："（齐人公孙）卿因所忠欲奏之。所忠视其书不经，疑其妄书，谢曰：'宝鼎事已决矣，尚何以为！'卿因嬖人奏之。上大说，召问卿。"[⑥] 遮行上书，因嬖人上奏，是吏民上书的变通方式，皆非法定形式。

地方官员上奏文书，可以派遣吏员诣阙公车呈递，也可通过邮传上奏，还可委托中央派遣的巡视官员转呈。关于此项制度，史书多有记载。例如《汉书·平帝纪》载平帝诏曰："其为宗室自太上皇以来族亲，各以世氏，郡国置宗师以纠之，致教训焉。二千石选有德义者以为宗师。考察不从教令有冤失职者，宗师得因邮亭书言宗伯，请以闻。"[⑦]《通典·职官七·宗正卿》："周官，小宗伯掌三族之别，以辨其亲疏。秦置宗正，掌亲属。汉因之，更以叙九族。平帝元始四年，更名宗伯。五年，又于郡国置宗师，以纠皇室亲族世氏，致教训焉，选有德义者为之。有冤失职者，宗

① （汉）班固撰：《汉书》卷六十四上《朱买臣传》，中华书局1962年版，第2791页。
② （南朝宋）范晔撰：《后汉书》卷四十上《班彪列传上》，中华书局1965年版，第1334页。
③ （唐）房玄龄等撰：《晋书》卷七十二《郭璞列传》，中华书局1974年版，第1908页。
④ （唐）房玄龄等撰：《晋书》卷九十六《列女列传》，中华书局1974年版，第2515页。
⑤ （汉）司马迁撰：《史记》卷五十三《萧相国世家》，中华书局1959年版，第2018页。
⑥ （汉）司马迁撰：《史记》卷十二《孝武本纪》，中华书局1959年版，第467页。
⑦ （汉）班固撰：《汉书》卷十二《平帝纪》，中华书局1962年版，第358页。

师得因邮亭上书宗伯，请以闻。”① 据此，宗师为书付邮亭，令送至宗伯。《汉书·京房传》：“房未发，上令阳平侯凤承制诏房，止无乘传奏事。房意愈恐，去至新丰，因邮上封事曰云云。”师古注云：“邮，行书者也，若今传送文书矣。”② 《汉书·梅福传》：“后去官归寿春，数因县道上言变事，求假轺传，诣行在所条对急政，辄报罢。”③ 所谓“因县道上言”，即附县道之使封奏文书。《后汉书·光武帝纪下》：“二月戊戌，帝崩于南宫前殿，年六十二。遗诏曰：‘朕无益百姓，皆如孝文皇帝制度，务从约省。刺史、二千石长吏皆无离城郭，无遣吏及因邮奏。’”④

朝臣奏议或诣阙公车，例如《魏书·太祖纪》云：“闰月，左丞相、骠骑大将军、卫王仪及诸王公卿士，诣阙上书曰云云。”⑤ 《北齐书·酷吏列传》云：“孝庄即位，除左中兵郎中，为尚书令临淮王彧谴责，游道乃执版长揖曰：‘下官谢王瞋，不谢王理。’即日诣阙上书曰云云。”⑥ 但此非主要途径。臣僚奏议主要是在朝会、朝议时面呈，对于职位较高之重臣，还可以燕（宴）见奏请。如需委托转呈，则交付御史大夫、尚书机构等送呈。⑦

4. 处理结果不同。

奏议是臣僚参政议政的基本方式，也是其职权所在。臣僚奏议上呈后，一般先交有关职能部门给出意见，或交御前会议讨论，初步拟订方案，再上交皇帝批复。谢章、贺表之类，一般批复“已闻”；让官之类，一般优诏不许；建言、奏请之类，或签署“制曰可”，以诏书形式付诸施行，或给出具体意见，或不予理会。除特殊情形外，奏议文书一般不会给上奏者带来奖赏或实际利益。

上书是吏民申告求助的基本方式，也是官方采集社会信息的一种辅助

① （唐）杜佑撰：《通典》卷二十五《职官七》，中华书局 1988 年版，第 703 页。
② （汉）班固撰：《汉书》卷七十五《京房传》，中华书局 1962 年版，第 3164 页。
③ （汉）班固撰：《汉书》卷六十七《梅福传》，中华书局 1962 年版，第 2917 页。
④ （南朝宋）范晔撰：《后汉书》卷一下《光武帝纪下》，中华书局 1965 年版，第 85 页。
⑤ （北齐）魏收撰：《魏书》卷二《太祖纪》，中华书局 1974 年版，第 33 页。
⑥ （唐）李百药撰：《北齐书》卷四十七《酷吏列传》，中华书局 1972 年版，第 652 页。
⑦ 参见本书第二章第一节《奏议之发展与“奏议”一词的出现》。

手段。上书带有自发性，亦需要提倡与鼓励。秦始皇时期，嬴政独揽天下文书之批阅，奏议如此，上书亦包括在内。西汉初，皇帝亦多亲览吏民上书，甚至亲自召见上书者。此后，上书者日众，尚书机构亦负责处理吏民上书事务，无关紧要者遂摒弃不报。吏民上书与臣僚奏议之处理结果有所不同：其一，臣僚奏议经皇帝签署“制曰可”，便以诏书形式下达执行，吏民上书有价值者可作为议题讨论生成有关决议，但不可能直接转化为制诏形式。其二，上书是古代拔擢人材的一种重要方式。上书拜官之风起源于战国，是布衣平民和下级官吏通过向君主进言献策以求仕进之手段，汉代此风亦颇盛行。《汉书·东方朔传》云：“武帝初即位，征天下举方正贤良文学材力之士，待以不次之位，四方士多上书言得失，自炫鬻者以千数，其不足采者辄报闻罢。”① 汉代选官制度方式多样，上书自荐是文士得以入仕的重要途径之一，东方朔、主父偃、徐乐、严安、终军、朱买臣等人皆以上书拜官。此后，上书频仍，鱼龙混杂，以至于东汉时此种入仕方式逐渐为文士所不屑。其三，吏民上书关乎自身利害，或有所申告，或有所希图，往往为上书者带来实际利益。正如成帝时梅福上书所云：“今欲致天下之士，民有上书求见者，辄使诣尚书问其所言，言可采取者，秩以升斗之禄，赐以一束之帛。若此，则天下之士发愤懑，吐忠言，嘉谋日闻于上，天下条贯，国家表里，烂然可睹矣。”②

要言之，“上书”与“奏议”是源与流之关系，是类与科或科与目之关系。上书始于先秦时代，泛指致之尊长之文书。秦帝国建立，臣僚上书成为奏议，与吏民上书并行，二者因撰写者身份不同，遂有不同的文体功能，因而在文章写作与文书运行等方面亦多不同。

第三节　连珠与奏议

连珠，兴起于两汉，风行于六朝，式微于隋唐以后。作为一种别具特色的古代文体，连珠之文体定位历来莫衷一是。《文心雕龙》将“连珠”与

---

① （汉）班固撰：《汉书》卷六十五《东方朔传》，中华书局1962年版，第2841页。

② （汉）班固撰：《汉书》卷六十七《梅福传》，中华书局1962年版，第2910页。

"对问""七"一并列入《杂文》，后世文体研究者又将连珠或归于骈文①，或并入辞赋②。中国古代文体繁复庞杂，文体分类是一个近乎无法彻底解决的问题，各家观点皆有所据。从体式特点来看，连珠与骈文、辞赋确有血缘关系；但是换一个角度，从文体功能来看，连珠又与奏议情同手足，而且这一参照系对于理解连珠的文体发展史有着更为深刻的启示。

首先，从文体发生来看，连珠滥觞于先秦时期，与奏议文同源，系王臣进言、处士横议文化环境中孕育的一种新型文体。

关于连珠之起源，历来见解纷纭，大致有"先秦说"与"两汉说"两类。今存最早以"连珠"命名之文系西汉扬雄之《连珠》，可视为连珠体定型之作。连珠之滥觞，自当追溯先秦时代。清孙德谦认为连珠体"在春秋已有矣"，始于《邓析子》③；刘师培认为连珠"始于汉、魏，盖荀子演《成相》之流亚也"④；杨慎、章学诚、周振甫、周勋初、沈剑英、沈海燕等学者认为连珠始于韩非⑤；李兆洛认为连珠体"昉于韩非之内、外《储

① 例如李兆洛《骈体文钞》将骈体文分为"庙堂之制、奏进之篇""指事述意之作""缘情托兴之作"三类，扬雄、班固、陆机、庾信等汉魏六朝连珠名家之作皆予收录，列入第三类之中。[（清）李兆洛纂：《骈体文钞》《目录》，中华书局四部备要本，第11页。]刘师培认为连珠"亦俪体中之别成一派者也"。（刘师培：《中国中古文学史，论文杂记》，人民文学出版社1959年版，第113页。）王瑶先生认为连珠是"骈体的滥觞""连珠和骈体的演进历史过程是完全一致的。"（王瑶：《中古文学史论》《徐庾与骈体》，北京大学出版社1998年版，第322、326页。）莫道才先生认为"（骈文）最早的名称应是连珠""连珠是骈文的初始形态，或称准骈文形态，可以说连珠是骈文的乳名"。（莫道才：《骈文通论》，广西教育出版社1994年版。）

② 例如程千帆先生认为连珠和七、对问"实为赋体之旁衍"。（程千帆：《程千帆全集》第七卷《闲堂文薮》之第二辑《赋之隆盛及旁衍》，河北教育出版社2000年版，第124页。）程章灿先生认为连珠是"一篇精粹的微型赋"。（程章灿：《魏晋南北朝赋史》，江苏古籍出版社2001年版，第13页。）周振甫先生认为"对问、七、连珠，实际上都是辞赋"。[（南朝梁）刘勰著，周振甫译注：《〈文心雕龙〉译注》，江苏教育出版社2006年版，第232页。]

③ 参见（清）孙德谦撰《六朝丽指》，四益宧刊本，1923年，第84则。

④ 刘师培《论文杂记》曰："……一曰连珠，始于汉、魏，盖荀子演《成相》之流亚也；首用喻言，近于诗人之比兴，继陈往事，类于史传之赞辞，而俪语韵文，不沿奇语，亦俪体中之别成一派者也。"（刘师培：《中国中古文学史，论文杂记》，人民文学出版社1959年版，第113页。）

⑤ 杨慎《升庵集》云："《北史·李先传》：'魏帝召先读《韩子连珠论》二十二篇。'韩子，韩非子，书中有连语，先列其目而后著其解，谓之连珠。据此则连珠之体兆于韩非。"[（明）杨慎撰：《升庵集》，文渊阁《四库全书》影印本，台湾商务印书出版社1986年版，第1270册，第453页。]章学诚《文史通义》云："韩非《储说》，比事征偶，连珠之所肇也。"[（清）章学诚著，叶瑛校注：《文史通义校注》卷一《诗教上》，中华书局1985年版，第61页。]（转下页）

说》，淮南之《说山》"①；钱锺书先生则认为"盖诸子中常有其体，后汉作者本而整齐藻绘，别标门类，遂成'连珠'"，举《邓析子》《淮南子》等论之②。各家皆援引相关文献指出与连珠体相近之处，作为立论之据。其实，仅从文句上寻找相似性用以判定某家某文便是连珠肇始，这种思路是狭隘的。连珠体之推理方式与句式特点不仅能在先秦诸子散文中找到相似的文句，汉魏以后的子书中依然不乏其例，正如钱锺书先生所列举："如《邓析子·无厚篇》中'夫负重者患途远''猎罴虎者不于外国''夫水浊则无掉尾之鱼'三篇即连珠之草创；《淮南子》更多，而《说山》《说林》《修务》为其尤。后来如《抱朴子》外篇《博喻》，稍加裁剪，便与陆机所《演》同富；刘昼《刘子》亦往往可拆一篇而为连珠数首。若谭峭《化书》，则几乎篇篇得剖贝成珠矣。"③某种文体的定型自然有可能指明始自某家某文，但其文体源头往往不限于一家一文。连珠体假物喻事的模式以及对仗谐恰的文句是中国古代子书常用的表达方式，持"先秦说"诸家所言实乃连珠滥觞之众多源头。

章学诚云："后世之文其体皆备于战国，何谓也？曰：子史衰而文集之体盛；著作衰而辞章之学兴。"④连珠正是先秦子书消歇、汉代辞章大兴之产物。两汉现存连珠文皆以"臣闻"为诉说口吻，所言皆属治政方略，手法上假喻以达其旨，文句则辞丽而言约，明显见得连珠体受先秦文化环

（接上页）周振甫先生云："（连珠）这种文体，渊源于《韩非子》。"[（南朝梁）刘勰著，周振甫译注：《〈文心雕龙〉译注》，江苏教育出版社2006年版，第231页。] 周勋初先生云："我们认为，后代的'连珠'文体与韩非的'储说'在内容上有很大的不同，但如追溯'连珠'这种文体的源流，那么犹如《管子》之于韩非，也可从'储说'中看出形式上的继承发展关系。"（周勋初：《〈韩非子〉札记》，江苏人民出版社1980年版，第219页。）沈剑英先生《论连珠体》云："连珠体启创于西汉的扬雄，但可上溯至战国时的韩非子。""《韩非子·内外储说》中的三十三则论式在当时虽然并不叫做连珠，也不用华词丽句，但与扬雄的连珠具有共同的逻辑形式，故完全可以把它看作是连珠体的滥觞。"（中国逻辑史研究编辑小组编：《中国逻辑史研究》《论连珠体》，中国社会科学出版社1982年版，第250、251页。）沈海燕先生云："严格说来，扬雄还不能算是连珠体的最早启创者。因为他的连珠实渊源于《韩非子·内外储说》的三十三则短文。"（沈海燕：《连珠体试论》，《文学遗产》1985年第4期。）

① （清）李兆洛纂：《骈体文钞》卷二十九，中华书局四部备要本，第295页。

② 钱锺书：《管锥编》第三册，中华书局1979年版，第1136页。

③ 同上。

④ （清）章学诚著，叶瑛校注：《文史通义校注》卷一《诗教上》，中华书局1985年版，第61页。

境中规谏进言、覃思妙悟风气之影响。先秦时期诸子散文有积极用世的一面，持“韩非说”论者往往举《储说》以证《韩非子》与连珠体之关联①。所谓“储说”，储其说以待为君所用，恰好说明先秦子书与进言君主之干系，见得连珠与奏议在文体生成方面的同源性。笔者认为，连珠滥觞于先秦时期，与奏议文同源，同为王臣进言、处士横议文化环境中孕育的文体。马世年博士《连珠体渊源新探》亦有相关论说：“‘连珠’的含义，前人多误解为一则作品中上下词句之间文辞事理的互相启发、历历相贯。其实，它不是指一则作品，而是指一组体式相同或相近的作品。以《逸周书·周祝解》《史记解》等为依据，可以考知连珠体源于西周以来祝、史之官戒勉君主的垂戒之辞。这种文体在战国时期不再为祝、史专用，而是流传开来，在诸子著作中频频出现——这对于连珠体的形成是有着重要意义的。”②

其次，从文体定型来看，连珠始于扬雄，属奏议旁枝，系秦汉帝国建立、君臣遇合背景下文人参政意识与特殊才华的结合体。

秦代建皇帝之号，立百官之职，官僚政治制度得以全面展开、顺畅运行。然而，始皇乾纲独断，以吏为师，博士备员弗用；二世昏庸，闭目塞听，不与臣僚议政，秦代之君臣关系基本处于不和谐状态。汉代立国，鉴于秦亡之弊，广开言路，吸纳人才，极大地优化了君臣关系，调动了文人入仕参政的热情。汉代选官制度有察举、征辟、任子、纳赀等，对于文章之士而言，上书自荐又不失为一条终南捷径。史载，东方朔、主父偃、徐

① 例如章学诚云：“韩非《储说》，比事征偶，连珠之所肇也。”［（清）章学诚著，叶瑛校注：《文史通义校注》卷一《诗教上》，中华书局 1985 年版，第 61 页。］范文澜先生《文心雕龙注》论证所谓“韩子连珠论二十二篇”是指《韩非子》之《内储说》《外储说》。［（南朝梁）刘勰著，范文澜注：《文心雕龙注》卷三《杂文》，人民文学出版社 1958 年版，第 258 页注四。］周振甫先生云：“（连珠）这种文体，渊源于《韩非子》。《韩非子》的《内储说》上下、《外储说左》上下、《外储说右》上下，都是先总说，后分别列举事例，跟扬雄的先说理，后举事实相类。”［（南朝梁）刘勰著，周振甫译注：《〈文心雕龙〉译注》，江苏教育出版社 2006 年版，第 231 页。］周勋初先生《历历如贯珠的一种新文体——储说》：“后代的‘连珠’文体与韩非的‘储说’在内容上有很大的不同，但如追溯‘连珠’这种文体的源流，那么犹如《管子》之于韩非，也可从‘储说’中看出形式上的继承发展关系。”（周勋初：《〈韩非子〉札记》，江苏人民出版社 1980 年版，第 219 页。）

② 马世年：《连珠体渊源新探》，《甘肃社会科学》2008 年第 6 期。

乐、严安、终军、朱买臣等人皆上书拜官。《汉书·东方朔传》云："武帝初即位，征天下举方正贤良文学材力之士，待以不次之位，四方士多上书言得失，自炫鬻者以千数，其不足采者辄报闻罢。"[①] 君主亲览上书，文士欲建言求官，必投其所好。东方朔上书自荐，"文辞不逊，高自称誉"[②]，这种文笔属奇才独有，不足为训。对于大多数文士而言，上书如同朝臣奏议，需言之有物、文质彬彬。主父偃、徐乐、严安三篇上武帝言世务书实具有此类文章之代表性。[③] 文章之士憧憬入仕辅政，需熟练驾驭此类文章，寻常必勤学苦练，锻炼眼力，揣摩文笔。不仅如此，汉代奏议之撰写亦是此种套数，宰臣吏员也需要学而时习。东汉顺帝时选官，"诸生试家法，文吏课牋奏"[④]，亦可见得平素习练章奏之重要。连珠体之生成正与此相关。许同莘《公牍学史》云："李斯初入秦时，有逐客之令，斯上书言其不可，层层设喻，语特隽妙；其后邹阳、枚乘之徒，上书祖之，联珠之体所由昉也。太史公称其比物连类，有足悲者。文章政事，画然两途，盖始于此。"[⑤] 许氏将连珠渊源溯及李斯、邹阳、枚乘等人上书，是寻其流而未及其源，但他指出了连珠与上书之关联，颇有见地。笔者认为，汉代文章之士揣摩、习练上行文书之风习促就了连珠体的生成。上书君主，开篇尤为重要，必先声夺人，方入皇帝法眼。其惯用方式以"臣闻"起首，用齐整的句式、精妙的文辞综而论之，起振全篇，引发下文。文章开篇部分如此，分述段落起首亦然。于是，精心揣摩这一部分便成为习练上行文书之关键所在。日积月累，这些精妙的片段汇集、连缀起来，便为"连珠"。试比较以下几篇文章之起首部分。

主父偃《上书谏伐匈奴》开篇云：

---

① （汉）班固撰：《汉书》卷六十五《东方朔传》，中华书局 1962 年版，第 2841 页。

② 同上书，第 2842 页。

③ 参见（汉）班固撰《汉书》卷六十四上《主父偃传》，中华书局 1962 年版，第 2799 页；卷六十四上《徐乐传》，第 2804 页；卷六十四下《严安传》，第 2809 页。

④ 《后汉书·左雄列传》："雄又上言：'……请自今孝廉年不满四十，不得察举，皆先诣公府，诸生试家法，文吏课牋奏，副之端门，练其虚实，以观异能，以美风俗。有不承科令者，正其罪法。若有茂才异行，自可不拘年齿。'帝从之，于是班下郡国。"[（南朝宋）范晔撰：《后汉书》卷六十一《左雄列传》，中华书局 1965 年版，第 2020 页。]

⑤ 许同莘撰：《公牍学史》，档案出版社 1989 年版，第 26 页。

臣闻明主不恶切谏以博观，忠臣不避重诛以直谏，是故事无遗策而功流万世。今臣不敢隐忠避死，以效愚计，愿陛下幸赦而少察之。……[①]

徐乐《上书言世务》开篇云：

臣闻天下之患，在于土崩，不在瓦解，古今一也。……[②]

扬雄《连珠》：

臣闻明君取士，贵拔众之所遗，忠臣荐善，不废格而所排。是以岩穴无隐，而侧陋章显也。

又：

臣闻天下有三乐，有三忧焉。阴阳和调，四时不忒，年丰物遂，无有夭折，灾害不生，兵戎不作，天下之乐也。圣明在上，禄不遗贤，罚不偏罪，君子小人，各处其位，众人之乐也。吏不苟暴，役赋不重，财力不伤，安土乐业，民之乐也。乱则反焉，故有三忧。[③]

主父偃、徐乐两篇上武帝书之起首部分独立出来，与扬雄两篇《连珠》不仅体式相合，所言内容也几乎一致。上文提到，主父偃、徐乐这两篇文章是汉代上书的典范，而扬雄之文又是连珠体开山之作，二者之相似绝非巧合。不仅如此，汉代留存的连珠文内容多为讨论君臣关系，汉代上书、奏议开篇亦多从君臣遇合说起，这种吻合性再一次说明了连珠体之生

① （汉）班固撰：《汉书》卷六十四上《主父偃传》，中华书局1962年版，第2799页。

② （汉）班固撰：《汉书》卷六十四上《徐乐传》，中华书局1962年版，第2804页。

③ （清）严可均校辑：《全上古三代秦汉三国六朝文》《全汉文》卷五十三，中华书局1958年版，第416页。

成来源。

汉代文章之士寻常揣摩、习练上行文书所写下的此类文字属于“奏草”或“私家之策”，最多只能算是待进御之文，与“连珠”还有差距。“连珠”因之旁衍为独立一体，扬雄功不可没。《文心雕龙·杂文》云“智术之子，博雅之人，藻溢于辞，辞盈乎气。苑囿文情，故日新殊致”[①]，认为对问、连珠、七这些文体皆前修饱学之士以其创作之余力“飞靡弄巧”[②]而成。连珠肇始于扬雄，系子云负文逞才之贡献。扬雄是汉代著名赋家，晚年却辍笔不为。献赋在武帝时期是文人得以优宠的重要渠道，司马相如尤为如此。《汉书》本传云，扬雄与相如同为蜀人，对其文学才华与优宠经历颇为艳羡，“每作赋，常拟之以为式”[③]，先后上《甘泉赋》《河东赋》《校猎赋》《长杨赋》以讽劝成帝。从创作意图来看，献赋原本和谏言一样，是文章之士以己之长劝谏君主的一种特殊方式，但扬雄在实践中认识到大赋之弊端，“以为赋者，将以风也，必推类而言，极丽靡之辞，闳侈巨衍，竞于使人不能加也，既乃归之于正，然览者已过矣”[④]。扬雄认为大赋丽靡奢华，劝百讽一，如童子雕虫篆刻，于是辍不复为。《汉书》本传又云，扬雄“实好古而乐道”，多为拟作，拟《易》作《太玄》，拟《论语》作《法言》，拟《仓颉》作《训纂》，拟《虞箴》作《州箴》，拟《离骚》作《反骚》，等等。[⑤] 孙德谦认为“子云好拟古，始放而为之”，因作连珠。[⑥] 据此推测，《连珠》大概就是扬雄拟韩非子《储说》之类子书片段，参之以上行文书起首之笔法撰写的一组取代大赋用以讽劝君主的精妙文字，兼奏议之功能与辞赋之文采，是其参政意识与卓绝才华的结合体。

扬雄《连珠》具有鲜明的特点：在内容上，论说君臣关系、治政之道，文富理趣，要言不烦；在体制上，以“臣闻”和“是以”组织逻辑关

① （南朝梁）刘勰著，詹锳义证：《文心雕龙义证》卷三《杂文》，上海古籍出版社 1989 年版，第 489 页。

② 同上书，第 522 页。

③ （汉）班固撰：《汉书》卷八十七上《扬雄传上》，中华书局 1962 年版，第 3515 页。

④ （汉）班固撰：《汉书》卷八十七下《扬雄传下》，中华书局 1962 年版，第 3575 页。

⑤ 同上书，第 3583 页。

⑥ （清）孙德谦撰：《六朝丽指》，四益宧刊本，1923 年，第 84 则。

系，构成“两段式”定格展开推论，句式齐整，文辞精妙。扬雄《连珠》体式精美，且冠以嘉名，遂引起文人极大兴趣，仿效者甚多。于是，扬雄《连珠》作为肇始与范例，标志着连珠体之生成。据《后汉书》《艺文类聚》所载，东汉班固、蔡邕、潘勖皆有完整的连珠文传世，杜笃、贾逵留有残句，赵岐、服虔、傅毅、刘珍、韩说等亦作连珠，亡佚。傅玄《连珠》序云：

> 所谓连珠者，兴于汉章帝之世，班固、贾逵、傅毅三子受诏作之，而蔡邕、张华之徒又广焉。其文体，辞丽而言约，不指说事情，必假喻以达其旨，而贤者微悟，合于古诗劝兴之义。欲使历历如贯珠，易观而可悦，故谓之连珠也。班固喻美辞壮，文章弘丽，最得其体。蔡邕似论，言质而辞碎，然其旨笃矣。贾逵儒而不艳，傅毅文而不典。①

据此可知，连珠自立为一体后，不再单纯是一种私下属文练笔之辞，而是“受诏之作”“进御之文”。两汉连珠皆论君臣政要，遂与人臣奏议并行不悖。元代郝经云：“连珠，孝章命班固、傅毅作，一事未已，又列一事，骈辞相连，体如贯珠，故谓之连珠，亦奏议之体也。”② 郝经将连珠视为奏议一体，看到了二者相同的文体功能。但是，连珠不指说事情，假喻以达其旨，辞丽而言约，具有突出的文学特质，与一般奏议文毕竟不同。刘勰将连珠视为“文章之枝派，暇豫之末造”③，意味着这一文体与奏议类主流文体有明显区别。来裕恂《汉文典》卷三“文体论”部分将连珠列入“奏议类”，并云“连珠者，假喻达情，臣下婉转以告君者也”④，亦看到连珠与一般奏议文之不同之处。关于连珠的文体定位，笔者赞同曹道衡先生的

---

① （清）严可均校辑：《全上古三代秦汉三国六朝文》《全晋文》卷四十六，中华书局 1958 年版，第 1724 页。

② （元）郝经撰：《续后汉书》卷六十六上上《文章总叙》，商务印书馆 1958 年版，第 758 页。

③ （南朝梁）刘勰著，詹锳义证：《文心雕龙义证》卷三《杂文》，上海古籍出版社 1989 年版，第 496 页。

④ 来裕恂编纂：《汉文典》卷三《文体》，商务印书馆中华民国二十一年版，第 19 页。

观点：连珠是奏议文的一个旁枝。①

复次，从文体发展来看，连珠变格于魏晋六朝时期，与奏议文画然两途，系乱世君臣名位动摇、主流文化蜕变与文学自觉之结果。

魏晋南北朝时期，三国鼎立，五胡乱华，南北对峙，变故迭起，是典型的乱世。与秦汉时代不同，这一时期的帝国体制明显衰落，官僚政治发生了巨大的扭曲、变态。② 秦汉时期建树的神圣帝国此时已极其脆弱，暴力式夺权与矫情式禅让，让政权的变更沦为将“一家物与另一家”的寻常事。皇权不再神圣不可亵渎，无君论也在各种异端思想中占有一席之位，君臣名位不再稳固。与此同时，士人摒弃思想禁锢，个性得以张扬，进入文学自觉时代。文学从经史中逐渐独立出来，成为缘情绮靡之物，成为消遣愉悦之物。在主流文化蜕变的背景下，原本“受诏而作”的连珠产生变格，其进御属性逐渐消解，政教功能逐渐淡化，从明理转而抒情，蜕变为一种纯粹的美文。

连珠体原本以“臣闻”起首，作为固定格式，此其进御属性之表现。三国时代，魏文帝曹丕作《连珠》，将“臣闻”改为“盖闻”：

盖闻琴瑟高张则哀弹发，节士抗行则荣名至，是以申胥流音于南极，苏武扬声于朔裔。

盖闻四节异气以成岁，君子殊道以成名，故微子奔走而显，比干剖心而荣。

盖闻驽蹇服御，良乐咨嗟，铅刀剖截，区冶叹息，故少师幸而季梁惧，宰嚭任而伍员忧。③

---

① 曹道衡先生云：“‘连珠’这种文体，一般以‘臣闻’开头，本是写给帝王看的。”“这种极端讲究词藻和对仗的文章，既然多数是‘受诏作之’，又以‘臣闻’或‘盖闻’开头，说明它是章表的一个旁枝。”（曹道衡：《中古文学史论文集》，中华书局 2002 年版，第 39—40 页。）

② 阎步克《变态与融合——魏晋南北朝》，参见吴宗国主编《中国古代官僚政治制度研究》，北京大学出版社 2004 年版，第 86 页。

③ （清）严可均校辑：《全上古三代秦汉三国六朝文》《全三国文》卷七，中华书局 1958 年版，第 1091 页。

曹丕身份比较特殊，曾是人臣，后为君主，同时又是文人领袖。昔日人臣之身份使其谙熟奏议类经世之文，不变的文士身份又使其长于诗赋类文学之文。曹丕作《连珠》出自文士之喜好，然囿于君主身份，不得以“臣闻”言之，遂改为“盖闻”。就内容而言，曹丕《连珠》不再是进言君臣之道，而是赞美节士、君子之风范。此文虽属文人抒怀之类，但也不乏劝诫臣子之意。“盖闻”一词虽是泛泛而称，但也多见于两汉诏令①。这一变更打破了连珠体所遵奉的君臣名位，消解了连珠的进御属性，使其顺着文学性方向发展，遂成变格。

魏晋六朝时期，连珠在文人间颇为流行，有正体，有变格。承袭正体，以“臣闻”方式写作的连珠文主要有王粲《仿连珠》、陆机《演连珠》以及沈约《连珠》等。陆机《演连珠》五十篇皆以“臣闻”起首，所言主要为君臣政务，既讲要义、富于逻辑性，又讲辞藻，带有愉悦性，代表着连珠创作的高峰。这一时期更多的连珠文则沿着变格方向发展，抒写性情，讲求辞采，主要有谢惠连《连珠》、颜延之《范连珠》、王俭《畅连珠》、萧衍《连珠》、萧纲《连珠》、萧詧《连珠》、吴筠《连珠》、庾信《拟连珠》等。变格连珠大胆打破原有规范，张扬自我，追求个性。《南齐书·刘祥列传》云，刘祥作《连珠》十五首，针砭时政，不避高下，非进御直谏，实愤世嫉俗。或以之启上，上令御史中丞任暇弹劾，遂祸及其身。②《骈体文钞》卷二十九庾信《拟连珠》题注云：“与《哀江南赋》相表里。但叙身世，无关理要，连珠之别格也。”③ 萧氏父子贵为人主，亦好此道，所作连珠皆为变格。梁武帝萧衍有一首《赐到溉连珠》④，

① 例如《史记·孝文帝本纪》：“（缇萦）书奏天子，天子怜悲其意，乃下诏曰：‘盖闻有虞氏之时，画衣冠异章服以为僇，而民不犯。……’”“孝景皇帝元年十月，制诏御史：‘盖闻古者祖有功而宗有德，制礼乐各有由。……’”［（汉）司马迁撰：《史记》卷十《孝文帝本纪》，中华书局1959年版，第427、436页。］《汉书·武帝纪》：“夏六月，诏曰：‘盖闻导民以礼，风之以乐，今礼坏乐崩，朕甚闵焉。……’”［（汉）班固撰：《汉书》卷六《武帝纪》，中华书局1962年版，第171页。］《后汉书·孝桓帝纪》：“夏四月丁卯晦，日有食之。五月乙亥，诏曰：‘盖闻天生蒸民，不能相理，为之立君，使司牧之。……”［（南朝宋）范晔撰：《后汉书》卷七《孝桓帝纪》，中华书局1965年版，第293页。］

② 参见（南朝梁）萧子显撰《南齐书》卷三十六《刘祥列传》，中华书局1971年版，第640页。

③ （清）李兆洛纂：《骈体文钞》卷二十九，中华书局四部备要本，第297页。

④ 参见（唐）姚思廉撰《梁书》卷四十《到溉传》，中华书局1973年版，第569页。

赞扬到溉之孙到荩之文采，将原本上行之连珠变为下行文，且背离文体规范，六言六句，足见戏谑为文；简文帝萧纲《连珠》三首①作于临终被幽禁时，以“吾闻”起句，悲苦无告，文甚凄怆；后梁宣帝萧詧两首《连珠》②，以“常闻”起首，带有文人情调，抒发怀抱，感慨良多。在萧氏父子的带动下，连珠演变为纯粹的文学之文，尽失君臣名分。《梁书·文学列传上》云：“时高祖著《连珠》，诏群臣继作者数十人，（丘）迟文最美。”③ 可见，此时连珠的“受诏而作”不同于汉代，变成君臣唱酬的游戏，“美”是其唯一衡量标准。变格连珠，或曰“盖闻”，或曰“吾闻”，或曰“常闻”，梁刘孝仪《探物作艳体连珠》则以“妾闻”起首，尤为独特：

妾闻洛妃高髻，不姿于芳泽，玄妻长发，无籍于金钿，故云名由于自美，蝉称得于天然，是以梁妻独其妖艳，卫姬专其可怜。

妾闻芳性深情，虽欲忘而不歇，薰芬动虑，事逾久而更思，是以津亭掩馥，秪结秦妇之恨，爵台馀妒，追生魏妾之悲。④

梁代宫体之风大行其道，影响所及，连珠概莫能外。艳体连珠完全背离哲思要义，浑然游于艺海，与奏议文了不相涉。笔者认为，连珠的变格正是在魏晋六朝时期君臣名位动摇、主流文化蜕变的环境中产生的，从而连珠与奏议文画然两途。隋唐以降，连珠亦有名家名篇。唐之苏颋、王维、司空图，宋之徐铉、刘攽、黄庭坚，明之宋濂、刘基、叶小鸾，清之洪亮吉、王夫之、张之洞，等等，皆有连珠文传世。但是，连珠自文体变格后便大势已去，隋唐以后不免渐趋式微。

---

① 原文见（清）严可均校辑《全上古三代秦汉三国六朝文》《全梁文》卷十三，中华书局1958年版，第3024页。

② 原文见（清）严可均校辑《全上古三代秦汉三国六朝文》《全梁文》卷六十八，中华书局1958年版，第3359页。

③ （唐）姚思廉撰：《梁书》卷四十九《文学列传上》，中华书局1973年版，第686页。

④ （清）严可均校辑：《全上古三代秦汉三国六朝文》《全梁文》卷六十一，中华书局1958年版，第3317页。

最后，从文体价值来看，连珠讲求对仗、辞藻，且多设喻、用韵，不仅促进了奏议文的骈体化，而且推动了中国古代骈文的发展。

关于连珠的文体特点，吴讷《文章辨体》云：“大抵连珠之文，穿贯事理，如珠在贯。其辞丽，其言约，不直指事情，必假物陈义以达其旨，有合古诗风兴之义。其体则四六对偶而有韵。”[①] 徐师曾《文体明辨》亦云：“按连珠者，假物陈义以通讽谕之词也。连之为言贯也；贯穿情理，如珠之在贯也。盖自扬雄综述碎文，肇为连珠，而班固、贾逵、傅毅之流，受诏继作，傅玄乃云兴于汉章之世，误矣。然其云：‘辞丽言约，合于古诗讽兴之义’，则不易之论也。其体展转，或二，或三，皆骈偶而有韵，故工于此者，必使义明而词净，事圆而音泽，磊磊自转，乃可称珠。否则欲穿明珠，多贯鱼目，恶能免于刘勰之诮邪?”[②]

连珠体式独特，特别是具有明显的骈体性质，讲求对仗，辞丽言约，假物陈义，大多用韵，这一文体特征的形成有一个发展过程。前文所述，连珠萌芽于先秦子史，又在汉初上书体中得以培育。早期的连珠句式较为齐整，但对偶、用韵皆非严格，扬雄《连珠》即如此。范文澜先生认为与成熟的连珠文相比，扬雄之作不免“质木”[③]。至东汉，班固《拟连珠》在骈偶方面明显改进，对仗较为工整，用典也较为精工。例如：

臣闻公输爱其斧，故能妙其巧；明主贵其士，故能成其治。

臣闻良匠度其材而成大厦，明主器其士而建功业。

① （明）吴讷、（明）徐师曾：《文章辨体序说，文体明辨序说》，人民文学出版社 1962 年版，第 54 页。

② 同上书，第 139 页。

③ 范文澜《文心雕龙注》：“孙德谦《六朝丽指》，谓连珠之体始于《邓析子》，远在春秋时代。《无厚篇》云‘夫负重者患涂远，据贵者忧民离。负重涂远者，身疲而无功；在上离民者，虽劳而不治。故智者量涂而后负，明君视民而出政’。又云‘猎罴虎者不于外圂，钓鲸鲵者不于明池。何则？圂非罴虎之窟也，池非鲸鲵之泉也。楚之不溯流，陈之不东麾，长卢之不仕，吕子之蒙耻’。按《邓析子》出战国时人假托，今之存者，又节次不相属，掇拾重编而成。（《四库提要》语）孙氏所举两条，玩其文辞，不特非春秋战国时人所能作，即扬雄连珠，亦视此为质木，安可据以为连珠之体春秋时已有之哉。”［（南朝梁）刘勰著，范文澜注：《文心雕龙注》卷三《杂文》，人民文学出版社 1958 年版，第 259 页注四。］

臣闻听决价而资玉者，无楚和之名；因近习而取士者，无伯玉之功。故玙璠之为宝，非驵侩之术也；伊、吕之为佐，非左右之旧。[1]

班固之后，连珠文体日臻成熟，骈化程度更为明显。西晋陆机《演连珠》出，连珠已完全骈体化。例如：

臣闻日薄星回，穹天所以纪物；山盈川冲，后土所以播气。五行错而致用，四时违而成岁。是以百官恪居，以赴八音之离；明君执契，以要克谐之会。

臣闻任重于力，才尽则困；用广其器，应博则凶。是以物胜权而衡殆，形过镜则照穷。故明主程才以效业，贞臣底力而辞丰。

臣闻髦俊之才，世所希乏；丘园之秀，因时则扬。是以大人基命，不擢才于后土；明主聿兴，不降佐于昊苍。[2]

陆机之作，文辞骈化，语句考究，可谓珠圆玉润。《文选》立“连珠”为一体，选文只收陆机之作，以示典范性。《文心雕龙·杂文》几乎否定了所有别家之作，对陆机《演连珠》情有独钟。其文曰：“自《连珠》以下，拟者间出。杜笃、贾逵之曹，刘珍、潘勖之辈，欲穿明珠，多贯鱼目。可谓寿陵匍匐，非复邯郸之步；里丑捧心，不关西施之颦矣。惟士衡运思，理新文敏，而裁章置句，广于旧篇，岂慕朱仲四寸之珰乎！夫文小易周，思闲可赡。足使义明而词净，事圆而音泽，磊磊自转，可称珠耳。”[3] 齐梁以后，连珠在对仗、辞藻、隶事、声韵诸方面精益求精，

① （清）严可均校辑：《全上古三代秦汉三国六朝文》《全后汉文》卷二十六，中华书局 1958 年版，第 612 页。

② （南朝梁）萧统编，（唐）李善注：《文选》卷五十五《演连珠》，中华书局 1977 年版，第 761 页。

③ （南朝梁）刘勰著，詹锳义证：《文心雕龙义证》卷三《杂文》，上海古籍出版社 1989 年版，第 515 页。

可入“齐梁体”之范畴。

沈约《连珠》：

> 臣闻鸣籁受响，非有志于要风；涓流长迈，宁厝心于归海。是以万窍怒号，不叩而咸应；百川是纳，用卑而为宰。[①]

吴筠《连珠》：

> 盖闻艳丽居身，而以蛾眉入妒；贞华炤物，而以绝等见猜。是以班姬辞宠，非无妖冶之色；扬子守玄，岂乏炫曜之才。[②]

庾信《拟连珠》：

> 盖闻经天纬地之才，拔山超海之力。战阵勇于风飙，谋谟出乎胸臆。斩长鲸之鳞，截飞虎之翼。是以一怒而诸侯惧，安居而天下息。

> 盖闻萧、曹赞务，雄略所资；鲁、卫前驱，威风所假。是以黄池之会，可以争长诸侯；鸿沟之盟，可以中分天下。

> 盖闻解封豕之结，塞长蛇之源，必须制裳千里，歃血辕门。是以开百里之围，用陈平之一策；盟千乘之国，须季路之一言。[③]

陆机和庾信是魏晋六朝时期连珠文代表作家，同时也正是骈文发展史上的两座里程碑。纵观连珠文体发展史，可知连珠与骈文的演进是同步的。那

---

① （清）严可均校辑：《全上古三代秦汉三国六朝文》《全梁文》卷三十，中华书局1958年版，第3127页。

② （清）严可均校辑：《全上古三代秦汉三国六朝文》《全梁文》卷六十，中华书局1958年版，第3306页。

③ （清）严可均校辑：《全上古三代秦汉三国六朝文》《全后周文》卷十一，中华书局1958年版，第3937页。

么，如何解释这一同步现象呢？

先来看几则相关论说：

王瑶先生在《徐庾与骈体》一文中借连珠来说明以骈体议论说理的方式。其文云："自东汉以来，文士们都是练习拟作连珠的，因为这正是练习属文时必经的步骤。""到骈文成立以后，这便成了属文的初步练习，好像现在练习造句一样。"在王瑶看来，汉代扬雄、班固等人所作连珠，正是"骈体的滥觞"。连珠作为文士属文练笔，促进了骈文的产生与发展。因此，连珠和骈体的演进历史进程是完全一致的。①

曹道衡先生《关于魏晋南北朝的骈文与散文》一文云，骈、散两体的分化现象在魏晋时代已经出现。魏晋文章的骈俪化倾向，最先开始于应用文字，特别是章表。例如，曹植的章表骈俪化特征最为明显，书信辞藻华美，但对句较少，《贪恶鸟论》之类论文则几乎全为散句；陆机《演连珠》最像成熟的骈文，而连珠为章表的旁枝。刘宋时期，除章奏和给尊贵者的书信外，一般书信还常用散体，而齐梁文人则一律使用骈体了。到了梁后期和陈代，甚至连历史著作和辩论哲学问题的文章，也常常用骈文来写了。②

李士彪先生在《魏晋南北朝文体学》一书中谈到连珠是一种特殊的赋体。在论说赋对章表文字的影响时提到一个现象：在六朝章表中，类似连珠的文字屡见不鲜。如《艺文类聚》卷四十八引沈约《让五兵尚书表》："臣闻百舍之赵，非宿舂所资；千里之越，岂一苇能溯。何者？装轻适于路远，舟弱疲于济深。丑貌悴容，不藉鉴于淄水；驽足蹇步，终取踬于盐车。"此段文字可谓无韵之连珠。此外，又列举王僧孺《为南平王让仪同表》、吴筠《扬州建安王让加司徒表》等相关文字，认为其体皆与连珠相似。其结论云："我怀疑很可能是这些文人根据不同场合，平时准备好一些文字片断，以便写章表时取用。观其开篇必有'臣闻'二字可知矣。"③

三家论题不同，但或多或少都牵涉到了连珠、奏议、骈文之间的关

① 参见王瑶《中古文学史论》，北京大学出版社 1998 年版，第 322—326 页。

② 参见曹道衡《中古文学史论文集》，中华书局 2002 年版，第 37—47 页。

③ 参见李士彪《魏晋南北朝文体学》，上海古籍出版社 2004 年版，第 144—145 页。

系。据此，笔者认为，奏议是连珠与骈文同步发展的关联所在。连珠作为奏议之旁枝，作为属文之练笔，带动了奏议文的骈体化；而骈文的发展，又是从章表的骈体化起步并推广开来的。因而，连珠不仅促进了奏议文的发展，更推动了中国古代骈文的演进。魏晋六朝时期，连珠体在推动奏议骈俪化的同时，其本身原有的进御属性丧失殆尽，流变为纯粹的文学之文。连珠作为属文之练笔，是骈体入门之道，推动了骈文的发展。然而成熟的骈文出现后，连珠的存在便产生了价值危机。由于找寻不到新的发展之路，连珠之式微便无可挽回了。

要言之，从文体功能考察，连珠与奏议有密切关联。连珠滥觞于先秦时代，与奏议文同源，自扬雄《连珠》出，遂作为旁枝一度与奏议并行不悖。魏晋以后，连珠发生变格，与奏议疏离却又推动奏议文骈化，并在此过程中完成了自己的历史使命。连珠虽小，其功大矣！

第五章

奏议类主要名目辨析

吴曾祺《涵芬楼古今文钞》云："文章之体，因时代而殊，或古有而今无，或古无而今有，或名同而实固异，或名异而实固同，体制既繁，别裁宜审。"① 吴氏所言系针对中国古代所有文章而发，奏议类文体尤为如此。

奏议文是中国古代文章之大宗，名目繁多，且彼此交错纠结。隋唐之前，奏议类名目已较为复杂：从内容来看，有"谢恩""弹文""变事""便宜""谠言"等；从体式来看，有"章""表""奏""议""疏""启""对策"等；从密级来看，有"封事""露布"等。奏议类文体随奏议制度而确立，原本在文体功能、文体格式等方面有明确规定，但在实际运用过程中，各类文体相互影响，相互渗透，彼此之间的界限逐渐模糊，文体功能亦随之发生变化，以至于千头万绪，盘根错节。张立斋《文心雕龙注订》云："章表同体，故此篇并而论之，非如檄移诸篇分言之也。章、表古式无别，自秦初定制，而汉立四品，始章是章而表是表也。然立体虽殊，而用事常混，只可大别，未遑细判。"② "立体虽殊，而用事常混"，张氏此言针对章、表二体而发，实则奏议类文体大多如此。"只可大别，未

① （清）吴曾祺纂：《涵芬楼古今文钞》《例言》，商务印书馆清宣统二年铅印本，第1页。

② （南朝梁）刘勰著，詹锳义证：《文心雕龙义证》卷五《章表》题注引，上海古籍出版社1989年版，第820页。

遑细判”，抑或为奏议类文体辨析之道？本章对于隋唐之前奏议类主要名目试作辨析。

第一节　章　表　奏　议

“章表奏议”是奏议类文体最早确立的主要名目。蔡邕《独断》：“凡群臣上书于天子者有四名：一曰章，二曰奏，三曰表，四曰驳议。”① 刘勰《文心雕龙·章表》：“秦初定制，改书曰奏。汉定礼仪，则有四品：一曰章，二曰奏，三曰表，四曰议。章以谢恩，奏以按劾，表以陈请，议以执异。”②

本节讨论“章”“表”“奏”“议”。

一　章

《说文解字》：“章，乐竟为一章。从音，从十。十，数之终也。”③ 此乃“章”之本义。章，又假借为“彰”。《广雅·释诂四》：“彰著，明也。”④《周礼·考工记》：“画缋之事，杂五色。……赤与白谓之章。”⑤《文心雕龙·章表》：“章者，明也。《诗》云‘为章于天’，谓文明也。其在文物，赤白曰章。”⑥“章”作为奏议类子目，肇始于汉代，主要用于谢恩。蔡邕《独断》云，凡群臣上书于天子者有四名，其一曰章。“章者，需头，称‘稽首’，上书谢恩陈事，诣阙通者也。”⑦《文心雕龙·章表》亦云，汉定礼仪，则有四品，其一曰章。“章以谢恩。”⑧

① （汉）蔡邕撰：《独断》，丛书集成初编本，中华书局1985年版，第4页。

② （南朝梁）刘勰著，詹锳义证：《文心雕龙义证》卷五《章表》，上海古籍出版社1989年版，第826页。

③ （汉）许慎撰，（宋）徐铉校定：《说文解字》，中华书局1963年版，第58页。

④ （清）王念孙：《广雅疏证》卷四上《释诂》，中华书局1983年版，第112页。

⑤ （汉）郑玄注，（唐）贾公彦疏：《周礼注疏》卷四十《画缋》，上海古籍出版社1990年版，第621页。

⑥ （南朝梁）刘勰著，詹锳义证：《文心雕龙义证》卷五《章表》，上海古籍出版社1989年版，第826页。

⑦ （汉）蔡邕撰：《独断》，丛书集成初编本，中华书局1985年版，第4页。

⑧ （南朝梁）刘勰著，詹锳义证：《文心雕龙义证》卷五《章表》，上海古籍出版社1989年版，第826页。

奏议文是秦汉官制之产物。人臣初除，谢恩系首要之事。汉代臣僚奏议四品，“章”居其首，是君臣初遇策命与委质时必备之文书。关于“章”之渊源，任昉《文章缘起》云：“谢恩，汉丞相魏相诣公车谢恩。”又云：“上章，孔融上章谢太中大夫。”[①] 任昉所举两篇文章皆已散佚。魏相此文用于谢恩，应该是一篇标准的“章”，所谓“诣公车谢恩”与《独断》所云谢恩“诣阙通者”亦相合。据《后汉书》本传，孔融曾拜太中大夫，此篇上章应作于拜官之时。《文章缘起》所举文章皆“自秦汉以来，圣君贤士沿著为文章名之始”[②]，不一定是某类文章的肇始之作，往往是该类文章影响较大的典范之作。魏相诣公车谢恩之文具有“谢恩”类文章的典范性，此类文章不仅包括“谢章”，还包括“谢表”等；孔融上章谢太中大夫则是章体文之代表，不仅包括谢恩之章，还包括用于其他方面的章体文。任昉所举这两篇文章虽非章体文肇始之作，却说明了最标准的章体文是用于“谢恩”之章。

《尚书》中已见拜官让谢之风习。据此，晋刘寔认为“谢章”之渊源可追溯至上古时期：

> 人臣初除，皆通表上闻，名之谢章，所由来尚矣。原谢章之本意，欲进贤能以谢国恩也。昔舜以禹为司空，禹拜稽首，让于稷契及咎繇。使益为虞官，让于朱虎、熊、罴。使伯夷典三礼，让于夔龙。唐虞之时，众官初除，莫不皆让也。谢章之义，盖取于此。《书》记之者，欲以永世作则。季世所用，不贤不能让贤，虚谢见用之恩而已。相承不变，习俗之失也。[③]

上古时期是否有如此规范之礼制尚可商榷，但设官分职之际，辞让、谢恩应是情理中事。秦汉建制，拜官让谢予以制度化、规范化。应劭《汉官

① （南朝梁）任昉撰，（明）陈懋仁注：《文章缘起注》，丛书集成初编本，中华书局 1985 年版，第 6、13 页。

② 同上书，第 1 页。

③ （唐）房玄龄等撰：《晋书》卷四十一《刘寔列传》，中华书局 1974 年版，第 1194 页。

仪》云："凡拜，天子临轩，六百石以上悉会，直事卿赞，御史授，公三让，然后乃受之。"① 《文心雕龙·章表》云："昔晋文受册，三辞从命，是以汉末让表，以三为断。"② 汉代以章表让官、谢恩，此体遂兴。例如：

> 立三十一年薨，子懿王祗嗣。初平四年，遣子琬至长安奉章，献帝封琬汶阳侯，拜为平原相。③

> 陈珪欲使子登诣曹操，布固不许，会使至，拜布为左将军，布大喜，即听登行，并令奉章谢恩。④

又如：

> 高祖宠诞，每与诞同舆而载，同案而食，同席坐卧。彭城王勰、北海王详，虽直禁中，然亲近不及。十六年，以诞为司徒。高祖既深爱诞，除官日，亲为制三让表并启，将拜，又为其章谢。⑤

北魏高祖孝文皇帝宠爱冯诞，策命其为司徒，除官之日，亲自为其代笔三让表启，拜官之时，又为其代笔谢章。由此可见古代受命册封时完整的让谢程序：先上书让官，一般辞让三次；推让不过，继而领职，上章谢恩。正如刘寔所云，谢章之本意在于"让"，而非"谢"，随着世风日下，辞让言不由衷，谢恩便成为此类文章主要之意。

臣僚谢恩类文章多不传于后世。刘勰《文心雕龙·章表》所举胡广"谒陵之章"以及左雄、陈琳、阮瑀等人之"章"皆不传，严可均《全上古三代秦汉三国六朝文》所录章体文数量亦极少。刘勰所谓"前汉表谢，

① （清）孙星衍等辑：《汉官六种》《汉官仪》，中华书局1990年版，第124页。

② （南朝梁）刘勰著，詹锳义证：《文心雕龙义证》卷五《章表》，上海古籍出版社1989年版，第832页。

③ （南朝宋）范晔撰：《后汉书》卷四十二《光武十王列传》，中华书局1965年版，第1426页。

④ （南朝宋）范晔撰：《后汉书》卷七十五《吕布列传》，中华书局1965年版，第2449页。

⑤ （北齐）魏收撰：《魏书》卷八十三《外戚列传上》，中华书局1974年版，第1821页。

遗篇寡存”，范文澜先生注曰：“感遇谢恩，无当政要，故前汉谢表，彦和时已寡存篇。”① 这里的“表”为“章表”之省，指出此类文章不传之缘由在于无关政要。同样，曾国藩也认为“谢恩折”无关大政，与参政议政之“奏议”不可同日而语，可为旁证：

弟之谢恩折，尚可由安庆代作代写代递。初膺开府重任，心中如有欲说之话，思自献于君父之前者，尽可随时陈奏。奏议是人臣最要之事，弟须加一番工夫。②

《独断》云“章者，需头，称‘稽首’”③，其体式要求首幅上端保留一定空白以备皇帝批答，但这些特点并非章体文所独有。“章”之文体特点主要是典雅、华美。《文心雕龙·章表》云：“原夫章表之为用也，所以对扬王庭，昭明心曲。既其身文，且亦国华。章以造阙，风矩应明。”“章式炳贲，志在典谟；使要而非略，明而不浅。”④ “章”作为谢恩之文进献于王庭，既代表上奏者之心声，又彰显国家之气象，因而讲求文采与气度。再者，既然赤白曰章，以此命名，亦可证此类文章之风格特点。今存谢章以蔡邕之作为最早，亦为典范，兹录其《让高阳乡侯章》以示之：

制诏左中郎将蔡邕。今封邕陈留雍丘高阳乡侯，下印绶符策假限食五百户，岁五十万谷各米。臣稽首受诏，怔营喜惧，精魄播超，恍惚如梦，不敢自信。臣伏惟糠秕小生，学术虚浅，少窃方正，长历宰府，备数典城，著作东观。无状取罪，捐弃朔野。蒙恩徙还，退伏畎亩。复阶朝谒，进察宪台，遂充机密，令守巴郡，还备侍中。车驾西

① （南朝梁）刘勰著，范文澜注：《文心雕龙注》卷五《章表》，人民文学出版社 1958 年版，第 411 页注一一。

② （清）李翰章编纂，李鸿章校勘，宁波等校注：《足本曾文正公全集》第八部《家书》，吉林人民出版社 1995 年版，第 5412 页。

③ （汉）蔡邕撰：《独断》，丛书集成初编本，中华书局 1985 年版，第 4 页。

④ （南朝梁）刘勰著，詹锳义证：《文心雕龙义证》卷五《章表》，上海古籍出版社 1989 年版，第 843—844 页。

还，执鞭跨马，及看轮毂，升舆下轸，扶接圣躬。既至旧京，出备郎将，中外所疑。对越省闼，群臣之中，特见褒异，讫无鸡犬鸣吠之用，常以汗墨，愧负恩宠。诚不意寤，猥与公卿以下，录功受赏，命服金紫，爵至通侯。非臣草莱功劳微薄所当被蒙，臣邕顿首死罪。臣十四世祖肥如侯，佐命高祖，以受爵赏，统嗣旷绝，除在匹庶。臣子遗苗裔，复蒙显封，前功轻重不侔，惭惶累息，无心怡宁。唐虞之朝，犹美三让，臣者何人，受而不让。臣不胜战悼怵惕，诣阙拜章，上所假高阳乡侯印绶符策，伏受罪诛。臣得微劳，被受爵邑，光宠荣华，耀熠祖祢，非臣小族陋宗器量褊狭所能堪胜，非臣力用勤劳有所当受，诚无安宁甘悦之情。拘迫国宪，下不敢逆。苟顺恩旨，退省金龟紫绶之饰，非臣容体所当服佩。中读符策诰戒之诏，非臣才量所能祗奉。历日弥久，震惧益甚。臣闻高祖受命，元功翼德与共天下者爵土，故曰使黄河若带，太山若砺，国以永存，爰及苗裔。夫山河至大，犹谓之小，重功轻赏，如此其至也。是以战功之事，大有陷坚破敌斩将搴旗之功，小有馘截首级履伤涉血之难，勤苦军旅，连年累岁，首如蓬葆，体如漆干，劳瘁辛苦。如此其重也，以受爵土，谁曰不宜。今者圣朝迁都，应顺天人，奔走之役，臣仆职分宜然。臣事轻葭莩，功薄蝉翼，臣恐史官录书臣等在功臣之列，陷恩泽之科，垂名后叶，作戒末嗣，非本朝之德政，遇臣之长策。臣是以宵寝晨兴，叩膺增叹，心烦虑乱，喘呼息吸。且鷦鷯巢林，不过一枝，鼹鼠饮河，不过满腹，小人之情，求足而已，不胜大愿，乞如前章云云。臣忝自参省，资非哲人藩屏之用，器非殿邦佐君之才，忧心灼烜，耳目昏冒，忪蒙蔽罔，累息屏气。臣闻稷、契之畴，以德受命，功德靡堪，让所不如。昔之范匄，不忘礼让，其下化之，《春秋》采焉。臣小丑，不足勖励，以蹑高踪。以诗人斯亡之戒，观见符策君国之诲，两印双绂，并在鞶带，至德元功，器量宏大，犹且踧踖，无心宁止，况臣蝼蚁无功德，而散怠茸阘，何以居之？且晏婴辞邶殿之邑，张良辞三万之户，书籍纪之，以为美谈。夫人君无弄戏之言，宪法有诬枉之劾，臣不敢违戾饰虚，以距上旨，疑确之诚，与神明通。谨奉章诣阙，顿首敢固以请息，伏惟留漏刻一省，僵没之日，同寿松乔。[①]

蔡邕此篇谢章为让封高阳乡侯而作，首引封赏之辞，次说喜惧之情，再表辞让之意，既言身世之卑微不足以受此恩宠，又云尚古之心志欲效前贤以礼让，言情述志，要而非略，明而不浅，文意明晰，文采昭然，可谓“风矩应明”。

《独断》云，“章”用于谢恩之外，亦可陈事。[②] 据《全后汉文》，蔡邕本人所作章体文，《让高阳乡侯章》属让谢之作，《戍边上章》则用以陈事，此外还有庆贺之作《上始加元服与群臣上寿章》，谢罪之作《表贺录换误上章谢罪》，举荐之作《荐太尉董卓可相国并自乞闲冗章》等。[③] 魏晋六朝时期，曹植、谢庄、沈约、温子昇等有章体文传世，谢恩之外，其用寖广。徐师曾《文体明辨》云：“古人言事，皆称上书。汉定礼仪，乃有四品，其一曰章，用以谢恩。及考后汉，论谏庆贺，间亦称章，岂其流之寖广欤?”[④]

“章”之文体功能由谢恩扩展用于陈事、庆贺、论谏等，究其原因有三：其一，谢章之行文不规范，谢恩之外，杂有他事，造成此类文体使用范围拓展。例如《后汉书·郑弘列传》云：汉章帝时，郑弘任太尉，奏尚书张林阿附侍中窦宪且素行臧秽，又奏窦宪之宾客洛阳令杨光在官贪残，不宜处位。书奏，郑弘某属吏与杨光故旧，因以告之。杨光报窦宪，窦宪因奏郑弘作为大臣漏泄密事。汉章帝诘让郑弘，收上印绶。郑弘自诣廷尉，诏敕出之，因乞骸骨归，未许。后郑弘病笃，上书陈谢，并言窦宪之短。帝省章，遣医占郑弘病，比至已卒。[⑤] 郑弘上书陈谢，自是章体文，但谢章中又言窦宪之短，遂带有弹劾性质，文体运用不规范。此类谢章背

① （清）严可均校辑：《全上古三代秦汉三国六朝文》《全后汉文》卷七十一，中华书局1958年版，第861页。

② （汉）蔡邕撰：《独断》，丛书集成初编本，中华书局1985年版，第4页。

③ 参见（清）严可均校辑《全上古三代秦汉三国六朝文》《全后汉文》卷七十、七十一，中华书局1958年版，第858—862页。

④ （明）吴讷、（明）徐师曾：《文章辨体序说，文体明辨序说》，人民文学出版社1962年版，第121页。

⑤ 参见（南朝宋）范晔撰《后汉书》卷三十三《郑弘列传》，中华书局1965年版，第1156页。

离了奏议文一事一文的写作规范，谢恩之外杂言他事，客观上助长了章体文使用范围的拓展。其二，“章”之文体功能拓展，与“表”无异，与此同时，“章”专用于谢恩之文体功能亦为“表”所侵占，二者互渗，界限渐趋模糊。据严可均《全后汉文》，让谢之作，蔡邕有《让高阳乡侯章》，亦有《巴郡太守谢表》；举荐之作，蔡邕亦章表并用，有《荐太尉董卓可相国并自乞闲冗章》，亦有《荐皇甫规表》。[①] 可见，东汉末，章表之界限已模糊。魏晋以后，章表尤难区分。《文心雕龙》之《奏启》《议对》皆分而论之，唯《章表》则两种文体并论，可为证之。明代黄佐《六艺流别》云：“章者，明也，其义与表同。……谢恩陈情，章表一耳。”黄佐认为曹植《改封陈王谢恩章》与谢灵运《谢封表》无异，又云刘勰所谓胡广“谒陵之章”近于“表”。[②] 来裕恂《汉文典》云：“章者，表之简者也。姚姬传曰：‘刘越石《劝进表》是章体，而晋时已通谓之表。’”[③] 据此，章表二体之互渗，亦推动“章”文体功能之延展。其三，“章”原本有“篇章”之意，因而可泛指上书，即来裕恂《汉文典》所谓谢章之外，“又有奏章，有谏章，有荐章，有弹章”[④]。例如：

> 孝宣皇帝爱其良民吏，有章劾，事留中，会赦一解。故事，尚书希下章，为烦扰百姓，证验系治，或死狱中，章文必有“敢告之”字乃下。[⑤]

> 昔汉安帝时，少府窦嘉辟廷尉郭躬无罪之兄子，犹见举奏，章劾纷纷。[⑥]

---

① 参见（清）严可均校辑《全上古三代秦汉三国六朝文》《全后汉文》卷七十一，中华书局 1958 年版，第 861—863 页。

② （明）黄佐纂：《六艺流别》，清康熙二十六年刻本。

③ 来裕恂编纂：《汉文典》卷三《文体》，商务印书馆中华民国二十一年版，第 18 页。

④ 同上。

⑤ （汉）班固撰：《汉书》卷八十六《王嘉传》，中华书局 1962 年版，第 3491 页。

⑥ （西晋）陈寿撰：《三国志》卷十六《魏书·杜恕传》，中华书局 1959 年版，第 504 页。

上述二例中，“章”实为“奏”，系奏劾之文。又如：

今陛下开三代之业，招文学之士，优游宽容，使得并进。今贤不肖浑殽，白黑不分，邪正杂糅，忠谗并进。章交公车，人满北军。①

弘师同郡河东太守焦贶。楚王英谋反发觉，以疏引贶，贶被收捕，疾病于道亡没，妻子闭系诏狱，掠考连年。诸生故人惧相连及，皆改变名姓，以逃其祸，弘独髡头负鈇锧，诣阙上章，为贶讼罪。显宗觉悟，即赦其家属，弘躬送贶丧及妻子还乡里，由是显名。②

顺帝时，灾异屡见，阳嘉二年正月，公正征，顗乃诣阙拜章曰：“臣闻天垂妖象，地见灾符，……谨诣阙奉章，伏待重诛。”书奏，帝复使对尚书。③

先是宁阳主簿诣阙，诉其县令之枉，积六七岁不省。主簿乃上书曰：“臣为陛下子，陛下为臣父。臣章百上，终不见省，臣岂可北诣单于以告怨乎？”帝大怒，持章示尚书，尚书遂劾以大逆。④

公车令，一人。掌受章奏。秦有公车司马令，属卫尉，汉因之，掌宫南阙门。凡吏民上章，四方贡献，及征诣公车者，皆掌之。晋江左以来，直云公车令。⑤

及解镇还京，民多追恋，诣阙上章者三百余人。书奏，高祖嘉之。⑥

---

① （汉）班固撰：《汉书》卷三十六《楚元王传》，中华书局1962年版，第1941页。
② （南朝宋）范晔撰：《后汉书》卷三十三《郑弘列传》，中华书局1965年版，第1155页。
③ （南朝宋）范晔撰：《后汉书》卷三十下《郎顗列传》，中华书局1965年版，第1054页。
④ （南朝宋）范晔撰：《后汉书》卷五十八《虞诩列传》，中华书局1965年版，第1872页。
⑤ （南朝梁）沈约撰：《宋书》卷四十《百官志下》，中华书局1974年版，第1243页。
⑥ （北齐）魏收撰：《魏书》卷二十四《崔玄伯列传》，中华书局1974年版，第625页。

以上诸例，“章”皆为诣阙上奏之文书，实即吏民上书，与朝臣谢恩之“章”没有关系。再如，汉魏六朝时期有“飞章”：

初，邕与司徒刘郃素不相平，叔父卫尉质又与将作大匠阳球有隙。球即中常侍程璜女夫也，璜遂使人飞章言邕、质数以私事请托于郃，郃不听，邕含隐切，志欲相中。①

初，顺帝时诸所除官，多不以次，及固在事，奏免百余人。此等既怨，又希望冀旨，遂共作飞章虚诬固罪曰：……②

是时高宗锐意河南，以为指麾可定，景历谏称师老将骄，不宜过穷远略。高宗恶其沮众，大怒，犹以朝廷旧臣，不深罪责，出为宣远将军、豫章内史。未行，为飞章所劾，以在省之日，赃污狼藉，帝令有司按问，景历但承其半。③

所谓“飞章”，指带有告发性质的紧急文书，一般不具名，且多为蓄意诬陷。此类文章又称“飞书”：

松数为私书请托郡县，二年，发觉免官，遂怀怨望。四年冬，乃县飞书诽谤，下狱死，国除。④

荆性刻急隐害，有才能而喜文法。光武崩，大行在前殿，荆哭不哀，而作飞书，封以方底，令苍头诈称东海王彊舅大鸿胪郭况书与彊曰：……⑤

① （南朝宋）范晔撰：《后汉书》卷六十下《蔡邕列传》，中华书局 1965 年版，第 2001 页。
② （南朝宋）范晔撰：《后汉书》卷六十三《李固列传》，中华书局 1965 年版，第 2084 页。
③ （唐）姚思廉撰：《陈书》卷十六《蔡景历列传》，中华书局 1972 年版，第 227 页。
④ （南朝宋）范晔撰：《后汉书》卷三十四《梁统列传》，中华书局 1965 年版，第 1170 页。
⑤ （南朝宋）范晔撰：《后汉书》卷四十二《光武十王列传》，中华书局 1965 年版，第 1446 页。

时左民郎沈炯为飞书所谤，将陷重辟，事连台阁，人怀忧惧，奂廷议理之，竟得明白。[①]

后员与伯夫子禽可共为飞书，诬谤朝政。[②]

飞章，即飞书，二者无异。由此可见，“章”可用为“书”之别称。“章”之此类用法，亦给人带来其文体功能拓展之印象。

要言之，“章”作为奏议类子目，肇始于汉代，原本专用于谢恩。在使用过程中，“章”与“表”二体互渗，界限模糊，其文体功能遂广。然而，与其他奏议类文体不同的是，由于谢章无关政要，史书多不收录，其体渐衰。所以，“章”之文体功能拓展并未使其使用日广，相反却为“表”所侵代以至于消亡。徐师曾《文体明辨》云：章，“自唐而后，此制遂亡”[③]。吴曾祺《文体刍言》亦云：章，“汉魏人多有此作，唐以后无之”[④]。

二　表

《说文解字》：“表，上衣也，从衣从毛。古者衣裘，以毛为表。”[⑤] 此为“表”之本义。表，又假借为“标”。《文心雕龙·章表》：“表者，标也。《礼》有《表记》，谓德见于仪，其在器式，揆景曰表。”[⑥]《释名·释书契》：“下言于上曰表，思之于内，表施于外也。”[⑦]《文选》卷三十七《表上》李善注：“表者，明也，标也。如物之标表。言标著事序，使之明

① （唐）姚思廉撰：《陈书》卷二十一《孔奂列传》，中华书局1972年版，第283页。

② （北齐）魏收撰：《魏书》卷八十三上《外戚列传上》，中华书局1974年版，第1818页。

③ （明）吴讷、（明）徐师曾：《文章辨体序说，文体明辨序说》，人民文学出版社1962年版，第121页。

④ （清）吴曾祺纂：《涵芬楼古今文钞》《文体刍言》，商务印书馆清宣统二年铅印本，第7页。

⑤ （汉）许慎撰，（宋）徐铉校定：《说文解字》，中华书局1963年版，第170页。

⑥ （南朝梁）刘勰著，詹锳义证：《文心雕龙义证》卷五《章表》，上海古籍出版社1989年版，第826页。

⑦ （汉）刘熙撰，（清）毕沅疏证，王先谦补：《释名疏证补》卷六《释书契》，中华书局2008年版，第209页。

白，以晓主上，得尽其忠，曰表。”① “表”作为文体名称，始见于秦汉。蔡邕《独断》云，凡群臣上书于天子者有四名，其三曰表。②《文心雕龙·章表》亦云，汉定礼仪，则有四品，其三曰表。“表以陈请。”③

关于“表”之渊源，任昉《文章缘起》云：“表，淮南王安《谏伐闽表》。”又云：“让表，汉东平王苍上表让骠骑将军。”④《汉书·严助传》云：“后三岁，闽越复兴兵击南越。南越守天子约，不敢擅发兵，而上书以闻。上多其义，大为发兴，遣两将军将兵诛闽越。淮南王安上书谏曰云云。”⑤《后汉书·光武十王列传》云：“苍在朝数载，多所隆益，而自以至亲辅政，声望日重，意不自安，上疏归职曰云云。”⑥ 考之于史，任昉所举两篇文章一曰“上书”，一曰“上疏”，皆未以“表”命名，盖有其实而无其名也。据严可均《全汉文》，西汉文章以“表”命名者有李陵《表》、魏相《表奏采〈易阴阳〉〈明堂月令〉》、刘歆《上〈山海经〉表》。⑦ 李陵《表》出处不详，魏相此文系严氏拟题，出于《汉书》本传所云“又数表采《易阴阳》及《明堂月令》奏之”⑧，刘歆此篇上表则来自宋本《山海经》。《全后汉文》所收表文亦少，主要有马援《上铜马式表》，来歙《被刺自书遗表》，窦武《上表谏宦官封侯》，蔡邕《荐皇甫规表》《为陈留太守奏上孝子程未事表》《巴郡太守谢表》等。⑨ 据此，两汉时期，表文内容已涉及陈事、贡物、让谢、举荐等。魏晋以后，表文颇为盛行，内容涉及政务之方方面面，几乎凡事皆可上表。刘勰《文心雕龙》云“表体多包”，

① （南朝梁）萧统编，（唐）李善注：《文选》卷三十七《表上》，中华书局 1977 年版，第 515 页注。

② （汉）蔡邕撰：《独断》，丛书集成初编本，中华书局 1985 年版，第 4 页。

③ （南朝梁）刘勰著，詹锳义证：《文心雕龙义证》卷五《章表》，上海古籍出版社 1989 年版，第 826 页。

④ （南朝梁）任昉撰，（明）陈懋仁注：《文章缘起注》，丛书集成初编本，中华书局 1985 年版，第 4 页。

⑤ （汉）班固撰：《汉书》卷六十四上《严助传》，中华书局 1962 年版，第 2777 页。

⑥ （南朝宋）范晔撰：《后汉书》卷四十二《光武十王列传》，中华书局 1965 年版，第 1435 页。

⑦ 参见（清）严可均校辑《全上古三代秦汉三国六朝文》《全汉文》卷二十八，中华书局 1958 年版，第 281 页；卷二十九，第 288 页；卷四十，第 346 页。

⑧ （汉）班固撰：《汉书》卷七十四《魏相传》，中华书局 1962 年版，第 3139 页。

⑨ 参见（清）严可均校辑《全上古三代秦汉三国六朝文》《全后汉文》卷十七，中华书局 1958 年版，第 561 页；卷二十一，第 586 页；卷十六，第 557 页；卷七十一，第 862 页。

范文澜先生注云“表以陈事，事体多方，故曰多包”[①]。周振甫先生云：“表有荐举的，如孔融《荐祢衡表》；有陈情的，如李密《陈情表》；有谢恩的，如《谢平原内史表》；有让爵劝进的，如刘琨《劝进表》，庾亮《让中书令表》等：所以称‘表体多包’。”[②] 徐师曾《文体明辨》云：“汉定礼仪，乃有四品，其三曰表，然但用以陈请而矣。后世因之，其用寖广。于是有论谏，有请劝（劝进），有陈乞（待罪同），有进（进书）献（献物），有推荐，有庆贺，有慰安，有辞（辞官）解（解官），有陈谢（谢官、谢上、谢赐），有讼理，有弹劾，所施既殊，故其词亦异。”[③]

关于“表”之文体格式，蔡邕《独断》云：“表者，不需头。上言‘臣某言’，下言‘臣某、诚惶诚恐、顿首顿首、死罪死罪’。左方下附曰‘某官臣某甲上’。”[④]《后汉书·胡广传》注引《汉杂事》说法基本相同。[⑤] 关于上表者姓名之签署，《独断》云：“公卿校尉诸将不言姓，大夫以下有同姓官别者言姓。”[⑥] 关于表文书写，《独断》云：“文多，用编两行；文少，以五行。”[⑦] 王国维《简牍检署考》解释云：“盖文多者编两行牍若干书之，而少者以五行牍一。”[⑧] 关于表文之批复，《独断》云：“表文报‘已奏如书’。”[⑨]

《文章释》云表文“主于明揭所陈”[⑩]，此为“表”之文体功用，亦是对其写作的基本要求。《文心雕龙·章表》云：“表体多包，情伪屡迁，必雅义以扇其风，清文以驰其丽。然恳恻者辞为心使，浮侈者情为文屈。必

① （南朝梁）刘勰著，范文澜注：《文心雕龙注》卷五《章表》，人民文学出版社 1958 年版，第 421 页注二六。

② （南朝梁）刘勰著，詹锳义证：《文心雕龙义证》《章表》注，上海古籍出版社 1989 年版。

③ （明）吴讷、（明）徐师曾：《文章辨体序说，文体明辨序说》，人民文学出版社 1962 年版，第 122 页。

④ （汉）蔡邕撰：《独断》，丛书集成初编本，中华书局 1985 年版，第 4 页。

⑤ （南朝宋）范晔撰：《后汉书》卷四十四《胡广列传》，中华书局 1965 年版，第 1507 页注六。

⑥ （汉）蔡邕撰：《独断》，丛书集成初编本，中华书局 1985 年版，第 5 页。

⑦ 同上书，第 4 页。

⑧ 王国维著，胡平生、马月华校注：《简牍检署考校注》，上海古籍出版社 2004 年版，第 63 页。

⑨ （汉）蔡邕撰：《独断》，丛书集成初编本，中华书局 1985 年版，第 5 页。

⑩ 王水照编：《历代文话》第七册《文章释》，复旦大学出版社 2007 年版，第 6297 页。

使繁约得正，华实相胜，唇吻不滞，则中律矣。”[①] 在刘勰看来，表文要求文辞要约明白而不简略浮浅，情感恳恻而不浮侈，语调流畅，合乎音律。关于表文的特点，李充《翰林论》云：“表宜以远大为本，不以华藻为先。”[②] 表文陈事议政，进言王庭，固不得以华藻为先，但是，与“奏”“议”等文体相比，表文在奏议类文章中实最具文学色彩。

“表”之文学性主要表现有二：

其一，抒情特质。褚斌杰先生《中国古代文体概论》有云：“表文与其他一般上书奏状不同，常含有表志陈情、诉说心曲的意思。”“章奏之类，公文性强，不容有更多的情采，表则带有倾诉衷情的性质，有表现其情质文采的余地。所以说它们虽同属‘造阙’‘致禁’的文字，而表文一类往往更多具有文学色彩。”[③] 表以陈请，对扬王庭，昭明心曲，在奏议类文体中最具抒情特质。诸葛亮《出师表》尤为如此，文中云：

> 臣本布衣，躬耕于南阳，苟全性命于乱世，不求闻达于诸侯。先帝不以臣卑鄙，猥自枉屈，三顾臣于草庐之中，谘臣以当世之事，由是感激，遂许先帝以驱驰。后值倾覆，受任于败军之际，奉命于危难之间，尔来二十有一年矣。先帝知臣谨慎，故临崩寄臣以大事也。受命以来，夙夜忧叹，恐托付不效，以伤先帝之明，故五月渡泸，深入不毛。今南方已定，兵甲已足，当奖率三军，北定中原，庶竭驽钝，攘除奸凶，兴复汉室，还于旧都。此臣所以报先帝，而忠陛下之职分也。
>
> 至于斟酌损益，进尽忠言，则攸之、祎、允之任也。愿陛下托臣以讨贼兴复之效；不效，则治臣之罪，以告先帝之灵。若无兴德之言，则责攸之、祎、允等之慢，以彰其咎。陛下亦宜自谋，以谘诹善道，察纳雅言，深追先帝遗诏。臣不胜受恩感激，今当远离，临表涕

---

① （南朝梁）刘勰著，詹锳义证：《文心雕龙义证》卷五《章表》，上海古籍出版社 1989 年版，第 844 页。

② （清）严可均校辑：《全上古三代秦汉三国六朝文》《全晋文》卷五十三，中华书局 1958 年版，第 1767 页。

③ 褚斌杰：《中国古代文体概论》，北京大学出版社 1990 年版，第 458 页。

零，不知所言。[①]

诸葛亮《出师表》于北伐之前上后主刘禅，文章不仅分析时局，安排政务，劝谏主上，而且深情回忆当年旧事，深切感念先帝知遇之恩，结尾所言“臣不胜受恩感激，今当远离，临表涕零，不知所言”，一腔热血喷涌而出，万般忠诚直指人心，鞠躬尽瘁，死而后已，千载之下，孰堪伯仲？无怪乎刘勰将此文视为“表之英”[②]，后人提及古代奏议名篇亦多推崇此文。

其二，文采昭彰。“章表奏议”四体，以“章表”最重笔力，最具文采。真德秀云：“表章工夫最宜用力。”[③] 刘勰云：“原夫章表之为用也，所以对扬王庭，昭明心曲。既其身文，且亦国华。章以造阙，风矩应明；表以致禁，骨采宜耀。循名课实，以文为本者也。”[④] “章”原本较重文采，“表”侵夺其文体功能并取而代之，亦助长其自身之文学色彩。魏晋六朝时期，表文追求骈俪之美，对仗工整，辞采瑰丽。例如殷仲文《自解表》：

臣闻洪波振壑，川无恬鳞；惊飙拂野，林无静柯。何者？势弱则受制于巨力，质微则莫以自保。于理虽可得而言，于臣实非所敢喻。昔桓玄之世，诚复驱迫者众。至于愚臣，罪实深矣。进不能见危授命，忘身殉国；退不能辞粟首阳，拂衣高谢。遂乃宴安昏宠，叨昧伪封，锡文篡事，曾无独固。名义以之俱沦，情节自兹兼挠。宜其极法，以判忠邪。镇军臣裕匡复社稷，大弘善贷，伫一戮于微命，申三驱于大信，既惠之以首领，复引之以絷维。于时皇舆否隔，天人未泰，用忘进退，惟力是视。是以黾勉从事，自同全人。今宸极反正，

① （西晋）陈寿撰：《三国志》卷三十五《蜀书·诸葛亮传》，中华书局1959年版，第919页。

② （南朝梁）刘勰著，詹锳义证：《文心雕龙义证》卷五《章表》，上海古籍出版社1989年版，第834页。

③ 王水照编：《历代文话》第一册《玉海·辞学指南》引，复旦大学出版社2007年版，第970页。

④ （南朝梁）刘勰著，詹锳义证：《文心雕龙义证》卷五《章表》，上海古籍出版社1989年版，第843页。

惟新告始。宪章既明，品物思旧。臣亦胡颜之厚，可以显居荣次。乞解所职，待罪私门。违谢阙庭，乃心愧恋。谨拜表以闻，臣某云云。[①]

据《晋书》本传，桓玄之姊乃殷仲文之妻，玄篡位，仲文弃郡投奔，佐命亲贵，宠遇隆重，总领诏命，为侍中，领左卫将军。玄九锡，乃仲文之辞也。后桓玄为刘裕所败，殷仲文随玄西走。至巴陵，因奉二后投义军，而为镇军长史，转尚书。晋室恢复后，仲文遂上此表自解尚书。[②]殷仲文主动投奔并辅翼桓玄篡位，并非为其胁迫，其间“舆马器服，穷极绮丽，后房伎妾数十，丝竹不绝音。性贪吝，多纳货贿，家累千金，常若不足”[③]。鉴于此，殷仲文自知难辞其咎，因而坦言：“势弱则受制于巨力，质微则莫以自保。于理虽可得而言，于臣实非所敢喻。昔桓玄之世，诚复驱迫者众。至于愚臣，罪实深矣。”但文章开篇却云“洪波振壑，川无恬鳞；惊飙拂野，林无静柯”，以精妙之笔暗示身不由己之意，为自己开脱罪责，可谓包蕴机心。此表虽云不敢显居荣次，乞解所职，待罪私门，但言语之间满含悔过之意与恋阙之情，以此邀买人心。文章多用偶句，讲求炼字，颇见文笔功夫。《晋书》本传云：“仲文善属文，为世所重，谢灵运尝云：‘若殷仲文读书半袁豹，则文才不减班固。’言其文多而见书少也。”[④]

唐宋以后，表体多四六为文，尤工以辞采。清孙梅《四六丛话》云：表“使温恭之美，著于黼裳；笃棐之忱，形诸简墨。以之陈谢，则句随寸草偕春；以之请乞，则字与倾葵共转；以之荐达，则好贤如《缁衣》，不啻口出；以之进奉，则宫廷绘《无逸》，曲牖渊衷。义等格心，功同造膝矣”[⑤]。表文讲究文采，但风格因时代而有不同。徐师曾《文体明辨》云：

① （南朝梁）萧统编，（唐）李善注：《文选》卷三十八《自解表》，中华书局1977年版，第533页。

② 参见（唐）房玄龄等撰《晋书》卷九十九《殷仲文列传》，中华书局1974年版，第2604页。

③ 同上。

④ 同上书，第2605页。

⑤ （清）孙梅编辑：《四六丛话》卷十《表》，商务印书馆中华民国二十六年版，第183页。

“至论其体，则汉晋多用散文，唐宋多用四六。而唐宋之体又自不同：唐人声律，时有出入，而不失乎雄浑之风；宋人声律，极其精切，而有得乎明畅之旨，盖各有所长也。”[①] 林纾《春觉斋论文》云：“唐之章表，则切实取陆贽，典重取常衮；宋之表章，则雅趣横生，各擅其胜。”[②]

要言之，表文是奏议文中最为常见的文体名目之一，内容包罗广泛，文学色彩凸显，文章颇丰，名篇亦多。萧统《文选》收录表文 19 篇，大大超过其他奏议类文体，可为一证。

三 奏

《说文解字》：“奏，进也。”[③]《尚书·尧典下》云：“敷奏以言，明试以功，车服以庸。”[④]《文章释》：“奏者，上、进也，上书奏进，古‘敷奏以言’之变也。”[⑤] 奏，原指上书进言这一动作行为，后逐渐转化为相应的文体名称。“奏”作为文体名目，有广、狭二义。

“奏”之广义者，上书进言之总名也。《文心雕龙·奏启》云：“昔唐虞之臣，敷奏以言；秦汉之辅，上书称奏。陈政事，献典仪，上急变，劾愆谬，总谓之奏。奏者，进也。言敷于下，情进于上也。”[⑥]《文体明辨》“奏疏”条云：“至于疏、对、启、状、劄五者，又皆以‘奏’字冠之，以别于臣下私相对答往来之称。”[⑦] 古人又以“奏疏”“奏议”等作为臣僚上书君主之总名。《文章辨体》“奏疏”条云：“迨乎孝文，开广言路，于是贾山献《至言》，贾谊上《政事疏》。自时厥后，进言者日众。或曰上疏，或曰上书，或曰奏劄，或曰奏状。”[⑧]《文体明辨》“奏疏”条：“按奏疏

① （明）吴讷、（明）徐师曾：《文章辨体序说，文体明辨序说》，人民文学出版社 1962 年版，第 122 页。

② 王水照编：《历代文话》第七册《春觉斋论文》，复旦大学出版社 2007 年版，第 6358 页。

③ （汉）许慎撰，（宋）徐铉校定：《说文解字》，中华书局 1963 年版，第 215 页。

④ （清）孙星衍撰：《尚书今古文注疏》卷一《尧典下》，中华书局 2004 年版，第 51 页。

⑤ 王水照编：《历代文话》第七册《文章释》，复旦大学出版社 2007 年版，第 6295 页。

⑥ （南朝梁）刘勰著，詹锳义证：《文心雕龙义证》卷五《奏启》，上海古籍出版社 1989 年版，第 852 页。

⑦ （明）吴讷、（明）徐师曾：《文章辨体序说，文体明辨序说》，人民文学出版社 1962 年版，第 124 页。

⑧ 同上书，第 39 页。

者，群臣论谏之总名也。奏御之文，其名不一，故以奏疏括之也。”[①] 姚鼐《古文辞类纂》则使用“奏议”作为此类文章之总名，后世多沿用之。

“奏”之狭义者，指按劾之奏，肇始于秦汉，后世又称“弹文”“弹事”“奏弹”等。蔡邕《独断》云，凡群臣上书于天子者有四名，其二曰奏。[②]《文心雕龙·章表》云，秦初定制，改书曰奏，汉定礼仪，则有四品，其二曰奏，奏以按劾。[③] 王兆芳《文章释》云：“劾者，法有罪也。亦谓之弹。弹，行丸也，抨也，以法抨有罪，若行丸也。奏书之属也。唐门下省‘六书’，二曰奏弹。”[④] 关于“奏”之缘起，任昉《文章缘起》云“奏，汉枚乘奏书谏吴王濞”，又云“弹文，晋冀州刺史王深集《杂弹文》”。[⑤] 所谓枚乘奏书谏吴王刘濞，实为上书诸侯，既非按劾之文，亦非奏书之典范，任昉此断不免失矣。至于王深集《杂弹文》，任昉时或为此类文章之典范。考之于史，秦代已有按劾之文，李斯《上书言赵高》是也。《史记·李斯列传》云：

> 是时二世在甘泉，方作觳抵优俳之观。李斯不得见，因上书言赵高之短曰：“臣闻之，臣疑其君，无不危国；妾疑其夫，无不危家。今有大臣于陛下擅利擅害，与陛下无异，此甚不便。昔者司城子罕相宋，身行刑罚，以威行之，期年遂劫其君。田常为简公臣，爵列无敌于国，私家之富与公家均，布惠施德，下得百姓，上得群臣，阴取齐国，杀宰予于庭，即弑简公于朝，遂有齐国。此天下所明知也。今高有邪佚之志，危反之行，如子罕相宋也；私家之富，若田氏之于齐也。兼行田常、子罕之逆道而劫陛下之威信，其志若韩玘为韩安相

① （明）吴讷、（明）徐师曾：《文章辨体序说，文体明辨序说》，人民文学出版社 1962 年版，第 123 页。

② （汉）蔡邕撰：《独断》，丛书集成初编本，中华书局 1985 年版，第 4 页。

③ （南朝梁）刘勰著，詹锳义证：《文心雕龙义证》卷五《章表》，上海古籍出版社 1989 年版，第 826 页。

④ 王水照编：《历代文话》第七册《文章释》，复旦大学出版社 2007 年版，第 6296 页。

⑤ （南朝梁）任昉撰，（明）陈懋仁注：《文章缘起注》，丛书集成初编本，中华书局 1985 年版，第 6—7 页。

也。陛下不图，臣恐其为变也。”①

李斯上书言赵高之短，此文属劾奏性质，只是其时之人语质，并未冠以此名。至汉代，按劾之奏已发展为标准形式，两汉不乏其例。例如《汉书·淮南王传》：

王至长安，丞相张苍，典客冯敬行御史大夫事，与宗正、廷尉杂奏：“长废先帝法，不听天子诏，居处无度，为黄屋盖拟天子，擅为法令，不用汉法。及所置吏，以其郎中春为丞相，收聚汉诸侯人及有罪亡者，匿与居，为治家室，赐与财物爵禄田宅，爵或至关内侯，奉以二千石所当得。大夫但、士伍开章等七十人。与棘蒲侯太子奇谋反，欲以危宗庙社稷，谋使闽越及匈奴发其兵。事觉，长安尉奇等往捕开章，长匿不予，与故中尉蕳忌谋，杀以闭口，为棺椁衣衾，葬之肥陵，谩吏曰‘不知安在’。又阳聚土，树表其上曰‘开章死，葬此下’。及长身自贼杀无罪者一人；令吏论杀无罪者六人；为亡命弃市诈捕命者以除罪；擅罪人，无告劾系治城旦以上十四人；赦免罪人死罪十八人，城旦舂以下五十八人；赐人爵关内侯以下九十四人。前日长病，陛下心忧之，使使者赐枣脯，长不肯见拜使者。南海民处庐江界中者反，淮南吏卒击之。陛下遣使者赍帛五十匹，以赐吏卒劳苦者。长不欲受赐，谩曰‘无劳苦者’。南海王织上书献璧帛皇帝，忌擅燔其书，不以闻。吏请召治忌，长不遣，谩曰‘忌病’。长所犯不轨，当弃市，臣请论如法。”②

与上述李斯之文相比，此篇文章不仅历数被弹劾者败行劣迹，而且依照有关律令，定罪量刑，内容与形式皆为完备。王兆芳《文章释》云：劾“主于案举臣罪，议从国法”③。此篇奏劾名义上由丞相领衔上奏，御史大夫实

---

① （汉）司马迁撰：《史记》卷八十七《李斯列传》，中华书局1959年版，第2559页。
② （汉）班固撰：《汉书》卷四十四《淮南王传》，中华书局1962年版，第2141页。
③ 王水照编：《历代文话》第七册《文章释》，复旦大学出版社2007年版，第6296页。

为核心人物。《文心雕龙·奏启》云："若乃按劾之奏，所以明宪清国。昔周之太仆，绳愆纠谬；秦之御史，职主文法；汉置中丞，总司按劾；故位在鸷击，砥砺其气，必使笔端振风，简上凝霜者也。"① 西汉初期，中央监察机关主要是附属于少府的御史机构，御史大夫及其属官主要行使监察职权。汉成帝绥和元年（公元前8年），御史大夫改为大司空，其监察职权不复存在，御史中丞转为御史府最高长官，掌监察权。魏晋南北朝时期，御史台脱离少府，成为体制独立的中央监察机关。御史中丞位望愈尊，无所不察，无所不究。除御史机构之外，汉魏六朝时期中央监察体制还包括司隶校尉、尚书左丞等。

"奏"之文体格式相对明确。蔡邕《独断》云："奏者，亦需头。其京师官但言'稽首'，下言'稽首以闻'。其中者所请，若罪法劾案，公府送御史台，公卿校尉送谒者台也。"②《流沙坠简》补充云："奏文则《独断》但言京师官公府送御史台，将军校尉送谒者台，不言郡国奏式。然《鲁相史晨祀孔子奏》首云'建宁二年三月癸卯朔七日己酉，鲁相臣晨长史臣谦顿首死罪上尚书'，末云'臣晨诚惶诚恐、顿首顿首、死罪死罪上尚书'，樊毅复华下民租奏文例亦同，皆诣尚书，但皆无'臣某言'之字，与表异耳。"③

关于"奏"之文体特点，陆机《文赋》云"奏平彻以闲雅"④，王兆芳《文章释》云奏"主于通达国事，进言持正"⑤，刘勰《文心雕龙·奏启》云"夫奏之为笔，固以明允笃诚为本，辨析疏通为首。强志足以成务，博见足以穷理，酌古御今，治繁总要，此其体也"⑥。这些论说皆就广义之"奏"而言，系奏议类文体的一般特征。关于狭义之"奏"，刘勰云："是以立范运衡，宜明体要。必使理有典刑，辞有风轨，总法家之式，秉

① （南朝梁）刘勰著，詹锳义证：《文心雕龙义证》卷五《奏启》，上海古籍出版社1989年版，第863页。

② （汉）蔡邕撰：《独断》，丛书集成初编本，中华书局1985年版，第4页。

③ 罗振玉，王国维编著：《流沙坠简》，中华书局1993年版，附录，第279页。

④ （南朝梁）萧统编，（唐）李善注：《文选》卷十七《文赋》，中华书局1977年版，第239页。

⑤ 王水照编：《历代文话》第七册《文章释》，复旦大学出版社2007年版，第6296页。

⑥ （南朝梁）刘勰著，詹锳义证：《文心雕龙义证》卷五《奏启》，上海古籍出版社1989年版，第862页。

儒家之文，不畏强御，气流墨中，无纵诡随，声动简外，乃称绝席之雄，直方之举耳。”① 奏劾是中国古代监察官行使职权的主要方式，此类文章检举不法，震慑邪恶，必义正词严，锋芒毕现。

要言之，“奏”作为文体名目，有广、狭二义。广义者，泛言臣僚进御之文。狭义者，专指监察按劾之奏。奏劾之文肇始于秦汉，后世又有“弹文”“弹事”“奏弹”等多种称谓，在中国古代奏议文中最为严肃冷峻，正所谓笔端振风、简上凝霜是也。

四 议

王兆芳《文章释》云：“议者，语也，谋也，谋事之语也。”② 《文心雕龙·议对》：“周爰咨谋，是谓为议。议之言宜，审事宜也。”③ 《尚书·周官》：“议事以制，政乃不迷。”④ “议”作为一种参与政务的方式，上古三代已不乏其例。《管子·桓公问》：“黄帝立明台之议者，上观于贤也。”⑤ 《文心雕龙·议对》：“洪水之难，尧咨四岳，宅揆之举，舜畴五人。三代所兴，询及刍荛。《春秋》释宋，鲁僖务议。及赵灵胡服，而季父争论；商鞅变法，而甘龙交辨：虽宪章无算，而同异足观。”⑥ 《韩非子·三守》：“人臣有议当途之失，用事之过，举臣之情。”⑦ 然而，先秦时期，王臣议政多为面议之语，操笔为文者较为少见，因此尚不具备文体意义。

“议”作为奏议类文体名称始于秦代。秦帝国建立，建皇帝之号，立百官之职，中央集权君主专制的官僚政治体制通过文书的运转全面得以展开，奏议文应运而生。议体文正是秦汉朝议制度的产物。与其他奏议类文

① （南朝梁）刘勰著，詹锳义证：《文心雕龙义证》卷五《奏启》，上海古籍出版社 1989 年版，第 871 页。

② 王水照编：《历代文话》第七册《文章释》，复旦大学出版社 2007 年版，第 6297 页。

③ （南朝梁）刘勰著，詹锳义证：《文心雕龙义证》卷五《议对》，上海古籍出版社 1989 年版，第 882 页。

④ （清）阮元校刻：《十三经注疏》《尚书正义》卷十八，中华书局 1980 年版，第 236 页。

⑤ 黎翔凤撰：《管子校注》卷十八《桓公问》，中华书局 2004 年版，第 1047 页。

⑥ （南朝梁）刘勰著，詹锳义证：《文心雕龙义证》卷五《议对》，上海古籍出版社 1989 年版，第 884 页。

⑦ （清）王先慎撰：《韩非子集解》卷五《三守》，中华书局 1998 年版，第 113 页。

体所不同的是，“章”“表”“奏”等其他文书的上告者可以是中央臣僚，也可以是地方长官，“议”之撰文者则是有资格参与朝议者，只能来自中央官员以及京兆尹等特别行政区域之长官。徐师曾《文体明辨》：“盖古者国有大事，必集群臣而廷议之，交口往复，务尽其情，若罢盐铁、击匈奴之类是也。厥后下公卿议，乃始撰词书之简牍以进。”[①] 任昉《文章缘起》云：“议，汉韦元（玄）成《奏罢郡国庙议》。”[②] 任昉所举此例并非“议”之肇始，当为此类文章较为典范之作。明陈懋仁于此条注曰“秦李斯《上始皇罢封建议》”[③]，所言极是。据严可均《全秦文》，秦代有多篇议体文传世，例如王绾《议帝号》《议封建》，李斯《议废封建》《议烧诗书百家语》，淳于越《议封建》，群臣《议刻金石》《议尊始皇庙》，等等，此为“议”之肇始。

汉承秦制并有所发展，朝议制度予以完善，议体文也随之发展成为臣僚辅政的主要文书形式之一。元代郝经云：“秦有丞相议、廷尉议、博士议（原注：皆特受诏奏议也），汉兴有廷议（原注：于殿廷之间，议于天子前也）、集议（原注：会集百官而议之也）、百官杂议（原注：下百官令相杂而议也）、下公卿议（原注：特下三公九卿议之也），故和亲有议，封禅有议，盐铁有议，废立有议，尊号有议，郊庙有议，击珠厓有议，其大略也。然而三代之议有言而无书，二汉之议，既许其言，又各为书以上其议，其言不易而得失可考。天子称制决可，而后下其议，公卿奉行之。天子不敢奋其私智，大臣不敢进其私言，一以公议纲纪天下，而四百年无二志，汉政之几于三代者也。”[④]

议体文有明确的针对性，对于皇帝所下议题有感而发，或支持，或辩难，因而从中又分化出“驳议”一体。蔡邕《独断》云，凡群臣上书于天

---

① （明）吴讷、（明）徐师曾：《文章辨体序说，文体明辨序说》，人民文学出版社 1962 年版，第 133 页。

② （南朝梁）任昉撰，（明）陈懋仁注：《文章缘起注》，丛书集成初编本，中华书局 1985 年版，第 7 页。

③ 同上。

④ （元）郝经撰：《续后汉书》卷六十六上上《文章总叙》，商务印书馆 1958 年版，第 756 页。

子者有四名，其四曰驳议。“其有疑事，公卿百官会议，若台阁有所正处，而独执异议者，曰驳议。”[①]《文选》李善注云：“推覆平论，有异事进之曰驳。”[②] 刘勰《文心雕龙·议对》云：“迄至有汉，始立驳议。驳者，杂也，杂议不纯，故曰驳也。”[③] 王兆芳《文章释》云：驳议者，“立议求是，斥人议之不纯也。……主于进言指误，胜以纯正。”[④] 吴曾祺《文体刍言》云：“理之是非，不能以一人之言为定，于是有驳。驳之云者，去其不当以归于当也，主于反复诘难，曲尽事理为要。”[⑤]

秦代朝议实有驳难之辞。据《史记·秦始皇本纪》，始皇二十六年(前221)，王绾议封建，李斯反对之；始皇三十四年（前213），淳于越再议封建，李斯再度反对并建议烧诗书百家语。[⑥] 但是，李斯两篇驳难文皆未冠以“驳议”之名。“驳议”作为文体名称，始见于汉代。任昉《文章缘起》云“驳，汉侍中吾丘寿王驳公孙弘《禁民不得挟弓弩议》”[⑦]，此文具有典范性。据《汉书·吾丘寿王传》，时丞相公孙弘奏言，以为禁民毋得挟弓弩为便，武帝下其议。寿王对曰：

> 臣闻古者作五兵，非以相害，以禁暴讨邪也。安居则以制猛兽而备非常，有事则以设守卫而施行阵。及至周室衰微，上无明王，诸侯力政，强侵弱，众暴寡，海内抏敝，巧诈并生。是以知者陷愚，勇者威怯，苟以得胜为务，不顾义理。故机变械饰，所以相贼害之具不可胜数。于是秦兼天下，废王道，立私议，灭《诗》《书》而首法令，去仁恩而任刑戮，堕名城，杀豪杰，销甲兵，折锋刃。其后，民以耰

① （汉）蔡邕撰：《独断》，丛书集成初编本，中华书局1985年版，第5页。

② （南朝梁）萧统编，（唐）李善注：《文选》卷三十七《表上》，中华书局1977年版，第515页注。

③ （南朝梁）刘勰著，詹锳义证：《文心雕龙义证》卷五《议对》，上海古籍出版社1989年版，第887页。

④ 王水照编：《历代文话》第七册《文章释》，复旦大学出版社2007年版，第6297页。

⑤ （清）吴曾祺纂：《涵芬楼古今文钞》《文体刍言》，商务印书馆清宣统二年铅印本，第7页。

⑥ 参见（汉）司马迁撰《史记》卷六《秦始皇本纪》，中华书局1959年版，第238、254页。

⑦ （南朝梁）任昉撰，（明）陈懋仁注：《文章缘起注》，丛书集成初编本，中华书局1985年版，第6页。

锄耰梃相挞击，犯法滋众，盗贼不胜，至于赭衣塞路，群盗满山，卒以乱亡。故圣王务教化而省禁防，知其不足恃也。

今陛下昭明德，建太平，举俊才，兴学官，三公有司或由穷巷起白屋，裂地而封，宇内日化，方外乡风，然而盗贼犹有者，郡国二千石之罪，非挟弓弩之过也。《礼》曰："男子生，桑弧蓬矢以举之，明示有事也。"孔子曰："吾何执？执射乎？"大射之礼，自天子降及庶人，三代之道也。《诗》云"大侯既抗，弓矢斯张，射夫既同，献尔发功"，言贵中也。愚闻圣王合射以明教矣，未闻弓矢之为禁也。且所为禁者，为盗贼之以攻夺也。攻夺之罪死，然而不止者，大奸之于重诛固不避也。臣恐邪人挟之而吏不能止，良民以自备而抵法禁，是擅贼威而夺民救也。窃以为无益于禁奸，而废先王之典，使学者不得习行其礼，大不便。①

公孙弘禁民毋得挟弓弩之论，不免因噎废食。吾丘寿王驳难之文，援引古人教义，分析利弊得失，言之有理，持之有据，气盛言宜。书奏，武帝以之难丞相，公孙弘诎服。

驳议文有固定的行文格式与批复方式。蔡邕《独断》云："驳议曰'某官某甲议以为如是'，下言'臣愚戆议异'。其非驳议，不言'议异'。其合于上意者，文报曰'某官某甲议可'。"②《汉书·韦贤传》有实例证之。哀帝即位，丞相孔光、大司空何武奏言请议毁庙。奏可。光禄勋彭宣、詹事满昌、博士左咸等五十三人皆以为继祖宗以下，五庙而迭毁，后虽有贤君，犹不得与祖宗并列。孝武皇帝虽有功烈，亲尽宜毁。太仆王舜、中垒校尉刘歆议曰："……臣愚以为孝武皇帝功烈如彼，孝宣皇帝崇立之如此，不宜毁。"上览其议而从之。制曰："太仆舜、中垒校尉歆议可。"③

关于"议"之文体特点，李充《翰林论》云"在朝辨政而议奏出，宜

① （汉）班固撰：《汉书》卷六十四上《吾丘寿王传》，中华书局1962年版，第2795页。
② （汉）蔡邕撰：《独断》，丛书集成初编本，中华书局1985年版，第5页。
③ （汉）班固撰：《汉书》卷七十三《韦贤传》，中华书局1962年版，第3125页。

以远大为本”，又云“驳不以华藻为先”。[1] 王兆芳《文章释》云：议“主于援旧谋新，语中事理”[2]。刘勰《文心雕龙·议对》云：“故其大体所资，必枢纽经典，采故实于前代，观通变于当今；理不谬摇其枝，字不妄舒其藻。”“标以显义，约以正辞，文以辨洁为能，不以繁缛为巧；事以明核为美，不以深隐为奇：此纲领之大要也。若不达政体，而舞笔弄文，支离构辞，穿凿会巧，空骋其华，固为事实所摈；设得其理，亦为游辞所埋矣。”“议惟畴政，名实相课。断理必纲，摛辞无懦。”[3] 以上诸论皆指出，议体文关乎政务，以明理为要，不事文华。《文选》不收此类文章，亦可见议体文有悖于“义归于翰藻”之选文标准。魏晋六朝时期，臣僚奏章往往讲求俳俪，精于文辞，而议体文例外，几乎都是平直为文，不尚华藻。即便是同一作者，议体文与其他奏议文文风差异亦为明显。试比较徐陵的两篇奏议文。

《让散骑常侍表》：

> 臣闻五十知命，宗师之格言；六百辞满，通贤之高概。昔墨子诸生，褰裳求楚；鲁连隐士，高论却秦，况乎谬蒙知己，宁无感激！洪私过误，置以通班，司宪文昌，遂偕常伯。今者昆吴小器，谛视不见玄黄；钧天并奏，静听能闻钟鼓。虽神农分药，岐伯提针，冥众因缘，难可匡救。陛下嗣临宝历，光阐大猷，属意铨衡，留情櫄棫。燕台装玉，倘不精真；齐客吹竽，谅宜澄简。南郊奉乘，当求郑默之才；西省文辞，应用罗含之学。[4]

《决断大行侠御服议》：

---

① （清）严可均校辑：《全上古三代秦汉三国六朝文》《全晋文》卷五十三，中华书局1958年版，第1767页。

② 王水照编：《历代文话》第七册《文章释》，复旦大学出版社2007年版，第6297页。

③ （南朝梁）刘勰著，詹锳义证：《文心雕龙义证》卷五《议对》，上海古籍出版社1989年版，第898、899、915页。

④ （南朝陈）徐陵撰，许逸民校笺：《徐陵集校笺》卷四，中华书局2008年版，第315页。

> 梓宫祔山陵，灵筵祔宗庙，有此分判，便验吉凶。按《山陵卤簿》吉部伍中，公卿以下导引者，爰及武贲、鼓吹、执盖、奉车，并是吉服，岂容侠御独为缞绖邪？断可知矣。若言公卿胥吏并服缞苴，此与梓宫部伍有何差别？若言文物并吉，司事者凶，岂容衽绖而奉华盖，缞衣而升玉辂邪？同博士议。①

徐陵《让散骑常侍表》为标准的骈文，对仗工巧，隶事绵密，辞采瑰丽；《决断大行侠御服议》则以散句为文，语言直白，如同与人对语。徐陵传世奏议文有劝进表、让表、致仕表，有谢启，皆用骈体，而“议”则一并使用散体，可见议体文之严肃性与辩论性。议体文如对面偶语，不以华藻为饰，议者性情反而易见。据《陈书·刘师知列传》，及高祖崩，六日成服，朝臣共议大行皇帝灵座侠御人所服衣服吉凶之制。博士沈文阿议宜服吉服，刘师知议云侠灵座须服缞绖。时以二议不同，乃启取左丞徐陵决断。徐陵于是有《决断大行侠御服议》，赞同博士之议。徐陵此断又招致刘师知辩难，尚书八座亦以为刘师知之议于事为允。② 徐陵重答云：

> 老病属纩，不能多说。古人争议，多成怨府。傅玄见尤于晋代，王商取陷于汉朝。谨自三缄，敬同高命。若万一不死，犹得展言，庶与朝贤，更申扬榷。③

此篇议体文皆怨愤之辞，将徐陵老而弥坚的个性和盘托出。

议体文所言之事涉及朝政之方方面面，其内容广泛，不可一一列举。古人辨析文体，往往独举“谥议”别为一类。谥议者，议谥号也，先秦时代早已有之。例如《国语·楚语上》：

> 恭王有疾，召大夫曰：“不穀不德，失先君之业，覆楚国之师，

① （南朝陈）徐陵撰，许逸民校笺：《徐陵集校笺》卷四，中华书局 2008 年版，第 363 页。
② 参见（唐）姚思廉撰《陈书》卷十六《刘师知列传》，中华书局 1972 年版，第 229 页。
③ （南朝陈）徐陵撰，许逸民校笺：《徐陵集校笺》卷四，中华书局 2008 年版，第 367 页。

不穀之罪也。若得保其首领以殁，唯是春秋所以从先君者，请为‘灵’若‘厉’。”大夫许诺。王卒，及葬，子囊议谥。大夫曰：“王有命矣。”子囊曰：“不可。夫事君者，先其善不从其过。赫赫楚国，而君临之，抚征南海，训及诸夏，其宠大矣。有是宠也，而知其过，可不谓‘恭’乎？若先君善，则请为‘恭’。”大夫从之。①

秦帝国建立，始皇制曰：“朕闻太古有号毋谥，中古有号，死而以行为谥。如此，则子议父，臣议君也，甚无谓，朕弗取焉。自今以来，除谥法。”②汉代恢复谥法，谥议之风习遂又兴起，成为在朝议政之重要内容。关于“谥议”，古人言之甚明。徐师曾《文体明辨》云：

按《礼记》曰：“先王谥以尊名，节以壹惠”（节取其大者，以专其善）。故行出于己，而名生于人，使夫善者劝而恶者惧也。天子崩则臣下制谥于南郊，明受之于天也。诸侯薨则太子赴告于天子，明受之于君也。盖子不得议父，臣不得议君，故受之于天于君。若卿大夫，则有司议而谥之。故周制太史掌小丧赐谥，小史掌卿大夫之丧赐谥。秦废谥法，汉乃复之，然仅施于君侯，而公卿大夫皆不得与，盖以略矣。唐制，太常博士掌王公以下拟谥。宋制，拟谥定于太常，覆于考功，集议于尚书省，其法渐密。故历代以来，有帝后谥议，臣僚美恶谥议，传于今。而其体有四：一曰谥议，二曰改议，三曰驳议，四曰答驳议（亦曰重议）。观其往复论辨，岂得已哉，不过欲归于是非之公而已。

今制，虽设太常博士，然不章谥议。大臣没，其家请谥，则礼部覆奏，或与或否，唯上所命。与则内阁拟四字以请而钦定之，皆得美名，其余则否，初无恶谥以示惩戒，而谥议遂废不作矣。今取古文类列于篇，以备一体，亦以示存羊之意云耳。

至于名臣处士，法不得谥，则门生故吏相与共议而加私谥焉。其

---

① 《国语》卷十七《楚语上》，上海古籍出版社1988年版，第532页。

② （汉）司马迁撰：《史记》卷六《秦始皇本纪》，中华书局1959年版，第236页。

事起于东汉，而文不多见，独《蔡邕集》有之。唐宋至今相沿不绝，虽非国典，亦可见古法之不尽废于今也，故今编为五曰私谥云。[①]

徐师曾详细论说古往今来谥法之变迁以及谥议之体类，却将其列入“墓志”与“哀祭”类文体序列中，分类标准依从具文章内容与事件性质。吴曾祺《文体刍言》将“谥议”列入“奏议类”，概言云：

古人于易名之典，颇重其事。每大臣没，则使朝臣聚议。事本属之中书，故所传作者，亦仕于此者为多。其士大夫之家，间为私谥者，亦偶有谥议，今附录于此。[②]

吴氏分类标准，依从文体本身，归类为是。

“议”除用于进御之“奏议”外，尚有“私议”。《文体明辨》云：“学士偶有所见，又复私议于家，或商今，或订古。”[③]《文体刍言》“论辨类”云：“古之议者，不过采取众言，不必有文字也。以议名文，似远在论之后。今之所采者，以三国为始。凡私家所作，则入之此，其用以奏议者不与。”[④] 私议者，私下而议，非进御之文，系论辨类所属。例如三国蜀诸葛亮《正议》、唐韩愈《复仇议》、唐柳宗元《驳复仇议》、宋曾巩《公族议》《救灾议》等，皆不入奏议文类。

要言之，“议”作为奏议类文体名称，直接来自朝臣廷议，是秦汉朝议制度之产物，在奏议类文章中留存颇多。议体文虽论题广泛，然皆关乎政务，或支持，或驳难，有针对性，有逻辑性。议体文虽以明理为要，不尚华藻，然如对面偶语，反而易见论者性情，见得严肃性，亦见得个性。

---

① （明）吴讷、（明）徐师曾：《文章辨体序说，文体明辨序说》，人民文学出版社 1962 年版，第 152 页。

② （清）吴曾祺纂：《涵芬楼古今文钞》《文体刍言》，商务印书馆清宣统二年铅印本，第 7 页。

③ （明）吴讷、（明）徐师曾：《文章辨体序说，文体明辨序说》，人民文学出版社 1962 年版，第 133 页。

④ （清）吴曾祺纂：《涵芬楼古今文钞》《文体刍言》，商务印书馆清宣统二年铅印本，第 3 页。

第二节 疏 启 对策 封事

“章表奏议”是汉代确立的臣僚奏议的主要文体形式，但是在实际运用中，“章”逐渐式微，“表”则逐渐寖广，始终处于动态式发展变化中。此外，汉魏六朝时期奏议类文体名目并不限于“章表奏议”，还有“疏”“启”“对策”“封事”，等等，本节试作辨析。

一 疏

历代臣僚奏议以“疏”命名者可谓多矣，其实并非一类。“疏”作为文体名称有广、狭二义，广义者泛指文书，狭义者仅指奏议类中独立一体。

广义的“疏”，与“书”义同，往往“书疏”连称，泛指“文书”。例如《史记·袁盎列传》云：“且陛下从代来，每朝，郎官上书疏，未尝不止辇受其言，言不可用置之，言可受采之，未尝不称善。”① 应劭《汉官仪》载世祖诏云：“有非其人，临计过署，不便习官事，书疏不端正，不如诏书，有司奏罪名，并正举者。”② 此“书疏”为进御文书，指上行公文。《后汉书·陈球列传》载曹节语：“步兵校尉刘纳及永乐少府陈球、卫尉阳球交通书疏，谋议不轨。”③ 此“书疏”指私人书信，属平行文书。《梁书·良吏列传》云：“（何）远耿介无私曲，居人间，绝请谒，不造诣。与贵贱书疏，抗礼如一。”④ “书疏”的阅读对象有“贵”亦有“贱”，可证其与“文书”无别。

广义的“疏”，包括“上疏”与“私疏”。《旧唐书·李叔明列传》：“大历末，有阆州严氏子上疏称‘叔明少孤，养子于外族，遂冒姓焉，请复之’。诏从焉。叔明初不知其从外氏姓，意丑其事，遂抗表乞赐宗

① （汉）司马迁撰：《史记》卷一百一《袁盎列传》，中华书局 1959 年版，第 2741 页。
② （清）孙星衍等辑：《汉官六种》《汉官仪》，中华书局 1990 年版，第 125 页。
③ （南朝宋）范晔撰：《后汉书》卷五十六《陈球列传》，中华书局 1965 年版，第 1834 页。
④ （唐）姚思廉撰：《梁书》卷五十三《良吏列传》，中华书局 1973 年版，第 779 页。

姓。代宗以戎镇寄重，许之，仍置严氏子于法。及驾幸奉天，其子升翊从。叔明每私疏诫励，见危临难，当誓以死。”[①] 在这段文献中，严氏子奏书君主，称之为“上疏”；叔明诫子之书，则谓之“私疏”。上疏者，用于下之告上，多为上告君主，亦兼施王侯。例如贾谊《陈政事疏》[②]、司马相如《上疏谏猎》[③]、霍去病《请立皇子为诸侯王疏》[④] 等，皆为上奏天子；周瑜《上疏论刘备》[⑤]、熊远《上琅琊王疏》[⑥] 等，则为奏疏诸侯。徐师曾《文体明辨》：“疏者，布也。汉时诸王官属于其君，亦得称疏。”[⑦] 王兆芳《文章释》：疏，“汉兼施于王侯，魏晋六朝专上王侯，后世专上天子。”[⑧] 私疏者，用于同辈相告，或臣僚交往，例如上引《后汉书·陈球列传》所云“步兵校尉刘纳及永乐少府陈球、卫尉阳球交通书疏”；或内外勾结，例如《后汉书·王允列传》所云“于贼中得中常侍张让宾客书疏，与黄巾交通，允具发其奸，以状闻”[⑨]；或亲人沟通，例如《汉书·宣元六王传》所云“又姬朐臑故亲幸，后疏远，数叹息呼天。宇闻，斥朐臑为家人子，扫除永巷，数笞击之。朐臑私疏宇过失，数令家告之”；[⑩] 等等。

广义的“疏”主要有两类用法：其一，单独使用，作为文书类文体之别称；其二，与“奏”连用，成为臣僚上书之总名。“疏”既有“文书”之义，便可代指“奏”“上书”“书信”等。《文心雕龙·奏启》云：“自汉以来，奏事或称上疏，儒雅继踵，殊采可观。若夫贾谊之务农，晁错之兵术，匡衡之定郊，王吉之观礼，温舒之缓狱，谷永之谏仙，理既切至，

① （后晋）刘昫等撰：《旧唐书》卷一百二十二《李叔明列传》，中华书局 1975 年版，第 3507 页。

② 参见（汉）班固撰《汉书》卷四十八《贾谊传》，中华书局 1962 年版，第 2230 页。

③ 参见（汉）司马迁撰《史记》卷一百一十七《司马相如列传》，中华书局 1959 年版，第 3053 页。

④ 参见（汉）司马迁撰《史记》卷六十《三王世家》，中华书局 1959 年版，第 2105 页。

⑤ 参见（西晋）陈寿撰《三国志》卷五十四《吴书·周瑜传》，中华书局 1959 年版，第 1264 页。

⑥ 参见（唐）房玄龄等撰《晋书》卷七十一《熊远列传》，中华书局 1974 年版，第 1884 页。

⑦ （明）吴讷、（明）徐师曾：《文章辨体序说，文体明辨序说》，人民文学出版社 1962 年版，第 124 页。

⑧ 王水照编：《历代文话》第七册《文章释》，复旦大学出版社 2007 年版，第 6298 页。

⑨ （南朝宋）范晔撰：《后汉书》卷六十六《王允列传》，中华书局 1965 年版，第 2173 页。

⑩ （汉）班固撰：《汉书》卷八十《宣元六王传》，中华书局 1962 年版，第 3323 页。

辞亦通畅，可谓识大体矣。”① 刘勰所举“奏”之诸例，便有称为“疏”者，例如“王吉之观礼”。《汉书·礼乐志》云：“至宣帝时，琅邪王吉为谏大夫，又上疏言：‘欲治之主不世出，公卿幸得遭遇其时，未有建万世之长策，举明主于三代之隆者也。……’”② 在刘勰看来，此处“上疏”即“奏”之别称。《汉书·霍光传》：“（茂陵徐生）乃上疏言：‘霍氏泰盛，陛下即爱厚之，宜以时抑制，无使至亡。’书三上，辄报闻。其后霍氏诛灭，而告霍氏者皆封。人为徐生上书曰：‘……今茂陵徐福数上书言霍氏且有变，宜防绝之。乡使福说得行，则国亡裂土出爵之费，臣亡逆乱诛灭之败。往事既已，而福独不蒙其功，唯陛下察之，贵徙薪曲突之策，使居焦发灼烂之右。’”③ 徐福上言霍氏之文，在同一文献中，前称“上疏”，后称“上书”，可见，这里的“上疏”，显然是“上书”之别称。郝经《文章总叙》云：“疏者，疏通其意，达之于上。凡政有所未便，事有所未当，冤枉有所未信，壅蔽有所未达，臣下为论列奏上则用之。非三代先秦之故有，至汉高帝五年诛项羽东城，诸侯王皆上疏请尊汉王为皇帝，疏之名始见，其后臣下往往上疏，同夫书矣。”④ “疏”与“奏”连用，奏疏者，奏书也，可作为上书君主之总名。《文章辨体》“奏疏”条云：“迨乎孝文，开广言路，于是贾山献《至言》，贾谊上《政事疏》。自时厥后，进言者日众。或曰上疏，或曰上书，或曰奏劄，或曰奏状。”⑤《文体明辨》“奏疏”条云：“按奏疏者，群臣论谏之总名也。奏御之文，其名不一，故以奏疏括之也。”⑥

狭义的“疏”，仅指奏议类独立一体，始于汉朝，历代沿袭使用。关

① （南朝梁）刘勰著，詹锳义证：《文心雕龙义证》卷五《奏启》，上海古籍出版社 1989 年版，第 854 页。

② （汉）班固撰：《汉书》卷二十二《礼乐志》，中华书局 1962 年版，第 1033 页。

③ （汉）班固撰：《汉书》卷六十八《霍光传》，中华书局 1962 年版，第 2957 页。

④ （元）郝经撰：《续后汉书》卷六十六上上《文章总叙》，商务印书馆 1958 年版，第 756 页。

⑤ （明）吴讷、（明）徐师曾：《文章辨体序说，文体明辨序说》，人民文学出版社 1962 年版，第 39 页。

⑥ 同上书，第 123 页。

于此类文体之起源，王兆芳《文章释》云：“源出汉韩信《上尊号疏》。”[①]韩信此篇上疏，见于《汉书·高帝纪下》：

> 于是诸侯上疏曰：“楚王韩信、韩王信、淮南王英布、梁王彭越、故衡山王吴芮、赵王张敖、燕王臧荼昧死再拜言，大王陛下：先时秦为亡道，天下诛之。大王先得秦王，定关中，于天下功最多。存亡定危，救败继绝，以安万民，功盛德厚。又加惠于诸侯王有功者，使得立社稷。地分已定，而位号比拟，亡上下之分，大王功德之著，于后世不宣。昧死再拜上皇帝尊号。”[②]

考之于严可均《全上古三代秦汉三国六朝文》，此篇确为现存第一篇以“上疏”命名的文章，但这篇“上疏”与“奏”并无不同之处。《全秦文》有王绾《议帝号》[③]，《全后汉文》有建武末年（公元25年）诸将《奏上尊号》[④]，皆与此篇性质相同。可见，这里的“上疏”，如刘勰所云，实为“奏”之别称，尚不具有独立文体的特性。

《文章缘起》云：“上疏，汉中大夫东方朔。”[⑤]任昉以东方朔之上疏为此类文章之始，但具体文章不得而知。陈懋仁注云：“自汉以来，奏事或称上疏。师古曰：‘疏者，疏条其事而言之。’”[⑥]《说文解字》云：“疏，通也。”[⑦]刘勰《文心雕龙·书记》云：“疏者，布也。布置物类，撮题近意，故小券短书，号为疏也。”[⑧]吴曾祺《文体刍言》云：“疏，取疏通之

① 王水照编：《历代文话》第七册《文章释》，复旦大学出版社2007年版，第6298页。

② （汉）班固撰：《汉书》卷一下《高帝纪下》，中华书局1962年版，第52页。

③ 参见（清）严可均校辑《全上古三代秦汉三国六朝文》《全秦文》，中华书局1958年版，第118页。

④ 参见（清）严可均校辑《全上古三代秦汉三国六朝文》《全后汉文》卷九十七，中华书局1958年版，第993页。

⑤ （南朝梁）任昉撰，（明）陈懋仁注：《文章缘起注》，丛书集成初编本，中华书局1985年版，第5页。

⑥ 同上。

⑦ （汉）许慎撰，（宋）徐铉校定：《说文解字》，中华书局1963年版，第310页。

⑧ （南朝梁）刘勰著，詹锳义证：《文心雕龙义证》卷五《书记》，上海古籍出版社1989年版，第954页。

义，注经者谓之疏，论事者亦谓之疏，其义一也。”[①] 笔者认为，“疏”从“奏”之中分离出来，成为奏议类独立一体，源于其“疏通”之义。陈事建言，条分缕析，是“疏”之文体特征所在。王兆芳《文章释》对此诠释最为明晰：

疏者，义见前[②]，亦条录也。陈言而条析疏通，奏书之属也。汉兼施于王侯，魏晋六朝专上王侯，后世专上天子。今制，陈事曰疏。主于陈事通彻，条理明序。源出汉韩信《上尊号疏》，流有贾谊、匡衡、刘向多疏文，王吉《上疏谏昌邑王》，《文粹》列“疏”。[③]

关于“疏”之源流，王兆芳所云韩信《上尊号疏》是此类文章得名之源，只有其名，未有其实。贾谊《上疏陈政事》则名实相副，具有“疏”之典范性。《汉书·贾谊传》云：

是时，匈奴强，侵边。天下初定，制度疏阔。诸侯王僭拟，地过古制，淮南、济北王皆为逆诛。谊数上疏陈政事，多所欲匡建，其大略曰：

臣窃惟事势，可为痛哭者一，可为流涕者二，可为长太息者六，若其他背理而伤道者，难遍以疏举。进言者皆曰天下已安已治矣，臣独以为未也。曰安且治者，非愚则谀，皆非事实知治乱之体者也。夫抱火厝之积薪之下而寝其上，火未及燃，因谓之安，方今之势，何以异此！本末舛逆，首尾衡决，国制抢攘，非甚有纪，胡可谓治！陛下何不壹令臣得孰数之于前，因陈治安之策，试详择焉！……[④]

《汉书》所载此文非完篇，贾谊所云“可为痛哭者一，可为流涕者二，可为长太息者六”在文中不可强为一一指实，但这篇文章所陈政事，条理分

① （清）吴曾祺纂：《涵芬楼古今文钞》《文体刍言》，商务印书馆清宣统二年铅印本，第7页。

② 《文章释》“义疏”云：“义疏者，‘疏’一作‘疋’，通也，分理也，分理注义而疏通之也。”（王水照编：《历代文话》第七册《文章释》，复旦大学出版社2007年版，第6262页。）

③ 王水照编：《历代文话》第七册《文章释》，复旦大学出版社2007年版，第6298页。

④ （汉）班固撰：《汉书》卷四十八《贾谊传》，中华书局1962年版，第2230页。

明，脉络清晰，"疏"之文体特征颇为明显。

中国古代疏文中，唐魏徵《谏太宗十思疏》堪称典范之作。《旧唐书·魏徵列传》云：

其年，徵又面请逊位，太宗难违之，乃拜徵特进，仍知门下事。其后又频上四疏，以陈得失。……

其二曰：

臣闻求木之长者，必固其根本；欲流之远者，必浚其泉源；思国之安者，必积其德义。源不深而岂望流之远，根不固而何求木之长。德不厚而思国之治，虽在下愚，知其不可，而况于明哲乎！人君当神器之重，居域中之大，将崇极天之峻，永保无疆之休。不念于居安思危，戒贪以俭，德不处其厚，情不胜其欲，斯亦伐根以求木茂，塞源而欲流长者也。

凡百元首，承天景命，莫不殷忧而道著，功成而德衰。有善始者实繁，能克终者盖寡，岂其取之易而守之难乎？昔取之而有余，今守之而不足，何也？夫在殷忧必竭诚以待下，既得志则纵情以傲物。竭诚则胡越为一体，傲物则骨肉为行路。虽董之以严刑，振之以威怒，终苟免而不怀仁，貌恭而不心服。怨不在大，可畏惟人。载舟覆舟，所宜深慎。奔车朽索，其可忽乎？

君人者，诚能见可欲则思知足以自戒，将有所作则思知止以安人，念高危则思谦冲而自牧，惧满溢则思江海而下百川，乐盘游则思三驱以为度，恐懈怠则思慎始而敬终，虑壅蔽则思虚心以纳下，想谗邪则思正身以黜恶，恩所加则思无因喜以谬赏，罚所及则思无因怒而滥刑。总此十思，弘兹九德，简能而任之，择善而从之。则智者尽其谋，勇者竭其力，仁者播其惠，信者效其忠。文武争驰，君臣无事，可以尽豫游之乐，可以养松乔之寿，鸣琴垂拱，不言而化。何必劳神苦思，代下司职，役聪明之耳目，亏无为之大道哉！[①]

① （后晋）刘昫等撰：《旧唐书》卷七十一《魏徵列传》，中华书局1975年版，第2550页。

鉴于历代创业之君往往严于律己，小心谨慎，而守成之君容易纵情傲物，功成德衰，魏徵劝谏唐太宗励精图治，居安思危。此篇疏文总十思，弘九德，提醒太宗反省自己，争取臣民的信任与支持，稳固来之不易的江山社稷。在行文方面，此篇疏文条析疏通，整饬有序，颇得“疏”体章法。

刘勰云“奏事或称上疏”[①]，徐师曾也以“奏疏”为“群臣论谏之总名”[②]，但是，“疏”与“奏”各自作为独立一体则有明确的文体差异。“奏”本用于按劾，“疏”则主于陈事；“奏”通常一文一事，类似现代公文之段落式，“疏”则往往一文陈说数事，好比现代公文之条款式。《文心雕龙·奏启》云“夫奏之为笔，固以明允笃诚为本，辨析疏通为首”[③]，“奏”讲求“辨析疏通”，“疏”则对此要求更高，更强调文章脉络清晰，条理分明，因而在文体格式上表现为“条录”。当然，在实际应用中，由于“疏”与“奏”特征相近，且“疏”又有“书”之义，二者界限遂易混淆。古代以“疏”命名的奏议类文章，有用作弹劾者，有一文一事者，此种情形不乏其例，皆为有其名而未有其实。同样，臣僚奏议中某些条奏、奏策或上书，不以“疏”命名，却一文陈说数事，条录为文，则为有其实而未有其名。明清时期文体辨析多从其名，凡以“疏”命名的奏议文，往往视为一类，不加区分。相形之下，唯王兆芳《文章释》对此之辨析独具眼力。笔者认为，“疏”是“奏”之文体功能拓展后从中分化而出的奏议类文体，因其具备鲜明的文体特征而独立出来，宜别为一类。

要言之，“疏”作为文体名称有广、狭二义。广义的“疏”，与“书”义同，泛指“文书”，包括“上疏”与“私疏”。“疏”与“奏”连用为“奏疏”，则成为臣僚上书之总名。狭义的“疏”，仅指奏议类独立一体，从“奏”之中分离出来，陈事建言，条分缕析，多为条录。基于此，“疏”

① （南朝梁）刘勰著，詹锳义证：《文心雕龙义证》卷五《奏启》，上海古籍出版社 1989 年版，第 854 页。

② （明）吴讷、（明）徐师曾：《文章辨体序说，文体明辨序说》，人民文学出版社 1962 年版，第 123 页。

③ （南朝梁）刘勰著，詹锳义证：《文心雕龙义证》卷五《奏启》，上海古籍出版社 1989 年版，第 862 页。

始于汉朝，历代沿用，文章颇丰，且文体混杂。

二　启

“启”作为古代文体，肇始于汉代，流行于魏晋六朝，沿用至明清。从类型来看，有“奏启”，亦有“私启”。“启”是一种争议较少的古代文体，行文格式固定，文体功能明确，发展脉络清晰。

“启”有固定的行文格式，开篇云“（臣）某启”，篇尾云“谨启”，此其所以得名也。《文心雕龙·奏启》：“启者，开也。高宗云：‘启乃心，沃朕心。’取其义也。”① 刘勰认为：“孝景讳启，故两汉无称。至魏国笺记，始云启闻。”② 然东汉刘熙《释名·释书契》有云：“启，诣也，以启语官司所至诣也。”③ 据此，东汉时已有启文。例如《三国志·魏书·阎温传》注引《魏略·勇侠传》云：“当汉桓帝时，常侍左悺、唐衡等权侔人主。延熹中，衡弟为京兆虎牙都尉，秩比二千石，而统属郡。衡弟初之官，不脩敬于京兆尹，入门不持版，郡功曹赵息呵廊下曰：‘虎牙仪如属城，何得放臂入府门？’促收其主簿。衡弟顾促取版，既入见尹，尹欲脩主人，敕外为市买。息又启云：‘衡悺子弟，来为虎牙，非德选，不足为特酤买，宜随中舍菜食而已。’”④ 王兆芳《文章释》认为启“源出汉桓谭《启事》”⑤。严可均《全后汉文》收录此文，似为残篇，文曰：“官吏二千石，布襦羊裘，以白木杯饮食，饰虚诈，欲以求名干誉。”⑥ 严氏未列此文出处，详情不知。

魏晋时，启文渐趋流行，一般篇幅短小，主要用于陈事。任昉《文章缘起》：“启，晋吏部郎山涛作《选启》。”⑦ 任昉是启文写作之高手，《文

① （南朝梁）刘勰著，詹锳义证：《文心雕龙义证》卷五《奏启》，上海古籍出版社 1989 年版，第 873 页。

② 同上。

③ （汉）刘熙撰，（清）毕沅疏证，王先谦补：《释名疏证补》卷六《释书契》，中华书局 2008 年版，第 207 页。

④ （西晋）陈寿撰：《三国志》卷十八《魏书·阎温传》，中华书局 1959 年版，第 551 页。

⑤ 王水照编：《历代文话》第七册《文章释》，复旦大学出版社 2007 年版，第 6300 页。

⑥ （清）严可均校辑：《全上古三代秦汉三国六朝文》《全后汉文》卷十二，中华书局 1958 年版，第 536 页。

⑦ （南朝梁）任昉撰，（明）陈懋仁注：《文章缘起注》，丛书集成初编本，中华书局 1985 年版，第 5 页。

选》所选启文皆其文章。任昉将此种文体溯及山涛，说明山涛《选启》即便不是此类文体肇始者，亦为其典范之作。严可均《全晋文》辑录山涛《启事》52篇，皆清议举荐之文。例如：

侍中尚书、仆射、奉车都尉、新沓伯臣涛言：臣近启崔谅、史曜、陈准可补吏部郎，诏书可尔。此三人皆众论所称，谅尤质正少华，可以敦教。虽大化未可仓卒，风尚所劝，为益者多。臣以为宜先用谅，谨随事以闻。①

此篇启文较为完整，陈事清晰，文而不奢，短小明快。至于篇首云“臣涛言”而非“臣涛启”，篇尾云“谨随事以闻”而非“谨奉启事以闻”，可见早期“启”行文格式尚不规范。又如：

山涛领选，启武帝曰：“《康诰》有言：‘父子罪不相及。’嵇绍贤侔郤缺，宜加旌命，请为秘书郎。”②

此文当为节录，但启文“辨要轻清”的特点颇为明显。再如：

诏侍中缺，当复得人。谁可者？雍州刺史郭奕、右卫将军王济皆诚直忠亮，有美才，侍中之最高者也。③

一般而言，奏议文语气多肯定、庄重，很少使用疑问句。此篇启文出现一句“谁可者”，去之并不影响文意，用之则语气亲和，如当面对语。值得关注的是，现存山涛52篇《启事》，虽多为残篇，但此类疑问句仍有13句之多。例如“请以补职，不审可复用否?”“不审宜尔有当

① （清）严可均校辑：《全上古三代秦汉三国六朝文》《全晋文》卷三十四，中华书局1958年版，第1653页。

② （唐）房玄龄等撰：《晋书》卷八十九《嵇绍列传》，中华书局1974年版，第2298页。

③ （清）严可均校辑：《全上古三代秦汉三国六朝文》《全晋文》卷三十四，中华书局1958年版，第1653页。

圣旨者不?”① 等。魏晋时期，人心思变，传统观念予以重创，君臣之位亦不再稳固，奏议之庄重性不免打上折扣。加之这一时期文人主体性与文学自觉性提升，奏议之文风亦发生流变。启文是章表奏议之别体，与一般奏议文相比，启文体式轻便，文采昭然，语气亲和。山涛此文既是本人风流性情之体现，亦是这一时代奏议文流变之写照。

南北朝时，启文颇为盛行，陈事之外，多用于谢恩，可取代表、奏、章之类上告君主，亦可取代牋、书之类施于王公贵族。《文心雕龙·奏启》：“自晋来盛启，用兼表奏。陈政言事，既奏之异条；让爵谢恩，亦表之别干。”②《文选》“启”选三篇，皆任昉之作，可视为这一时期启文之代表作：

臣昉启：奉敕并赐示《七夕》五韵。窃惟帝迹多绪，俯同不一；托情风什，希世罕工。虽汉在四世，魏称三祖，宁足以继想《南风》，克谐《调露》！性与天道，事绝称言，岂其多幸，亲逢旦暮！

臣早奉龙潜，与贾马而入室；晚属天飞，比严徐而待诏。惟君知臣，见于讷言之旨；取求不疵，表于辩才之戏。谨辄牵率庸陋，式酬天奖；拙速虽效，蚩鄙已彰；临启惭恧，罔识所置。谨启。(《奉答敕示七夕诗启》)

臣彬启：伏见诏书并郑义泰宣敕，当赐修理臣亡高祖晋故骠骑大将军、建兴忠贞公壶坟茔。臣门绪不昌，天道所昧，忠遘身危，孝积家祸，名教同悲，隐沦惆怅。而年世贸迁，孤裔沦塞。遂使碑表芜灭，丘树荒毁，狐兔成穴，童牧哀歌。感慨自哀，日月缠迫。

陛下弘宣教义，非求效于方今；壶余烈不泯，固陈力于异世。但加等之渥，近阙于晋典；樵苏之刑，远流于皇代。臣亦何人，敢谢斯幸？不任悲荷之至，谨奉启事以闻。谨启。(《为卞彬谢修卞忠

---

① (清)严可均校辑:《全上古三代秦汉三国六朝文》《全晋文》卷三十四，中华书局1958年版，第1653页。

② (南朝梁)刘勰著，詹锳义证:《文心雕龙义证》卷五《奏启》，上海古籍出版社1989年版，第873页。

贞墓启》)

昉启：近启归诉，庶谅穷款，奉被还旨，未垂哀察，悼心失图，泣血待旦。君于品庶，示均熔造。干禄祈荣，更为自拔。亏教废礼，岂关视听？所不忍言，具陈兹启。

昉往从末宦，禄不代耕。饥寒无甘旨之资，限役废晨昏之半。膝下之欢，已同过隙；几筵之慕，几何可凭！且奠酹不亲，如在安寄。晨暮寂寥，阒若无主。所守既无别理，穷咽岂及多喻。

明公功格区宇，感通有涂。若霈然降临，赐寝严命。是知孝治所被，爰至无心；锡类所及，匪徒教义。不任崩迫之情，谨奉启事陈闻。谨启。(《启萧太傅固辞夺礼》)[①]

任昉三篇启文，一为奉答，一为谢恩，一为陈事；两篇上告君主，一篇施于太傅，可见此类文章之适用范围。与山涛《启事》相比，任昉之作更富于文学性。三篇启文皆为骈俪之作，讲求对仗、辞藻、声韵、用事，文风整饬，文采昭彰。刘勰认为“启”乃“表奏”之别体，《文选》列“启”，而不列“奏”，亦说明“启”比“奏”富于文学性。关于“启”之文体特点，《文心雕龙·奏启》云：“必敛饬入规，促其音节，辨要轻清，文而不侈，亦启之大略也。”[②] 任昉之作可证之。

南北朝时期，徐陵、庾信等骈文大家多有“谢启”，或上告君主，或施于王侯。此类文章之撰写骈俪者居多，精雕细刻，不免背离奏议文旨在辅政之初衷，遂与奏议文分道扬镳。考之于史，以此事件作为分水岭：

(建德四年夏四月)丁酉，初令上书者并为表，于皇太子以下称启。[③]

① (南朝梁)萧统编，(唐)李善注：《文选》卷三十九《启》，中华书局1977年版，第555页。

② (南朝梁)刘勰著，詹锳义证：《文心雕龙义证》卷五《奏启》，上海古籍出版社1989年版，第873页。

③ (唐)令狐德棻等撰：《周书》卷六《武帝纪下》，中华书局1971年版，第91页。

此前，北周奏议文中有启，例如庾信《谢明皇帝赐丝布等启》[①]，甄鸾《〈笑道论〉并启》[②] 等。武帝建德四年（575）后，北周奏议文便不见有启上呈君主。隋唐承袭此制，启文从臣僚奏议中分离，专施于王侯。《旧唐书·职官志二》："凡下之所以达上，其制亦有六，曰表、状、牋、启、辞、牒。"文中注云："表上于天子。其近臣亦为状。牋、启上皇太子，然于其长亦为之。非公文所施，有品已上公文，皆曰牒。庶人言曰辞也。"[③] 启文专施于太子王侯，此种情形一直持续到明清时期。《明史·职官志二》："凡朝贺，必先奏朝廷，乃具启本以进（太子）。""凡东宫监国、抚军、出狩，及朝会出入，覆启，画诺，必审署以移詹事。""凡有启事于东宫，与司直、清纪执笔纪令旨，规正其伪缪者。"[④] 明徐师曾《文体明辨》亦云："今制，奏事太子诸王称启。"[⑤] 清王兆芳《文章释》云：启，"今制，以上太子、诸王。"[⑥]

吴曾祺《文体刍言》：启，"魏晋以后盛行。……其始尚或用以御奏，唐以下，则第施之尊贵而已。今择非奏御之作，入之书牍类。"[⑦] 吴氏所云，"奏启"之外，亦有"私启"，唐宋以后作为平行文书用于私人之间。此类文书内容广泛，或致谢，或举荐，或言说事务，或联络感情，不一而论。例如唐韩愈《上郑尚书启》、李商隐《献河东公启》，宋欧阳修《上随州钱相公启》、陆游《谢葛给事启》等。"私启"不仅用于文士、官员之间，还逐渐走向平民生活。《四库全书总目》"别集类"《四六标准》提要云："至宋而岁时通候、仕宦迁除，吉凶庆吊，无一事不用启，无一人不

① 参见（清）严可均校辑《全上古三代秦汉三国六朝文》《全后周文》卷十，中华书局1958年版，第3931页。

② 参见（清）严可均校辑《全上古三代秦汉三国六朝文》《全后周文》卷二十，中华书局1958年版，第3978页。

③（后晋）刘昫等撰：《旧唐书》卷四十三《职官志二》，中华书局1975年版，第1817页。

④（清）张廷玉等撰：《明史》卷七十三《职官志二》，中华书局1974年版，第1783—1784页。

⑤（明）吴讷、（明）徐师曾：《文章辨体序说，文体明辨序说》，人民文学出版社1962年版，第123页。

⑥ 王水照编：《历代文话》第七册《文章释》，复旦大学出版社2007年版，第6300页。

⑦（清）吴曾祺纂：《涵芬楼古今文钞》《文体刍言》，商务印书馆清宣统二年铅印本，第8页。

用启，其启必以四六，遂于四六之内，别有专门。”[①] 虽然“启”逐渐生活化，但与一般书信仍有区别。孙梅《四六丛话》云：“若乃敬谨之忱，视表为不足；明慎之旨，侔书为有余，则启是也。”[②] “私启”是一种自臣僚奏议转而为平行书牍的文体，其性质自然比一般书信要正规、庄重，因而多用骈体，文辞精致。

要言之，启文肇始于汉代，流行于魏晋六朝，或取代表、奏、章上告君主，或取代牋、书施于王公贵族，体式轻便，文采昭彰。隋唐以后，启文从臣僚奏议中摒除，施于王侯，延及明清，亦用于私人之间，多为骈体，讲求文采。“奏启”是奏议文发展历史进程中的一段插曲，是魏晋六朝时期奏议文受时文影响而变形之产物，并因之而起、因之而亡。

三　对策

策，《说文解字》云“马棰也”[③]，又用作计谋。“策”，作为文体有两类：一为献言之策，一为应试之策。

献言之策，古人称为“进策”“奏策”。《文体明辨》云：“进策，著策而上进者是也”，“学士大夫”之“私自议政而上进者”。[④] 王兆芳《文章释》云：“奏策者，策，马棰也，筹策也，谋也。谋若运筹，亦如运用棰策，而奏进之者也。主于筹算精谋，别中下而要其上。”[⑤] 此类文章历代不乏，例如汉贾让《奏治河三策》、唐王忠嗣《上平戎十八策》、宋苏洵《几策》等。献言进策系臣僚之职责，亦是其参政议政之基本手段。此类文章从文体形式来看，属于“奏”或“疏”，前已论之。至于吏民献策，则属上书一类，自不待言。

应试之策，系古代擢拔人材之测试手段。从测试级别来看，有应天子

---

① （清）纪昀等撰：《钦定四库全书总目》卷一百六十二《四六标准》，中华书局 1997 年版，第 2165 页。

② （清）孙梅编辑：《四六丛话》卷十四《启》，商务印书馆中华民国二十六年三月版，第 251 页。

③ （汉）许慎撰，（宋）徐铉校定：《说文解字》，中华书局 1963 年版，第 98 页。

④ （明）吴讷、（明）徐师曾：《文章辨体序说，文体明辨序说》，人民文学出版社 1962 年版，第 130 页。

⑤ 王水照编：《历代文话》第七册《文章释》，复旦大学出版社 2007 年版，第 6301 页。

策问与有司策问之别。徐师曾《文体明辨》云："一曰制策，天子称制以问而对者是也。二曰试策，有司以策试士而对者是也。"[①] 从测试方式来看，有所谓"射策"与"对策"之别。《汉书·萧望之传》："望之以射策甲科为郎。"颜师古注曰："射策者，谓为难问疑义书之于策，量其大小署为甲乙之科，列而置之，不使彰显。有欲射者，随其所取得而释之，以知优劣。射之，言投射也。对策者，显问以政事经义，各令对之，而观其文辞定高下也。"[②] 徐师曾引《汉书音义》曰："作简策难问，例置案上，在试者意投射取而答之，谓之射策。若录政化得失显而问之，谓之对策。"[③] 刘勰云："对策者，应诏而陈政也；射策者，探事而献说也。言中理准，譬射侯中的；二名虽殊，即议之别体也。""对策者以第一登庸，射策者以甲科入仕，斯固选贤要术也。"[④] 应有司之策问不属本论题研究范畴，此处仅讨论应天子之策问。"射策"与"对策"之区别仅在于"射策"密封题目由应对者随机抽取予以回答，"对策"则指定题目由应试者直接回答，二者实际上皆为应对之策。因此，本文以"对策"统称之，指古代士人应对天子策问之辞。

"对策"是奏议类特殊一体。姚鼐《古文辞类纂》将"奏议类"分为上下两编："惟对策虽亦臣下告君之辞，而其体少别，故置之下编。两苏应制举时所进《时务策》，又以附对策之后。"[⑤] "对策"是中国古代皇帝选拔录用人材的考核方式，与一般奏议文不同。宋真德秀《跋黄君汝宜廷对策后》云："以布衣造天子之廷，亲承大问，此君臣交际之始也。一时议论所发，可以占其平生。"[⑥] 从文体形式来看，一般奏议文是臣僚奏请论

---

① （明）吴讷、（明）徐师曾：《文章辨体序说，文体明辨序说》，人民文学出版社 1962 年版，第 130 页。

② （汉）班固撰：《汉书》卷七十八《萧望之传》，中华书局 1962 年版，第 3272 页。

③ （明）吴讷、（明）徐师曾：《文章辨体序说，文体明辨序说》，人民文学出版社 1962 年版，第 130 页。

④ （南朝梁）刘勰著，詹锳义证：《文心雕龙义证》卷五《议对》，上海古籍出版社 1989 年版，第 902 页。

⑤ （清）姚鼐纂：《古文辞类纂》《序目》，中华书局四部备要本，第 2 页。

⑥ （清）陈梦雷编纂，（清）蒋廷锡校订：《古今图书集成》第 64 册文学典，卷一百五十九"策部艺文"，中华书局、巴蜀书社 1985 年版，第 77383 页。

议，对策则是布衣文士应试而对。对策者以布衣之身对扬王庭，尚不具备臣子资格，须待对策圆满，委以官职，才真正拥有臣子名分。因此，对策与吏民上书有相同的写作身份。但是，策问与对策又是在君臣名义下拟题与答复的，考核的是应试者参政议政的能力，应试者必须以虚拟的臣子名分撰写对策，才能切中肯綮，因而“对策”有别于一般吏民上书，得以入奏议文类。

考之于史，策问与对策肇始于汉文帝时。任昉《文章缘起》：“对贤良策，汉太子家令晁错。”① 据《汉书·晁错传》，文帝诏有司举贤良文学士，对策者百余人，唯错为高第，由是迁中大夫。当是时，文帝亲策诏之：

> 惟十有五年九月壬子，皇帝曰：“昔者大禹勤求贤士，施及方外，四极之内，舟车所至，人迹所及，靡不闻命，以辅其不逮；近者献其明，远者通厥聪，比善戮力，以翼天子。是以大禹能亡失德，夏以长楙。高皇帝亲除大害，去乱从，并建豪英，以为官师，为谏争，辅天子之阙，而翼戴汉宗也。赖天之灵，宗庙之福，方内以安，泽及四夷。今朕获执天子之正，以承宗庙之祀，朕既不德，又不敏，明弗能烛，而智不能治，此大夫之所著闻也。故诏有司、诸侯王、三公、九卿及主郡吏，各帅其志，以选贤良明于国家之大体，通于人事之终始，及能直言极谏者，各有人数，将以匡朕之不逮。二三大夫之行当此三道，朕甚嘉之，故登大夫于朝，亲谕朕志。大夫其上三道之要，及永惟朕之不德，吏之不平，政之不宣，民之不宁，四者之阙，悉陈其志，毋有所隐。上以荐先帝之宗庙，下以兴愚民之休利，著之于篇，朕亲览焉，观大夫所以佐朕，至与不至。书之，周之密之，重之闭之。兴自朕躬，大夫其正论，毋枉执事。乌乎，戒之！二三大夫其帅志毋怠！”
>
> 错对曰：
>
> 平阳侯臣窋、汝阴侯臣灶、颍阴侯臣何、廷尉臣宜昌、陇西太守

① （南朝梁）任昉撰，（明）陈懋仁注：《文章缘起注》，丛书集成初编本，中华书局1985年版，第5页。

臣昆邪所选贤良太子家令臣错昧死再拜言：臣窃闻古之贤主莫不求贤以为辅翼，故黄帝得力牧而为五帝先，大禹得咎繇而为三王祖，齐桓得管子而为五伯长。今陛下讲于大禹及高皇帝之建豪英也，退托于不明，以求贤良，让之至也。臣窃观上世之传，若高皇帝之建功业，陛下之德厚而得贤佐，皆有司之所览，刻于玉版，藏于金匮，历之春秋，纪之后世，为帝者祖宗，与天地相终。今臣窋等乃以臣错充赋，甚不称明诏求贤之意。臣错草茅臣，亡识知，昧死上愚对，曰：

诏策曰"明于国家大体"，愚臣窃以古之五帝明之。臣闻五帝神圣，其臣莫能及，故自亲事，处于法宫之中，明堂之上；动静上配天，下顺地，中得人。故众生之类亡不覆也，根著之徒亡不载也；烛以光明，亡偏异也；德上及飞鸟，下至水虫草木诸产，皆被其泽。然后阴阳调，四时节，日月光，风雨时，膏露降，五谷孰，袄孽灭，贼气息，民不疾疫，河出图，洛出书，神龙至，凤鸟翔，德泽满天下，灵光施四海。此谓配天地，治国大体之功也。……①

晁错之文，历代评说不一。陈懋仁《文章缘起》注云："古言曰：'策莫盛于汉，汉策莫过于晁大夫。'晁策就事为文，文简径明畅，事皆凿凿可行，贾太傅不及也。"② 吴讷《文章辨体》则云："错遇文帝恭谦好问之主，不能明目张胆以答所问，惜哉！"③ 晁错首开对策先例，此后，董仲舒、公孙弘等亦有名篇。吴讷《文章辨体》云："唯董仲舒学识醇正，又遇孝武初政清明，策之再三，故克罄竭所蕴，帝因是罢黜百家，专崇孔氏，以表章六经，厥功茂焉。"④ 王通《文中子中说》云："文中子曰：'广仁益智，莫善于问；乘事演道，莫善于对。非明君孰能广问？非达臣孰能专对乎？其因宜

① （汉）班固撰：《汉书》卷四十九《晁错传》，中华书局1962年版，第2290页。

② （南朝梁）任昉撰，（明）陈懋仁注：《文章缘起注》，丛书集成初编本，中华书局1985年版，第5页。

③ （明）吴讷、（明）徐师曾：《文章辨体序说，文体明辨序说》，人民文学出版社1962年版，第37页。

④ 同上。

取类，无不经乎？洋洋乎，晁、董、公孙之对！’”① 刘勰《文心雕龙·议对》赞云：“观晁氏之对，验古明今，辞裁以辨，事通而赡，超升高第，信有征矣。仲舒之对，祖述《春秋》，本阴阳之化，究列代之变，烦而不慁者，事理明也。公孙之对，简而未博，然总要以约文，事切而情举，所以太常居下，而天子擢上也。杜钦之对，略而指事，辞以治宣，不为文作。及后汉鲁丕，辞气质素，以儒雅中策，独入高第。凡此五家，并前代之明范也。”② 魏晋以后，对策历代不绝，但虚浮之辞充斥，选家多不取，唯苏轼、苏辙之作颇得青睐。吴讷《文章辨体》：“宋苏氏之答仁宗制策，亦克输忠陈义，婉切恳到，君子有所取焉。”③ 姚鼐《古文辞类纂》亦予以特别收录。

从所言内容来看，“对策”如同臣僚参政议政，要求应试者依据论题所问提交自己的策略、策谋，因而文章需富于哲思睿智，富于远见卓识。刘勰云：“对策揄扬，大明治道。使事深于政术，理密于时务，酌三五以镕世，而非迂缓之高谈；驭权变以拯俗，而非刻薄之伪论；风恢恢而能远，流洋洋而不溢，王庭之美对也。”④ 其次，“对策”并非一般吏民上书，要求应试者之文章不仅拥有渊博学识，还要彰显国华，因而文采亦不可或缺。《文体明辨》感慨云：“夫策之体，练治为上，工文次之。然人才不同，或练治而寡文，或工文而疏治，故入选者，刘勰称为通才。呜呼，可谓难也已矣！”⑤

“志足文远”，此为“对策”之文体特征。除此之外，“对策”还有一个突出的特点，即“对”之奥妙。《尔雅》：“对，遂也。”⑥ “对策”的关键在于“对”，既然应诏而对，须得投其所好。《文选》不收“对策”，却立“文”（策秀才文）为一门，录有策问三组，包括王融《永明九年策秀

① （隋）王通撰：《文中子中说》卷五《问易篇》，上海古籍出版社 1989 年版，第 22 页。

② （南朝梁）刘勰著，詹锳义证：《文心雕龙义证》卷五《议对》，上海古籍出版社 1989 年版，第 906 页。

③ （明）吴讷、（明）徐师曾：《文章辨体序说，文体明辨序说》，人民文学出版社 1962 年版，第 37 页。

④ （南朝梁）刘勰著，詹锳义证：《文心雕龙义证》卷五《议对》，上海古籍出版社 1989 年版，第 913 页。

⑤ （明）吴讷、（明）徐师曾：《文章辨体序说，文体明辨序说》，人民文学出版社 1962 年版，第 130 页。

⑥ 胡奇光、方环海撰：《尔雅译注》，上海古籍出版社 2004 年版，第 145 页。

才文五首》《永明十一年策秀才文五首》以及任昉《天监三年策秀才文三首》。关于此类文体，明清文体研究多有论说。例如《文体明辨》云："策问，按古者选士，询事考言而已，未有问之以策者也。汉文中年，始策贤良，其后有司亦以策试士，盖欲观其博古之学，通今之才，与夫剸剧解纷之识也。然对策存乎士子，而策问发于上人，尤必通达古今，善为疑难者，而后能之。不然，其不反为士子所笑者几希矣。"[①] 策问精心撰构，必有深意于其中，应试者须仔细揣摩，了解问题所在、意图所在，参悟主上好恶心理、政治态度，以便投合圣意，金榜题名。因此，对策之成功者，既有文风质朴，亦有华丽为文；既有直言劝谏，亦有谄媚逢迎；既有实事求是，亦有危言耸听。面对不同的时代、不同的君主，应试者需有不同的对策。刘勰云"对策王庭，同时酌和"[②]，所言是矣。[③]

要言之，"对策"有应对天子策问与有司策问之别，作为奏议文类仅指前者，且无须再细分所谓"射策"与"对策"。"对策"是奏议类特殊一体，布衣之士在虚拟的君臣名义下应答策问所拟试题，考核其如若作为臣僚参政议政之能力。此类文章讲求志足文远，富睿智远见，且彰显才华。在实际写作中，揣摩圣意，投其所好，往往成为行文之"潜规则"。策问巧对策，君臣得遇合！

四　封事

"封事"是一个比较特殊的文体名目。王兆芳《文章释》云："封事者，封，诸侯爵土也，藏也，封藏言事之书，若限于封疆，不使易见其中之所有，书之有囊封者也。"[④] 封事者，泛指各类秘密上奏之文书，可以是臣僚奏议，也可以是吏民上书。臣僚奏议以封事呈递者，有密表、密启、密疏、密折等。

---

① （明）吴讷、（明）徐师曾：《文章辨体序说，文体明辨序说》，人民文学出版社 1962 年版，第 129 页。

② （南朝梁）刘勰著，詹锳义证：《文心雕龙义证》卷五《议对》，上海古籍出版社 1989 年版，第 915 页。

③ 参见吴承学《策问与对策》，《新国学》1999 年创刊号。

④ 王水照编：《历代文话》第七册《文章释》，复旦大学出版社 2007 年版，第 6298 页。

封事者，盖与“露布”相反也。一般认为，露布主要用于军事文书：一是用作讨伐檄文，如刘勰《文心雕龙·檄移》所云“檄者，皦也。宣露于外，皦然明白也。张仪檄楚，书以尺二。明白之文，或称露布。露布者，盖露板不封，播诸视听也”[①]；一是用于将帅奏捷，如杜佑《通典·礼三·宣露布》所云“后魏每攻战克捷，欲天下闻知，乃书帛，建于漆竿上，名为露布，自此始也。其后相因施行”[②]。但早期露布与军事并无关系。《后汉书·李云列传》：“桓帝延熹二年……地数震裂，众灾频降。云素刚，忧国将危，心不能忍，乃露布上书，移副三府，曰：‘臣闻皇后天下母，德配坤灵，得其人则五氏来备，不得其人则地动摇宫。比年灾异，可谓多矣，皇天之戒，可谓至矣。……’”[③] 李云《露布上书》因灾异直言劝谏，与军事无关。吴曾祺《文体刍言》云：“（露布）本非将帅献捷所用，至北魏时，以战伐有功，欲天下闻之，乃书帛建于竹竿上，名曰露布，事见《通典》。傅永以此文得名。自此始为军中用之。”[④] 王兆芳《文章释》云：露布“承名于露布制书，露布奏书也。汉末以露布文告军事，六朝而来专以告捷”[⑤]。可见，露布原非文体专称，而是指文书之呈递形式。至于“露布”涉及文体，可以是制书、奏书、檄文等，后来才成为此类文书之代称。同样，“封事”作为文书秘密呈递方式，亦非某一文体专称。从习惯上讲，封事主要是指密表、密启、密疏、密折等上行文书，但是下行文书中亦有秘密者，例如密诏、密令等，未尝不可视为“封事”。《后汉书·公孙瓒列传》载公孙瓒上疏云：袁绍“逼迫韩馥，窃夺其州，矫刻金玉，以为印玺，每有所下，辄皂囊施检，文称诏书”[⑥]。袁绍所下“诏书”，以“皂囊”封之，与一般封事无异。《文体明辨》云：“密奏，阴阳皂囊封板，以防宣泄，谓之封事。而朝臣补外，天子使人受所欲言，

① （南朝梁）刘勰著，詹锳义证：《文心雕龙义证》卷四《檄移》，上海古籍出版社1989年版，第766页。

② （唐）杜佑撰：《通典》卷七十六《礼三》，中华书局1988年版，第2084页。

③ （南朝宋）范晔撰：《后汉书》卷五十七《李云列传》，中华书局1965年版，第1851页。

④ （清）吴曾祺纂：《涵芬楼古今文钞》《文体刍言》，商务印书馆清宣统二年铅印本，第9页。

⑤ 王水照编：《历代文话》第七册《文章释》，复旦大学出版社2007年版，第6304页。

⑥ （南朝宋）范晔撰：《后汉书》卷七十三《公孙瓒列传》，中华书局1965年版，第2360页。

及有事下议者，并以书封。”[①] 从上行文的角度来看，为保密而加封者就是“封事”，反之则可视为“露布”。吴曾祺《文体刍言》解释“奏议类”之“封事”与“露布”云：“古者上书，皆以囊封，故谓之封事”，“露布之名，始于汉，谓上书之不加封者。”[②] 因此，“封事”与“露布”皆为文体呈递方式之称谓，不宜与文体名称并列视之。《文章辨体》引《文心雕龙》云“露布者，盖露版不封，布诸视听”，又认为“唐宋虽有传者，然其命辞，全用四六，盖与当时表文无异”，故将露布“附录表后，以备一体”[③]；同样，吴讷也并不列“封事”为独立文体，而是在“奏疏”类简单提到，认为“（奏疏）虑有宣泄，则囊封以进，谓曰封事”[④]。笔者认为，吴讷所言极是，与其将“封事”视为奏书之名称，不如视其为上奏之形式。

任昉《文章缘起》云：“封事，汉魏相奏霍氏专权封事。”[⑤] 据现有史料，“封事”作为密奏文书制度之用例最早见于汉宣帝亲政时，是宣帝在御史大夫魏相支持下与权臣霍山政治斗争之产物。据《汉书·霍光传》，武帝临终托孤，大将军霍光权倾朝野，霍氏家族遂成为宣帝亲政的重大障碍。《魏相传》又云，霍光死后，其兄子霍山领尚书事。依照旧例，汉代上书皆为二封，署其一为副，领尚书者先发副封，所言不善，屏去不奏。[⑥] 霍氏以此壅塞圣听，控制臣民奏书。御史大夫魏相有鉴于此，通过近臣平恩侯许伯奏封事：

> 《春秋》讥世卿，恶宋三世为大夫，及鲁季孙之专权，皆危乱国家。自后元以来，禄去王室，政繇冢宰。今光死，子复为大将军，兄

① （明）吴讷、（明）徐师曾：《文章辨体序说，文体明辨序说》，人民文学出版社 1962 年版，第 123 页。

② （清）吴曾祺纂：《涵芬楼古今文钞》《文体刍言》，商务印书馆清宣统二年铅印本，第 9 页。

③ （明）吴讷、（明）徐师曾：《文章辨体序说，文体明辨序说》，人民文学出版社 1962 年版，第 38 页。

④ 同上书，第 39 页。

⑤ （南朝梁）任昉撰，（明）陈懋仁注：《文章缘起注》，丛书集成初编本，中华书局 1985 年版，第 8 页。

⑥ 参见（汉）班固撰《汉书》卷七十四《魏相传》，中华书局 1962 年版，第 3135 页。

子秉枢机，昆弟诸婿据权势，在兵官。光夫人显及诸女皆通籍长信官，或夜诏门出入，骄奢放纵，恐浸不制。宜有以损夺其权，破散阴谋，以固万世之基，全功臣之世。①

魏相又建议宣帝去上书之副封以防雍蔽，宣帝从其议。《宣帝纪》又云：“上始亲政事，又思报大将军功德，乃复使乐平侯山领尚书事，而令群臣得奏封事，以知下情。五日一听事，自丞相以下各奉职奏事，以傅奏其言，考试功能。”②《霍光传》亦云：“时霍山自若领尚书，上令吏民得奏封事，不关尚书，群臣进见独往来，于是霍氏甚恶之。”③ 据此，廖伯源先生《汉“封事”杂考》认为此即封事制度创始经过，起于霍氏专权，由魏相提议并最早实践，宣帝批准，作为制度而付诸实施。④

但古人于此亦有异议。王兆芳《文章释》认为封事“源出汉初”，魏相《谏张安世》《夺霍氏权》皆其流，其根据在于“汉文集上书囊为殿帷，盖封事囊也”⑤。王氏所云汉文帝事最早见于《汉书·东方朔传》，东方朔云汉文帝“集上书囊以为殿帷”⑥，遂成典故，古人常为引用。例如，《三国志·魏书·文帝纪》注引魏文帝所云（汉文帝）“集上书囊为帐帷”⑦，《南齐书·崔祖思列传》载祖思所云“汉文集上书囊以为殿帷”⑧，等等。汉文帝所集上书囊为何物，班固并未明言，后世则有“皁（皂）囊”之说。例如，《后汉书·翟酺列传》载翟酺上疏云“文帝爱百金于露台，饰帷帐于皂囊”⑨，《晋书·元帝纪》载元帝云“汉文集上书皂囊为帷”⑩，等等。王兆芳“封事源出汉初”之论盖本于此。

① 参见（汉）班固撰《汉书》卷七十四《魏相传》，中华书局 1962 年版，第 3134 页。
② （汉）班固撰：《汉书》卷八《宣帝纪》，中华书局 1962 年版，第 247 页。
③ （汉）班固撰：《汉书》卷六十八《霍光传》，中华书局 1962 年版，第 2951 页。
④ 参见廖伯源《秦汉史论丛》《汉“封事”杂考》，中华书局 2008 年版，第 195 页。
⑤ 王水照编：《历代文话》第七册《文章释》，复旦大学出版社 2007 年版，第 6298 页。
⑥ （汉）班固撰：《汉书》卷六十五《东方朔传》，中华书局 1962 年版，第 2858 页。
⑦ （西晋）陈寿撰：《三国志》卷二《魏书·文帝纪》，中华书局 1959 年版，第 88 页注一。
⑧ （南朝梁）萧子显撰：《南齐书》卷二十八《崔祖思列传》，中华书局 1971 年版，第 518 页。
⑨ （南朝宋）范晔撰：《后汉书》卷四十八《翟酺列传》，中华书局 1965 年版，第 1604 页。
⑩ （唐）房玄龄等撰：《晋书》卷六《元帝纪》，中华书局 1974 年版，第 157 页。

汉代文书多以囊盛之，有青布囊、白素囊、皂囊等。青布囊与白素囊多为皇帝制诏所用封装，卫宏《汉旧仪》云：（皇帝玺书）“皆以武都紫泥封，青布囊，白素里，两端无缝，尺一板中约署。”[①]“皂囊”，以黑色织物制作而成的书囊，多用以封装臣民秘密上书。《后汉书·礼仪志中》：“召太史令各板书，封以皂囊，送西阶，跪授尚书，施当轩，北面稽首，拜上封事。尚书授侍中常侍迎受，报闻。”[②]《后汉书·蔡邕列传》：“又特诏问曰：‘比灾变互生，未知厥咎，朝廷焦心，载怀恐惧。每访郡公卿士，庶闻忠言，而各存括囊，莫肯尽心。以邕经学深奥，故密特稽问，宜披露失得，指陈政要，勿有依违，自生疑讳。具对经术，以皂囊封上。’”注引《汉官仪》曰：“凡章表皆启封，其言密事得皂囊。”[③] 蔡邕《独断》：“凡章表皆启封，其言密事，得皂囊盛。”[④]《文心雕龙·奏启》：“自汉置八仪，密奏阴阳，皂囊封板，故曰封事。”[⑤]《文体明辨》：“密奏，阴阳皂囊封板，以防宣泄，谓之封事。”[⑥]

“封事”之得名，来自其特殊的封缄方式。据此分析，“封事”于汉文帝时似已有之。然此说亦有两点存疑之处：其一，汉文帝所集上书囊为“皂囊”之说似出自魏晋后人推测，并无确凿历史依据；其二，即便确为“皂囊”，这些上书和宣帝以后作为制度实施的“封事”或许存在规范与否的差别[⑦]。限于史料不足，聊备一说。

---

① （清）孙星衍等撰：《汉官六种》卫宏《汉旧仪》卷上，中华书局 1990 年版，第 62 页。

② （南朝宋）范晔撰：《后汉书》志第五《礼仪志中》，中华书局 1965 年版，第 3126 页。

③ （南朝宋）范晔撰：《后汉书》卷六十下《蔡邕列传下》，中华书局 1965 年版，第 1998 页。

④ （汉）蔡邕撰：《独断》，丛书集成初编本，中华书局 1985 年版，第 5 页。

⑤ （南朝梁）刘勰著，詹锳义证：《文心雕龙义证》卷五《奏启》，上海古籍出版社 1989 年版，第 877 页。

⑥ （明）吴讷、（明）徐师曾：《文章辨体序说，文体明辨序说》，人民文学出版社 1962 年版，第 123 页。

⑦ 《汉书·晁错传》引文帝诏曰：“……大夫其上三道之要，及永惟朕之不德，吏之不平，政之不宣，民之不宁，四者之阙，悉陈其志，毋有所隐。上以荐先帝之宗庙，下以兴愚民之休利，著之于篇，朕亲览焉，观大夫所以佐朕，至与不至。书之，周之密之，重之闭之。兴自朕躬，大夫其正论，毋枉执事。……”所言“书之，周之密之，重之闭之”，而不直云“封事”，似一时举措，未成制度。《汉书·董仲舒传》载武帝策问诏曰：“……乃其不正不直，不忠不极，枉于执事，书之不泄，兴于朕躬，勿悼后害。……”武帝时，亦同。[（汉）班固撰：《汉书》卷四十九《晁错传》，中华书局 1962 年版，第 2290 页；卷五十六《董仲舒传》，第 2499 页。]

“封事”与一般奏书所不同者，在于文书之密级。保密性是文书工作的基本原则，大多数文书都有此项要求，只是密级不同。古代下行文书中有所谓密诏、密令，要求将诏令直接下达有关当事人，他人不得擅自了解诏令内容，甚至不得获知诏令下达之事。封事的保密要求亦如此。古代上行文书除“露布”外，一般都有保密要求，但封事密级最高。王兆芳《文章释》：封事“主于陈事机密，冀君独览”①。凡属上封事，所奏文书直接送达皇帝面前，由皇帝或皇帝指定的官员当面拆启，不同于一般奏书必须经过御史大夫或尚书部门的核查筛检后予以上奏。封事自写作、上奏、批阅至存档，整个过程皆秘密进行，不得外泄。《三国志·魏书·陈群传》注引《魏书》曰：“群前后数密陈得失，每上封事，辄削其草，时人及其子弟莫能知也。论者或讥群居位拱默，正始中诏撰群臣上书，以为《名臣奏议》，朝士乃见群谏事，皆叹息焉。”② 陈群上奏多为封事，时人不知，以至于同僚误认为其失职不奏，可见封事密级之高。又《旧唐书·武宗本纪》载（会昌元年）十二月中书门下奏修实录体例云：“近见实录多载密疏，言不彰于朝听，事不显于当时，得自其家，未足为信。今后实录所载章奏，并须朝廷共知者，方得纪述，密疏并请不载。”③ 唐武宗会昌年间，中书门下奏修实录体例，密疏因“言不彰于朝听，事不显于当时”而奏请不予载录，武宗从之。中书门下此举意在反对浮妄作伪。密疏便于作伪，其密级之高，亦可为一证。既然如此，若泄露封事，便要予以治罪。例如《汉书·师丹传》云，师丹使吏书奏，吏私写其草，丁、傅子弟闻之，使人上书告丹上封事行道人遍持其书。上以问将军中朝臣，皆对曰：“忠臣不显谏，大臣奏事不宜漏泄，令吏民传写流闻四方。‘臣不密则失身’，宜下廷尉治。”事下廷尉，廷尉劾丹大不敬，兼以他事，遂策免丹曰：“……及君奏封事，传于道路，布闻朝市，言事者以为大臣不忠，辜陷重辟，获虚采名，谤讥匈匈，流于四方。……其上大司空高乐侯印绶，罢归。”④

---

① 王水照编：《历代文话》第七册《文章释》，复旦大学出版社 2007 年版，第 6298 页。

② （西晋）陈寿撰：《三国志》卷二十二《魏书·陈群传》，中华书局 1959 年版，第 638 页注一。

③ （后晋）刘昫等撰：《旧唐书》卷十八上《武宗本纪》，中华书局 1975 年版，第 589 页。

④ （汉）班固撰：《汉书》卷八十六《师丹传》，中华书局 1962 年版，第 3506 页。

封事跨越中转官员审核直达皇帝，所言内容自有特殊之处。汉魏六朝时期，封事多言说天命、告发谋逆、弹劾不法以及直言强谏等。上奏封事主要有两种情形，一是出于皇帝之倡导，一是出于臣下之自发。

《汉书·文帝纪》云，文帝二年十一月癸卯晦，日有食之。诏曰："朕闻之，天生民，为之置君以养治之。人主不德，布政不均，则天示之灾以戒不治。乃十一月晦，日有食之，适见于天，灾孰大焉！朕获保宗庙，以微眇之身托于士民君王之上，天下治乱，在予一人，唯二三执政犹吾股肱也。朕下不能治育群生，上以累三光之明，其不德大矣。令至，其悉思朕之过失，及知见之所不及，匄以启告朕。及举贤良方正能直言极谏者，以匡朕之不逮。因各敕以职任，务省徭费以便民。朕既不能远德，故憪然念外人之有非，是以设备未息。今纵不能罢边屯戍，又饬兵厚卫，其罢卫将军军。太仆见马遗财足，余皆以给传置。"[①] 文帝因日食而自省其身，责己求言，以答天谴。后元年三月，又有求言诏曰："间者数年比不登，又有水旱疾疫之灾"，"其与丞相列侯吏二千石博士议之，有可以佐百姓者，率意远思，无有所隐"[②]。文帝首开遭遇灾异罪己求言之风，此后，每遇日食、地震、雨雹等灾异，历代皇帝之英明有作为者往往下诏罪己并倡导百僚、吏民极言得失。宣帝以后，封事成为上书无忌之重要保障，遂渐与此制相合。《后汉书·光武帝纪》云：

> （建武六年九月）丙寅晦，日有食之。冬十月丁丑，诏曰："吾德薄不明，寇贼为害，强弱相陵，元元失所。《诗》云：'日月告凶，不用其行。'永念厥咎，内疚于心。其敕公卿举贤良、方正各一人；百僚并上封事，无有隐讳；有司修职，务遵法度。"[③]

> （建武七年三月）癸亥晦，日有食之，避正殿，寝兵，不听事五日。诏曰："吾德薄致灾，谪见日月，战栗恐惧，夫何言哉！今方念

① （汉）班固撰：《汉书》卷四《文帝纪》，中华书局 1962 年版，第 116 页。
② 同上书，第 128 页。
③ （南朝宋）范晔撰：《后汉书》卷一下《光武帝纪下》，中华书局 1965 年版，第 49 页。

愆，庶消厥咎。其令有司各修职任，奉遵法度，惠兹元元。百僚各上封事，无有所讳。其上书者，不得言圣。”①

天灾之后，皇帝多令臣下上封事，光武后遂为惯例。每逢灾异，皇帝罪己以答天谴，倡导臣民谠言极谏以矫时弊，可乘此机会令臣民揭发检举，整顿吏治。此种做法为后世所沿袭，历代不乏其例。除此之外，历代皇帝中猜忌大臣者，亦多鼓励臣下上奏封事。《汉书·王莽传》云：“吏民上封事书，宦官左右开发，尚书不得知。其畏备臣下如此。”② 宣帝设立封事之初衷就在于皇帝亲阅奏书，不关尚书。班固之所以讥莽“畏备臣下”，意在言其鼓励上奏封事以猜忌大臣。同样，明清时期多密疏、密折，与人心思变、统治者为之忌惮不无关系。

臣民主动上奏封事，多为直言劝谏皇帝、告发谋反变乱、检举官员不法等，言辞多有锋芒，但也有举荐人材、上陈便宜等，并无咄咄逼人之气。此种情形主要在于封事可直接便利地上呈皇帝，既保证了皇帝的知情，又往往具有时效性，算是一条终南捷径。例如《后汉书·郭躬列传》：

> 后三迁，元和三年，拜为廷尉。躬家世掌法，务在宽平，及典理官，决狱断刑，多依矜恕，乃条诸重文可从轻者四十一事奏之，事皆施行，著于令。章和元年，赦天下系囚在四月丙子以前减死罪一等，勿笞，诣金城，而文不及亡命未发觉者。躬上封事曰：“圣恩所以减死罪使戍边者，重人命也。今死罪亡命无虑万人，又自赦以来，捕得甚众，而诏令不及，皆当重论。伏惟天恩莫不荡宥，死罪已下并蒙更生，而亡命捕得独不沾泽。臣以为赦前犯死罪而系在赦后者，可皆勿笞诣金城，以全人命，有益于边。”肃宗善之，即下诏赦焉。③

郭躬所上此篇奏议文为奏请宽宥亡命捕得之罪人，本无特殊机密性可言，

① （南朝宋）范晔撰：《后汉书》卷一下《光武帝纪下》，中华书局1965年版，第52页。
② （汉）班固撰：《汉书》卷九十九中《王莽传中》，中华书局1962年版，第4140页。
③ （南朝宋）范晔撰：《后汉书》卷四十六《郭躬列传》，中华书局1965年版，第1544页。

但以封事上呈，可减少中间环节，及时为皇帝审阅，以便尽早施恩于所宽宥之人。

一般认为，封事与普通奏书相比，更为关乎时政，且多弹劾，不免剑拔弩张，但实际情形亦有例外。封事者，不仅仅为打击别人保护自己，亦可遮人之丑，全人之美。官僚对扬王庭，直言强谏，历数皇帝过失，不免令其汗颜，递以封事，则便于进逆耳忠言，又可保全其名誉，岂不两全其美？对于皇帝如此，其他官员亦然。《周书·文闵明武宣诸子列传》云："建德初，（代奰王达）进位柱国，出为荆淮等十四州十防诸军事、荆州刺史。在州有政绩，高祖手敕褒美之。所管沣州刺史蔡泽黩货被讼，赃状分明。以其世著勋庸，不可加戮；若曲法贷之，又非奉上之体。乃令所司，精加按劾，密表奏之。事竟得释，终亦不言。其处事周慎如此。"[1] 蔡泽赃状分明，但世著勋庸，代奰王达以密表奏之，乐得遮人之丑，全其声名，被认为是办事稳妥。

要言之，"封事"与"露布"相对而言，是一个比较特殊的文体名目，原指密呈文书之方式，后遂代指所奏文书。与其将"封事"视为奏书之名称，不如视其为上奏之形式。臣僚奏议以封事递呈者，有密表、密启、密疏、密折等。封事密极高，处理速度较快，成为古代皇帝了解真实情况、迅速作出决策的重要途径，在古代文书运行系统中发挥着重要作用。

① （唐）令狐德棻等撰：《周书》卷十三《文闵明武宣诸子列传》，中华书局 1971 年版，第 205 页。

参考文献

（清）阮元校刻：《十三经注疏》，中华书局1980年版。

（清）孙星衍撰：《尚书今古文注疏》，中华书局2004年版。

（汉）郑玄注，（唐）贾公彦疏：《周礼注疏》，上海古籍出版社1990年版。

吕友仁译注：《周礼译注》，中州古籍出版社2004年版。

（汉）郑玄注，（唐）贾公彦疏：《仪礼注疏》，上海古籍出版社1990年版。

（汉）郑玄注，（唐）孔颖达等正义：《礼记正义》，上海古籍出版社1990年版。

（西晋）杜预注，（唐）孔颖达等正义：《春秋左传正义》，上海古籍出版社1990年版。

胡奇光、方环海撰：《尔雅译注》，上海古籍出版社2004年版。

（汉）许慎撰，（宋）徐铉校定：《说文解字》，中华书局1963年版。

（汉）许慎撰，（清）段玉裁注：《说文解字注》，上海古籍出版社1988年版。

（汉）刘熙撰，（清）毕沅疏证，王先谦补：《释名疏证补》，中华书局2008年版。

（清）王念孙：《广雅疏证》，中华书局1983年版。

（汉）司马迁撰：《史记》，中华书局1959年版。

（汉）班固撰：《汉书》，中华书局1962年版。

（南朝宋）范晔撰：《后汉书》，中华书局1965年版。

（西晋）陈寿撰：《三国志》，中华书局1959年版。

（唐）房玄龄等撰：《晋书》，中华书局1974年版。

（南朝梁）沈约撰：《宋书》，中华书局 1974 年版。
（南朝梁）萧子显撰：《南齐书》，中华书局 1971 年版。
（唐）姚思廉撰：《梁书》，中华书局 1973 年版。
（唐）姚思廉撰：《陈书》，中华书局 1972 年版。
（北齐）魏收撰：《魏书》，中华书局 1974 年版。
（唐）李百药撰：《北齐书》，中华书局 1972 年版。
（唐）令狐德棻等撰：《周书》，中华书局 1971 年版。
（唐）魏徵撰：《隋书》，中华书局 1973 年版。
（唐）李延寿撰：《南史》，中华书局 1975 年版。
（唐）李延寿撰：《北史》，中华书局 1974 年版。
（后晋）刘昫等撰：《旧唐书》，中华书局 1975 年版。
黄怀信、张懋镕、田旭东撰：《逸周书汇校集注》，上海古籍出版社 2007 年版。
《国语》，上海古籍出版社 1988 年版。
（汉）刘向集录：《战国策》，上海古籍出版社 1985 年版。
马王堆汉墓帛书整理小组编：《战国纵横家书》，文物出版社 1976 年版。
（汉）荀悦、（东晋）袁宏：《两汉纪》，中华书局 2002 年版。
（晋）葛洪撰：《西京杂记》，中华书局 1985 年版。
（元）郝经撰：《续后汉书》，商务印书馆 1958 年版。
（北魏）杨衒之著，周振甫译注：《〈洛阳伽蓝记〉译注》，江苏教育出版社 2006 年版。
（宋）司马光编著：《资治通鉴》，中华书局 1956 年版。
（汉）蔡邕撰：《独断》，丛书集成初编本，中华书局 1985 年版。
（清）孙星衍等辑：《汉官六种》，中华书局 1990 年版。
（唐）李林甫等撰：《唐六典》，中华书局 1992 年版。
（宋）王溥撰：《唐会要》，中华书局 1955 年版。
（唐）杜佑撰：《通典》，中华书局 1988 年版。
（唐）刘知几撰，（清）浦起龙释：《史通通释》，上海古籍出版社 1978 年版。
（元）马端临撰：《文献通考》，中华书局 1986 年版。

（清）黄本骥编：《历代职官表》，上海古籍出版社 2005 年版。
（清）章学诚著，叶瑛校注：《文史通义校注》，中华书局 1985 年版。
（宋）晁公武撰，孙猛校证：《郡斋读书志校证》，上海古籍出版社 1990 年版。
（宋）陈振孙撰：《直斋书录解题》，上海古籍出版社 1987 年版。
（清）纪昀等撰：《钦定四库全书总目》，中华书局 1997 年版。
（清）张之洞撰，范希曾补正：《书目答问补正》，上海古籍出版社 2008 年版。
孙启治、陈建华编：《古佚书辑本目录》，中华书局 1997 年版。
（清）孙诒让撰：《墨子间诂》，中华书局 1986 年版。
（清）王先谦撰：《庄子集解》，中华书局 1987 年版。
郭庆藩辑：《庄子集释》，中华书局 1961 年版。
黎翔凤撰：《管子校注》，中华书局 2004 年版。
蒋礼鸿撰：《商君书锥指》，中华书局 1986 年版。
（清）王先谦撰：《荀子集解》，中华书局 1988 年版。
（清）王先慎撰：《韩非子集解》，中华书局 1998 年版。
高诱注：《吕氏春秋》，中华书局 1954 年版。
（汉）贾谊撰，阎振益、钟夏校注：《新书校注》，中华书局 2000 年版。
何宁撰：《淮南子集释》，中华书局 1998 年版。
苏舆撰：《春秋繁露义证》，中华书局 1992 年版。
（汉）刘向撰，向宗鲁校证：《说苑校证》，中华书局 1987 年版。
汪荣宝撰：《法言义疏》，中华书局 1987 年版。
黄晖撰：《论衡校释》，中华书局 1990 年版。
杨明照撰：《抱朴子外篇校笺》，中华书局 1991 年版。
（南朝梁）萧绎撰：《金楼子》，丛书集成初编本，中华书局 1985 年版。
王利器撰：《颜氏家训集解》，中华书局 1993 年版。
（隋）王通撰：《文中子中说》，上海古籍出版社 1989 年版。
（唐）皮日休著，萧涤非整理：《皮子文薮》，中华书局 1959 年版。
（宋）黎靖德编：《朱子语类》，中华书局 1986 年版。

（宋）叶适：《习学记言序目》，中华书局 1977 年版。
（清）赵翼著，王树民校证：《廿二史札记校证》，中华书局 1984 年版。
（清）顾炎武著，黄汝成集释：《日知录集释》，上海古籍出版社 2006 年版。
（清）王国维：《观堂集林》，中华书局 1959 年版。
王国维著，胡平生、马月华校注：《简牍检署考校注》，上海古籍出版社 2004 年版。
罗振玉、王国维编著：《流沙坠简》，中华书局 1993 年版。
（南朝梁）萧统编，（唐）李善注：《文选》，中华书局 1977 年版。
（清）许梿选，曹明纲撰：《六朝文絜译注》，上海古籍出版社 1999 年版。
（南朝陈）徐陵撰，许逸民校笺：《徐陵集校笺》，中华书局 2008 年版。
（北周）庾信撰，（清）倪璠注：《庾子山集注》，中华书局 1980 年版。
（唐）欧阳询撰：《艺文类聚》，上海古籍出版社 1965 年版。
（唐）徐坚等：《初学记》，中华书局 1962 年版。
（唐）陆贽撰：《陆宣公集》，中华书局四部备要本。
（唐）韩愈撰，马其昶校注：《韩昌黎文集校注》，上海古籍出版社 1986 年版。
（宋）李昉等撰：《太平御览》，中华书局 1960 年版。
（宋）赵汝愚辑：《国朝诸臣奏议》，中华再造善本，北京图书馆出版社 2004 年版。
（宋）苏洵：《嘉祐集》，商务印书馆中华民国二十六年版。
（明）黄佐纂：《六艺流别》，清康熙二十六年刻本。
（清）黄宗羲编：《明文海》，中华书局 1987 年版。
（明）杨慎撰：《升庵集》，文渊阁《四库全书》影印本，台湾商务印书出版社 1986 年版。
（明）王世贞撰：《弇州续稿》，四库全书影印本，商务印书馆 2005 年版。
（明）黄淮、杨士奇编：《历代名臣奏议》，上海古籍出版社 1989 年版。
（明）黄淮、杨士奇等辑，（明）张溥删正：《历代名臣奏议》，明崇祯八年刻本。
《御选明臣奏议》，武英殿聚珍版。

（清）王延熙、王树敏辑：《皇朝道咸同光奏议》，上海久敬斋清光绪二十八年石印本。
（清）赵承恩编辑：《历代名臣奏议选》，江苏广陵古籍刻印社 1991 年版。
（清）陈梦雷编纂，（清）蒋廷锡校订：《古今图书集成》，中华书局、巴蜀书社 1985 年版。
（清）严可均校辑：《全上古三代秦汉三国六朝文》，中华书局 1958 年版。
（清）姚鼐纂：《古文辞类篹》，中华书局四部备要本。
（清）姚鼐纂集，徐树铮集评：《诸家评点古文辞类纂》，都门印书局中华民国五年铅印本。
吴孟复、蒋立甫主编：《古文辞类篹评注》，安徽教育出版社 2004 年版。
（清）曾国藩纂：《经史百家杂钞》，中华书局四部备要本。
（清）李翰章编纂，李鸿章校勘，宁波等校注：《足本曾文正公全集》，吉林人民出版社 1995 年版。
（清）曾国藩撰：《曾文正公读书录》，大达图书供应社 1936 年版。
（清）王先谦纂：《王氏续古文辞类纂》，世界书局 1937 年版。
（清）黎庶昌纂：《续古文辞类篹》，中华书局四部备要本。
（清）李兆洛纂：《骈体文钞》，中华书局四部备要本。
（清）吴曾祺纂：《涵芬楼古今文钞》，商务印书馆清宣统二年铅印本。
刘振娅选注：《历代奏议选》，广西人民出版社 1993 年版。
丁守和等主编：《中国历代奏议大典》，哈尔滨出版社 1994 年版。
（南朝梁）任昉撰，（明）陈懋仁注：《文章缘起注》，丛书集成初编本，中华书局 1985 年版。
（南朝梁）刘勰撰，（清）黄叔琳注，（清）纪昀评：《文心雕龙辑注》，中华书局 1957 年版。
（南朝梁）刘勰著，范文澜注：《文心雕龙注》，人民文学出版社 1958 年版。
（南朝梁）刘勰著，詹锳义证：《文心雕龙义证》，上海古籍出版社 1989 年版。
（南朝梁）刘勰著，周振甫译注：《〈文心雕龙〉译注》，江苏教育出版社 2006 年版。

（宋）陈骙、（宋）李塗：《文则，文章精义》，人民文学出版社 1960 年版。
（明）吴讷、（明）徐师曾：《文章辨体序说，文体明辨序说》，人民文学出版社 1962 年版。
（明）张溥著，殷孟伦注：《汉魏六朝百三家集题辞注》，中华书局 2007 年版。
（清）刘熙载撰，袁津琥校注：《艺概注稿》，中华书局 2009 年版。
（清）孙梅编辑：《四六丛话》，商务印书馆中华民国二十六年版。
（清）吴曾祺撰：《涵芬楼文谈》，商务印书馆中华民国二十二年版。
（清）孙德谦撰：《六朝丽指》，四益宧刊本。
来裕恂编纂：《汉文典》，商务印书馆中华民国二十一年版。
姚永朴撰：《文学研究法》，商务印书馆中华民国二十二年版。
（清）何文焕辑：《历代诗话》，中华书局 1981 年版。
丁福保辑：《历代诗话续编》，中华书局 1983 年版。
王水照编：《历代文话》，复旦大学出版社 2007 年版。
童书业：《春秋左传研究》，中华书局 2006 年版。
沈玉成、刘宁：《春秋左传学史稿》，江苏古籍出版社 1992 年版。
周勋初：《〈韩非子〉札记》，江苏人民出版社 1980 年版。
杨宽：《战国史》，上海人民出版社 1980 年版。
杨宽：《先秦史十讲》，复旦大学出版社 2006 年版。
王蘧常：《秦史》，上海古籍出版社 2000 年版。
睡虎地秦墓竹简整理小组编：《睡虎地秦墓竹简》，文物出版社 1978 年版。
汪桂海：《汉代官文书制度》，广西教育出版社 1999 年版。
［日］大庭脩：《秦汉法制史研究》，林剑鸣等译，上海人民出版社 1991 年版。
廖伯源：《秦汉史论丛》，中华书局 2008 年版。
葛志毅、张惟明：《先秦两汉的制度与文化》，黑龙江教育出版社 1998 年版。
安作璋、熊铁基：《秦汉官制史稿》，齐鲁书社 2007 年版。
卜宪群：《秦汉官僚制度》，社会科学文献出版社 2002 年版。

田余庆:《秦汉魏晋史探微》，中华书局2004年版。
田余庆:《东晋门阀政治》，北京大学出版社2005年版。
张金龙:《北魏政治与制度论稿》，甘肃教育出版社2003年版。
韩长孺:《魏晋南北朝史论拾遗》，中华书局1983年版。
周一良:《魏晋南北朝史札记》，中华书局2007年版。
万绳楠整理:《陈寅恪魏晋南北朝史讲演录》，贵州人民出版社2007年版。
朱大渭:《六朝史论》，中华书局1998年版。
熊德基:《六朝史考实》，中华书局2000年版。
祝总斌撰:《两汉魏晋南北朝宰相制度研究》，中国社会科学出版社1990年版。
余英时:《士与中国文化》，上海人民出版社1987年版。
宗白华:《美学散步》，上海人民出版社1981年版。
钱锺书:《管锥编》，中华书局1979年版。
吕思勉:《吕思勉文集·史学精品集》，上海古籍出版社2009年版。
钱穆:《中国学术思想史论丛》，安徽教育出版社2004年版。
程千帆:《程千帆全集》，河北教育出版社2000年版。
王天有:《中国古代官制》，商务印书馆1997年版。
王亚南:《中国官僚政治研究》，中国社会科学出版社1981年版。
吴宗国主编:《中国古代官僚政治制度研究》，北京大学出版社2004年版。
张晋藩主编:《中国古代监察法制史》，江苏人民出版社2007年版。
阎步克编著:《波峰与波谷：秦汉魏晋南北朝的政治文明》，北京大学出版社2009年版。
鲁迅:《汉文学史纲要》，上海古籍出版社2005年版。
钱基博:《现代中国文学史》，上海书店出版社2004年版。
徐公持编著:《魏晋文学史》，人民文学出版社1999年版。
曹道衡、沈玉成编著:《南北朝文学史》，人民文学出版社1991年版。
周建江:《北朝文学史》，中国社会科学出版社1997年版。
陈柱:《中国散文史》，商务印书馆1937年版。
韩兆琦、吕伯涛:《汉代散文史稿》，山西人民出版社1986年版。

郭预衡:《中国散文史》,上海古籍出版社 1986 年版。
谢楚发:《散文》,人民文学出版社 1994 年版。
陈飞主编:《中国古代散文研究》,福建人民出版社 2005 年版。
黄霖主编,宁俊红著:《20 世纪中国古代文学研究史·散文卷》,东方出版中心 2006 年版。
莫道才:《骈文通论》,广西教育出版社 1994 年版。
钟涛:《六朝骈文形式及其文化意蕴》,东方出版社 1997 年版。
许同莘:《公牍学史》,档案出版社 1989 年版。
褚斌杰:《中国古代文体概论》,北京大学出版社 1990 年版。
吴承学:《中国古代文体形态研究》,中山大学出版社 2002 年版。
李士彪:《魏晋南北朝文体学》,上海古籍出版社 2004 年版。
郭英德:《中国古代文体学论稿》,北京大学出版社 2005 年版。
傅刚:《〈昭明文选〉研究》,中国社会科学出版社 2000 年版。
吴孟复:《桐城文派述论》,安徽教育出版社 2001 年版。
刘师培:《中国中古文学史,论文杂记》,人民文学出版社 1959 年版。
刘师培:《刘申叔遗书》,江苏古籍出版社 1997 年版。
王瑶:《中古文学史论》,北京大学出版社 1998 年版。
曹道衡:《中古文学史论文集》,中华书局 2002 年版。
曹道衡、沈玉成:《中古文学史料丛考》,中华书局 2003 年版。
曹道衡:《南朝文学与北朝文学研究》,中国社会科学出版社 2007 年版。
詹福瑞:《汉魏六朝文学论集》,河北大学出版社 2001 年版。
詹福瑞:《南朝诗歌思潮》,河北大学出版社 2005 年版。
詹福瑞:《中古文学理论范畴》,中华书局 2005 年版。
谭家健:《六朝文章新论》,北京燕山出版社 2002 年版。
吴先宁:《北朝文化特质与文学进程》,东方出版社 1997 年版。
罗宗强:《魏晋南北朝文学思想史》,中华书局 1996 年版。
曹道衡、刘跃进:《先秦两汉文学史料学》,中华书局 2005 年版。
穆克宏:《魏晋南北朝文学史料述略》,中华书局 2007 年版。
刘跃进:《秦汉文学编年史》,商务印书馆 2006 年版。

陆侃如:《中古文学系年》，人民文学出版社 1985 年版。
曹道衡、刘跃进:《南北朝文学编年史》，人民文学出版社 2000 年版。
费振刚主编:《20 世纪中国文学研究·先秦两汉文学研究》，北京出版社 2001 年版。
吴云主编:《20 世纪中国文学研究·魏晋南北朝文学研究》，北京出版社 2001 年版。
刘跃进主编:《中国古代文学通论·魏晋南北朝卷》，辽宁人民出版社 2004 年版。
[日] 清水凯夫:《六朝文学论文集》，韩基国译，重庆出版社 1989 年版。